王尔敏 著

近代論域探索

中华书局

图书在版编目(CIP)数据

近代论域探索/王尔敏著. —北京:中华书局,2014.8
ISBN 978 - 7 - 101 - 10212 - 3

Ⅰ.近… Ⅱ.王… Ⅲ.中国历史－近代史－文集
Ⅳ.K250.7 - 53

中国版本图书馆 CIP 数据核字(2014)第 121990 号

书　　名	近代论域探索	
著　　者	王尔敏	
封面题签	徐　俊	
责任编辑	欧阳红	
出版发行	中华书局	

（北京市丰台区太平桥西里38号　100073）
http://www.zhbc.com.cn
E-mail:zhbc@zhbc.com.cn

印　　刷	北京市白帆印务有限公司
版　　次	2014 年 8 月北京第 1 版
	2014 年 8 月北京第 1 次印刷
规　　格	开本/920×1250 毫米　1/32
	印张 10¾　插页 2　字数 260 千字
印　　数	1 - 2000 册
国际书号	ISBN 978 - 7 - 101 - 10212 - 3
定　　价	46.00 元

谨纪念

刘广京先生教导提携之恩

自　序

我自50年代起，在大学受教于先业师郭廷以（量宇）夫子之近代史，毕业后承夫子相召进入中研院近代史研究所追随进修。夫子除指定应做之工作外，亦时为同仁开讲近代史专题，我自获益匪浅。且承夫子命题，令我作清季兵工业史之研究。同仁学长，亦各授予命题，令专一门。且有数人早完成著作出版。早在60年代之初，拙著《清季兵工业的兴起》于1963年出版，列为近代史研究所专书第九种。随之又承郭量宇夫子命题要我撰写《淮军志》，即于1967年完成出版，列为近代史研究所专刊第二十二种。俱承郭夫子调教裁成，使我在到职十二年后成为专业学者，真是师恩教泽，终身难忘。

在郭量宇大师门下，近代史研究所同仁学长，实多早我成大名，若李国祁、吕实强、王树槐、李恩涵诸人，俱比我成名更早。在近代史研究所我自甘是末学后进，自须努力追赶。

在近代史研究所苦修升至研究员（教授级，我亦取得大学教授证书），于1977年受聘到香港中文大学教近代史，并任职教授，有十二年教书经验，并亦出版数种著作，治学功力未尝松懈。时至今日，已下过六十年工夫。年逾八旬，自当踌躇志满，善刀而藏之。实则未尝偷懒，连年仍有书问世。今又将提拙作交中华出版，不免略作一点交代。

本书收有正文十一篇外加附录，一半出于旧作，一半为近年所撰，并无统一体系。惟其中具有学术自信，敢于提示学界较量短长者则有以下数文：《满清入主华夏及其文化承绪之统一政术》、《李鸿章政术凭借之机缘网络》、《近代科技先驱徐朝俊之〈高厚蒙求〉》、《〈湘军记〉平议》，上举各篇，俱是个人研治用力之作，奉呈学界同道，愿受各方检验。

我有幸追随量宇夫子研治近代史，则夫子之好友多有机缘而能一一拜识。得承长者鉴赏垂顾者不少，要以美国加州大学（Davis）教授刘广京年丈多年指引教导，以至深心提携，其恩义最为难忘。于鄙人治学颇多督劝，于后生薄名更多揄扬。我能著史有成，名遂当世，正得广京先生提携嘘植之力也。广京先生喜治经世思想，喜论李鸿章、曾国藩，喜谈近代商人实业之建树等等，无不频告鄙人加以注意研究，并亦为拙书两种写序，世人皆可见也。

本书有文数篇原系刘广京先生嘱命而致力攻研，如本书中《清季官绅之运会观念及其对于中西会通世局之因应》，乃系广京先生嘱命所写，并由他委人译成英文，刊于论集（多洋人撰著），在美国出版。又如本书中之《近代中国富民重商思想》，早在广京先生在世时，为其督劝，惟多年搜罗资料，久未下笔，一直拖延至近期写成。而最使我抱愧有负于广京先生之期望者乃是本书之《李鸿章政术凭借之机缘网络》，盖早在我访问美国夏威夷大学之时（1968—1969），曾得广京先生督令再加细细研治李鸿章在晚清政局中权力之取得与运用之局限。我早告之李氏权力并不大，只是为满清政权一个看守大门之人。李氏固有大名，但始终不过是为清廷办事，即连曾国藩亦是如此。此一观点曾向广京先生谈过，只是文章却拿不出来。今时写成此文，多年数据多未能用上，远不及往日信心充足，敢于写文章。如此交卷，自惭不足以副广京先生期望。而已至垂老暮年，不写更是抱愧。今时完稿以稍慰广京先生在天之灵，他已谢世五六年矣。倚仰前徽，教泽永难忘怀。

回顾自2002年拙著在国内出版问世，迄今十年竟已刊布学术性之专书二十本，自是十分感承学界同道之接纳肯定、藻鉴与鼓励。固亦倍感荣宠，弥足感谢。

我自1977年赴香港任教，自此开始与大陆学者来往，最早相识李侃先生。李侃先生来中文大学讲演，系由鄙人主持，并且带学生百余人听讲。又承其介绍中华书局编辑刘德麟、陈东林两位先生来港，遂得拜托陈东林先生代为在国内广加搜集书籍，有助于鄙人之研究著述。此后乃又由通信结识长沙岳麓书社钟叔河先生，他于中西交往关系深熟经纬，见识广博，先后赠寄晚清旅外出使诸家之日记编成十巨册之《走向世界丛书》一套，对我真是最重要之史料集。得见钟叔河先生功力深厚，腹笥渊博。此后又由通信与中国社会科学院历史研究所清史研究室主任王戎笙教授联系到，承他将大陆史学界各方面专家之人物资料，大量汇集寄我。到此时方能对学界同道各门学者得到全面之认识，受益至深，深感王先生之厚爱。

我于1990年返回台北中研院任职，其时两岸开放交流，自大陆来台访问者不少，得以会见中国社会科学院张海鹏、王庆成、耿云志等先生，又接过戚其章、林庆元、熊月之、马敏、关捷、韦庆远、易惠莉、忻平、周振鹤、林家有、桑兵、欧阳哲生、贺照田等先生。在此要特别申叙，我在国内出版书，自始即承欧阳哲生及贺照田两位先生之推毂揄扬而能一一刊布问世，真是感祷厚谊，永铭肺腑。另一位在国内推荐介绍拙著之学者是侯杰教授，非常感谢他撰文鼓吹。尚有一位浙江陈学文教授，经此爱好近代社会文化史，他是专家，有书赠我，使我获益不浅。惟我当虚心自省，感谢国内学界同道之肯定与接纳，正自需要潜心学问，努力研治学问，慎重勿负学界同道之期许。

2012 年 9 月 23 日

写于多伦多之柳谷草堂

目　录

满清入主华夏及其文化承绪之统一政术

一、引　言

　　我人阅读清代史乘,除档卷资料外(清史稿亦须视为史料),专业研究名家,终须推重孟森、萧一山二人为开山宗师。清史著述规模,终以二家奠其初基。清祚告终,即已展开严肃史学之建立,从民国初年以来,逐渐形成为独立领域。数据之丰赡,论题之繁富,范围之宽广,足以诱使学者毕生投入,而兴致无穷①。

　　治史者习见历代兴亡废举之纷乘,而于明清易代之王朝递更,往往备见史实之吊诡与冷酷。明季满洲崛起,予辽防极大压力,明廷君臣上下倾智虑而经营边务。万历以降,蓟辽日迫。终因辽饷开支而倾

---

① 　孟森,《明清史论著集刊》上、下二册,北京:中华书局,1959 年初版。又,孟森《明清史论著集刊》续编,北京:中华书局 1986 年初版。又,萧一山《清代通史》全五册,台北商务印书馆,1963 年初版。

　　又,承好友吕士朋教授提示,开创清史研究,固以孟森、萧一山两位先生为开山大师,惟尚有稻叶君山,亦应为清史前驱。此为至理名言,惟拙见以为,自耶稣会士以来,西方汉学家更有早出之清史著作,若一并列入,似觉过滥,故仍不能不以中国史学本身为范围,以免难于收拾。

动全国,以招致流寇之内部祸乱。流寇首脑岂有甚高鸿志、甚深谋略、甚大作为。不过恃其最平凡常见实能歉动人心之抗粮口号,揭竿而起,涂炭全国。终竟帝京倾覆,崇祯殉国。此原不过是内部祸患,然却接连发生边将吴三桂之引进满兵入关,用以驱灭流寇。而满清乃得因势乘便,长驱直入,席卷中夏,夺取江山,转移明祚。终于创建二百六十八年满清帝业,论史之士岂能轻忽此一王朝。

满清部众既据中国神京,囊括中夏,虽有南明诸藩之对峙,忠臣义士联翩而起,数十年间,拒抗清军。终竟不能光复明朝帝业,乃使满清君后入主华夏。

满清君主显乘明廷之危入侵中国。而对外宣告,则明言驱逐流寇,挽救邻邦,终以天命所授,承接帝统。自炫其得国之正,迭见皇帝诏诰。满清入关,多尔衮致史可法书,为其著名文献,引经据典,明申吊民伐罪之词,二人对答书牍,早已选为中学必读,人人熟知。康熙更明确辨说清朝得之正。见康熙五十六年(1717)十一月辛未上谕所表达:

> 自古得天下之正莫如我朝,太祖太宗初无取天下之心。尝兵及京城,诸大臣咸奏云当取,太宗皇帝曰:明与我国素非和好,今取之甚易,但念中国之主,不忍取也。后流贼李自成攻破京城,崇祯自缢,臣民相率来迎,乃翦灭闯寇,入承大统。昔项羽起兵攻秦,后天下卒归于汉。其初汉高祖一泗上亭长耳。元末陈友谅等并起,后天下卒归于明。其初明太祖一皇觉寺僧耳。我朝承席先烈,应天顺人,抚有区宇,以此见乱臣贼子无非为真主驱除耳。①

满清入主中夏,虽以武力征服中国,却无法以武力统治中国。抑且未

---

① 《大清圣祖仁皇帝圣训》,《大清十朝圣训》本,台北文海出版社影印,卷9,第1页。

尝不觉察汉人之普遍蕴蓄光复心理,尤其知书明理者,更难以强力屈服,早在清太宗已有相当了悟。如其天聪五年(1631)闰十一月庚子上谕,指令满人幼少子弟读书之所见:

> 朕令诸贝勒大臣子弟读书,所以使之习于学问,讲明义理,忠君亲上,实有赖焉。闻诸贝勒大臣有溺爱子弟不令就学者。得毋谓我国虽不读书亦未尝误事与? 独不思我兵之弃滦州,皆由永平驻守贝勒失于救援,遂致永平、遵化、迁安等城相继而弃。岂非未尝学问不明理义之故乎! 今我兵围明大凌河,经四越月,人皆相食,犹以死守。虽援兵尽败,凌河已降,而锦州、松山、杏山犹不忍委弃而去者,岂非读书明道理为朝廷尽忠之故乎![①]

由是可知明人拒抗清廷,并不限于执干戈以卫社稷。实更有深厚之文化教养,忠烈义节,坚贞不挠之信持。虽败而不屈,虽死而不惧。清太宗皇太极,反省满人文化蓄养之薄弱,乃有如上之属命。自是深具远见,英明睿智。

吾人至此可以提出质问,要求澄清。满清异族入主华夏,恃何术而能驯服亿众,长治久安? 以何种理据表达其天子受命之来由,统治下民之当然? 抑且以何等治术,以服士庶之属望,人神之共歆? 即若康熙所侃侃陈述得国之正,将以何等治绩以为验证? 最终则要了解,满清政权维系国祚二百六十八年,是否有其实质上运用之统治政术? 其列帝用心所经营实践者何在? 以下将分别数个鲜明重点,略作简要探讨,以就正于学界,共同思考政治史上之分合问题。

---

① 《大清太宗文皇帝圣训》,《大清十朝圣训》本,台北文海出版社影印,卷4,第4页。

二、历代帝王政统之继承

满清君后入主中夏,原自挥军入关,长驱直下。明人抗拒者屡仆屡继,凡数十年,历经顺治、康熙两世经营,于康熙二十年(1681)前后始至完全统一。想见异族武力虽盛,而征服中国,实亦不易。满清以小制大,以少制多,其开国诸帝莫不倾尽知虑,思考统治方术。自始编组汉军降人,使之满洲化,重在军事上之运用齐一①。

惟在清军入关之后,收降各地明军,仓促之间,又驱之转用于前敌战阵,无从缓慢同化。乃一概标以绿旗,组成绿营兵,其数量远超过满蒙汉军八旗之上三倍。绿营兵者,皆出以明军降卒而统驭于满蒙将领者也②。

满清军事节节胜利,未足以即能驯服汉人向化之心,清帝可以武力征服,未必即能以武力统治。开国诸帝将以何等智术,说服天下臣民,接受清室王朝之临驭。此是清帝所当解答之重大问题。

大抵可以确知,清廷自顺治朝入关开始,历经康熙、雍正、乾隆四朝,在中国正统观念熏习之下,顺利思考到王朝之承天授命,帝统之承绪列王。质言之,清廷开国诸帝,所言所行,在在显示其继承五帝三王相传帝业,符合列圣历相授受之国家正统。再质实言之,所言历代列圣帝君,并非就是满人祖先清太祖努尔哈赤以前之创世祖宗,而是认同于华夏列圣伏羲、神农、黄帝、尧、舜、禹、汤、文、武、周公等前代圣君。此一思想实形成于满清入关之后。同样是君后论题,资料上显见,在清太宗天聪晚年尚无此种正统承绪思想。如天聪九年(1635)五

---

① 孟森《八旗制度考实》,载《明清史论著集刊》,第218—310页。又,赵绮娜《清初八旗汉军研究》,载《故宫文献》第4卷第2期(1973年3月)。

② 罗尔纲《绿营兵志》,北京:中华书局,1984年初版。

月己巳日清太宗召集文馆诸臣所言：

> 朕观汉文史书，殊多饰辞，虽全览无益也。今宜于辽宋金元
> 四史内，择其勤于求治，而国祚昌隆；或所行悖道，而统绪废坠，与
> 夫用兵行师之方略，以及佐理之忠良，乱国之奸佞，有关政要者，
> 汇纂翻译成书，用备观览。至汉文正史之外，野史所载，皆系妄
> 诞。此等书籍传之国中，恐无知之人，信以为真，当停其翻译。又
> 见史臣称其君者，无论有道无道，概曰天子。殊不知皇天无亲，惟
> 德是辅，必有德者乃克副天子之称。今朕承天佑，为国之主，岂敢
> 遂以为天之子，为天所亲爱乎。倘不行善道，不体天心，则天命靡
> 常，宁足恃耶！朕惟有朝乾夕惕，以仰邀天鉴而已。①

太宗讨论帝君问题，明白表示不重汉文史书，特别要参考辽、宋、金、元
四史，重参考借鉴，自无任何历代统绪之意。既不看重中国正史，仅限
于宋、辽、金、元史，自无从接受中国固有正统思想。

明朝边臣吴三桂昏悖无识，误引清兵入关，给予满清帝室进据皇
京机会，自然招致其统一区夏之野心。其时多尔衮摄政，遂以解救明
廷社稷之义旗自居，一切以担当皇明继承人自视。即在顺治元年
(1644)下令诸军保护明帝历朝皇陵，每岁致祭，更于顺治八年(1651)
六月辛未日诏命重申保护皇明十三陵，可据上谕见之：

> 上谕礼部曰：顺治元年，定守明朝诸帝陵寝并祭典。因神宗
> 与我朝有嫌，故裁之。朕思前朝帝王陵寝，理宜防护。况我朝凡
> 事俱从宽厚，今神宗陵着照故明十二陵例，以时致祭。仍设太监

---

① 《大清太宗文皇帝圣训》，台北文海出版社影印，卷1，第1页。

陵户看守。①

同时顺治十四年(1657)二月甲申日,于明崇祯帝陵立碑铭记。

> 上谕工部曰:朕念故明帝崇祯,尚为孜孜求治之主。只以任用非人,卒致寇乱,身殉社稷。若不亟为阐扬,恐千载之下,竟与失德亡国者同类并观。朕用是特制碑文,以昭悯恻,尔部即遵谕勒碑,立崇祯帝陵前,以垂不朽。②

更于顺治十六年(1659)十一月甲申日为明崇祯帝加谥为庄烈愍皇帝,颁谕以告天下③。此俱充分表明清帝继承明祚之实情,所作所为,令怀念故国之明朝臣民,得以平息义愤,稍慰孤忠。因是不餍反复而为之,明诏而行之。

清帝入关后最重要之一项文明举措,是始于顺治帝之亲临致祭历代帝王。皇帝亲身祭仪,定于顺治十四年(1657),而创意于前一年之十二月己亥日。本于皇帝谕旨:

> 上谕礼部曰:古来圣帝明王,皆有大功德于民者。是以累代相因,崇祀不替。今历代帝王庙祭典虽已修举,但十三年来,俱遣官致祭。朕欲于明春亲诣行礼,以抒景仰前徽至意。尔部其具仪

---

① 《大清世祖章皇帝圣训》,台北文海出版社影印,卷4,第3页。又,同页,顺治十六年十一月甲戌日,又命工部修茸明帝诸陵:"上谕工部曰:前代陵寝,神灵所栖,理应严为防护。朕巡幸畿辅,道经昌平。见明代诸陵殿宇墙垣,倾圮已甚。近陵树木,多被砍伐。向来守护未周,尔部即将残毁诸处尽行修茸,见存树木永禁樵采。添设陵户,令其小心看守。责令昌平道官,不时严加巡察。尔部仍酌量每年或一次或二次差官察阅,勿致疏虞。"
② 同上。
③ 同上,卷4,第3页,"上谕礼部曰:明崇祯帝励精图治十有七年,不幸寇乱国亡,身殉社稷。考其生平,无甚失德。遭兹厄运,殊堪矜悯。宜加谥号,以昭实行,今谥为庄烈愍皇帝"。

以闻。①

顺治当国所行之事,康熙即位,每多履践。维修前代帝王陵墓,南北明陵俱加意指示②,同时更进一步,欲加封明室后人官职,用以守护陵寝。惟时虽已在康熙三十八年(1699)四月,承平日久,而后经九卿会议,转以他图应之,其事未见施行,自当为满人颇忌有明后人之光复也③。

清圣祖康熙对于世祖最大继承发扬之文治典范,在于其晚年所制定历代帝王祭祀之扩大与崇重。充分表现对于自古以来中国帝统之延续。站在清朝统治立场,充分表现帝王政术之超卓深邃。时在康熙

① 《大清世祖章皇帝圣训》卷4,第3页。
② 《大清圣祖仁皇帝圣训》卷56,第1页。康熙十四年九月庚子日"上谕礼部:往代帝王陵寝所在地方,理宜守护,以安神灵。朕近行幸汤泉,道经昌平,见明朝诸陵殿宇虽存,户牖损坏。附近树木亦被摧残。朕心深为悯恻。尔部即严加申饬守陵人户,令其敬谨防护。仍责令该地方官不时稽察,勿致仍前怠玩,以副朕优礼往代之意"。又,同书,康熙二十三年十一月甲子日:"上谕江南江西总督王新命江苏巡抚汤斌曰:明太祖天资英武,敷政神明,芟刈群雄,混一区宇,肇造基业,功德并隆。其陵寝在钟山之麓,系江宁所属地方。向已有旨,令有司各官春秋致祭,严禁樵采。并设有守陵人户,朝夕巡视。但为日已久,不无废弛。今朕省方江宁,亲诣拜奠。见墙垣倾圮,林木凋残。皆系无知人民不遵约束,恣肆作践,往来行走,殊干法纪。嗣后尔等督令地方各官,不时巡察,务俾守陵人役用心防护,勿致附近旗丁居民仍前践踏。所有春秋二祭,亦必虔洁举行,以副朕崇重古帝王陵寝至意。"
③ 同上,第2页,康熙三十八年四月壬子日:"上驻跸江宁府,诣明太祖陵奠爵,阅视陵寝。谕大学士等曰:朕今日诣明太祖陵寝致奠,见其圮毁已甚,皆由专司无人,朕意欲访察明代后裔,授以职衔,俾其世守祀事。古者夏殷之后,周封之于杞宋。即今本朝四十八旗蒙古亦皆元之子孙,朕仍沛恩施,依然抚育。明之后世,应酌授一官,俾司陵寝。俟回都日尔等与九卿会议具奏。九月二十八日大学士等议得明亡已久,其子孙急难查访,今皇上隆礼前代,恩泽有加。臣等愚见,应委该地方佐贰官一员专司祀典,俟查访得人,再行奏闻。从之。"

六十年(1721)四月丙申日上谕云:

> 朕披览史册,于前代帝王每加留意。书生辈但知讥评往事,前代帝王虽无过失,亦必刻意指摘,论列短长,全无公是公非。朕观历代帝王庙所崇祀者,每朝不过一二位。或庙享其子而不及其父,或配享其臣而不得其君,皆因书生妄论而定,甚未允当。况前代帝王,曾为天下主。后世之人,俱分属臣子,而可轻肆议论,定其崇祀与不崇祀乎。今宋明诸儒,人尚以其宜附孔庙奏请。前代帝王,既无后裔,后之君天下者,继其统绪,即当崇其祀典,朕君临宇内,不得不为前人言也。朕意以为,凡曾在位,除无道被弑亡国之主外,应尽入庙崇祀。尔等将朕此旨录出,公同从容详议具奏。①

事经一年筹议,礼部遵照康熙帝指示,拟定一份自伏羲至明朝历代君王应加崇祀之名单,又拟出一份不应崇祀帝王名单。在康熙六十一年(1722)四月辛酉日奏陈朝廷。康熙当时下诏,表明要再加修正之点,令礼部会同九卿再议,从取舍之间,可以见出康熙对明崇祯帝之重视,不当置于不予崇祀之列,申谕至为明显:

> 上谕大学士等曰:此所议应崇祀处,皆是。但其中尚有宜详细斟酌者,从前所定配享功臣,大概开国元勋居多。如明之徐达,不过一草莽武夫。刘基系元之进士,遭遇成功,遂以元勋配享耳。其有治安之世,辅佐太平,有功军国者,反不得与配享之列,是皆未为允当也。又如有明天下,皆坏于万历、泰昌、天启三朝,愍帝即位,未尝不励精图治,而所值事势,无可如何。明

---

① 《大清圣祖仁皇帝实录》卷292,第4—5页;台北华文书局影印,第3882—3883页。

之亡,非愍帝之咎也。朕年少时,曾见故明耆旧甚多,知明末事最切,野史所载,俱不足信。愍帝不应与亡国之君同论,万历、泰昌、天启实不应入崇祀之内,尔等会同九卿,将此详细分别,确议具奏。①

康熙不久于同年内升遐,群臣仍议定历代帝王庙制,于同年十二月丁丑日奏复,自伏羲以迄明愍帝(崇祯)原为二十一位,而议增为一百四十三位。附祀功臣,原有三十九位,而再议增四十位。可谓因康熙诏命而作重大改进。亦足反映清帝上承历代皇帝统绪之用心。康熙自是一位重要促成者。

正式扩增历代帝王崇祀名位,已到清世宗雍正继承大统之时。雍正继承先志,但当谅阴之期,乃命大臣重书牌位,遣履郡王允祹代行祀典大礼,并亲制祭文,亲制历代帝王庙碑,以赞其盛举。嗣后于雍正二年、四年、五年、七年均曾亲举祭祀。自亦可见雍正帝未尝稍疏礼仪②。

及清高宗乾隆即位之后,对于前代帝王崇祀,不但谨维祖制,抑且更有增饰。首先,乾隆元年(1736)初始登位,适逢《明史》告成,乃借机追谥明建文帝为恭闵惠帝,并亦进祀历代帝王庙。御制祭文,遣官致祭。乾隆二十七年(1762)更发内帑金,重修历代帝王庙。最重大举措,是将殿顶纯绿色琉璃瓦,一律改覆黄色琉璃瓦,其式已相等于太庙。足见乾隆用心与其隆礼崇重之意。乾隆二十九年(1764)二月,改建正殿配殿竣工,题额称景德殿。乾隆亲临致祭,并御制碑文,以纪修建之盛③。

---

① 《大清圣祖仁皇帝实录》卷297,第7—8页,台北华文书局影印,第3944页。
② 《皇朝文献通考》卷119,台北商务印书馆影印,第5883—5884页。
③ 同上,卷119,第5885页。"二十七年,诏重修历代帝王庙,并诏改盖黄瓦以崇典礼。"又,同书,第5885—5886页,载乾隆二十九年御制碑全文。

乾隆生平好大喜功,于信从祖制之外,又思考铺张扬厉,而于四十九年(1784)七月郑重颁下诏书,于历代帝王庙制详加析论,以为群臣未能体察康熙本意,由于皇帝上宾,仓猝议复,虽增祀帝王神位,仍有不足。因再令群臣重订历代帝王祀典。更郑重指出,定议之后,必须把康熙六十一年谕旨,及此次谕旨,一概刊载《大清通礼》,借昭永久。旨下大学士九卿会议,同年议定奏请再增祀二十五帝。历代帝王庙制祀典,至此方至定局。乾隆此上谕甚长,洋洋洒洒,辨列帝之当否与祀。兹载附上谕结语,当可见其用心所在:

> 夫自古帝王,统绪祖传,易代以后,飨祀庙庭。原以报功崇德,至于严篡窃之防,戒守成之主,或予或夺,要必衷于至当,而无所容心于其间,方协彰瘅之义。所有历代帝王庙祀典,着大学士九卿,更行悉心详议具奏。并着于定议后,交四库馆,恭录皇祖谕旨,并朕此旨,于通礼庙飨卷首,以昭殷鉴历朝,垂示万年之至意。①

中国历代帝王庙制祀典,至乾隆五十年(1785)而大定。自清世祖入关,历经四帝思考而形成,实具有其郑重图维之要义。崇祀前代帝王滥觞于唐代天宝七年,而至明太祖洪武六年(1373)始建庙于金陵。至世宗嘉靖十年(1531)则改建历代帝王庙于北京阜城门内。俱祀历代开国之君,不过十六位。顺治帝入关,相沿旧制已增入辽太祖、金太祖、金世宗、元太祖、明太祖,共为二十一位。直至康熙六十一年、乾隆四十九年两次增改庙制,使伏羲以来历代帝君俱得享祀春秋,为清代

---

① 《大清高宗纯皇帝实录》卷1210,第6—7页。其全篇谕旨载第3—7页。又,如乾隆上谕所指示,在《大清通礼》卷10,特收载康熙六十一年上谕及乾隆四十九年此一上谕。其他各书若《皇朝文献通考》亦必详载此谕。

建制要典①。

满清文化质简,入关开基诸帝,极意崇重中国固有典仪。刻意表现其承袭明祚,尊崇明太祖,追谥崇祯建文,反复谕示大臣,俱不以亡国之君待崇祯。无非表明其接承明朝帝统,延续列圣列王,为伏羲以来政统宗子。以见其统一寰宇,抚驭万民之正当。后世史家据此皇皇诏谕,正大言宣,反复再四,累世不休。正足觉察帝王统一区夏之频频用心,其高明睿智,实得充分发挥。

三、儒学道统之宗奉

满清入关之后,欲囊括区夏,临驭万民,而图天下太平,长治久安。前期诸帝,无不兢兢业业,朝乾夕惕,勤能于国家政务。惟其尤用心于明亡之后,广众遗民之收抚,无法全用武力震摄。惟致力于中国固有文教之宣扬,为其收服人心之有效治术。

---

① 《皇朝文献通考》卷119,第5881页。载乾隆二十九年重修历代帝王庙之形制如下:"历代帝王庙,皇城之西,阜成门内,南向。庙门三间,左右门各一。前石梁三,内景德门五间。崇基石阑,前后三出,陛中十有一级,左右各九级。左右各一门。正中景德崇圣殿九间。重檐崇基石阑。南三出,陛中十有三级,左右各十有一级,东西一出,陛各十有二级。两庑各七间,燎炉各一。殿东御碑亭一,后祭器库五间,均南向。景德门外,东为神库、神厨、宰牲亭、井亭各一。西为承祭官致斋所。东南钟楼一。围垣周百八十六丈三尺八寸。门外东西下马碑各一,凡正殿门庑俱覆黄色琉璃瓦,门楹涂丹,梁栋五采。"又,《大清通礼》(全54卷,嘉庆二十五年成书)第10卷,全卷备载历代帝王崇祀典仪,属清朝典礼中之大祀,必须皇帝亲祭,与郊祀、大庙、天神、地祇仪节陈设相同。并均可遣派亲王大臣主祭。又,《大清会典》(乾隆二十九年成书)第45卷,崇祀前代帝王礼附享位及陈设图。又,在此附加说明,乾隆四十九年以前,崇祀历代帝王,原为中祀,不及太庙之隆崇。至四十九年方改为大祀。故在乾隆二十九年所成《大清会典》之中,仍将祭祀历代帝王列为中祀。由于《大清通礼》晚出,故与乾隆朝《大清会典》所定不同,本文行文及引证,原就两书不同记载立言,未加细论其区别,特请阅读本文者留意分别,勿谓本文所载之自相矛盾也。

近时吕士朋教授著《清代的崇儒与汉化》一文,有谓:"那么清代毫无疑问地是中国历史上的伟大王朝。有清一代的最大贡献,一为版图的扩大和巩固,二为长期(十七世纪晚期至十九世纪初期)的和平繁荣与人口的增加,三为崇儒与汉化的成功。"①应为学术至论,具参考价值,甚愿引为论据。

清初诸帝之崇尚文教,重视儒学,历有重大举措。而以康熙最具开创规模,俱为后世典范。本来自世祖顺治已广开文教。而康熙尤见突出。惟其崇重文教,振兴儒学,措于政者,可分内廷与国家两途。内廷在于皇帝勤行经筵,讲习圣学。国家则自临雍大典,祀孔大祭,种种活动。同时并行,本节则分别两端评述。

(一)传心殿经筵致祭典与经筵日讲

清帝经筵日讲,实经康熙帝实践提倡而形成制度。世祖入关,尚在用兵,未尝真正举行。然内廷崇学,实自顺治帝开始。其参酌经史,润色文治之用心,于顺治十二年(1655)正月丙午日御制《资政要览》序见之。

> 朕惟帝王为政,贤哲修身,莫不本于德而成于学。如大匠以规矩而定方圆,乐师以六律而正五音。凡古人嘉言善行载于典籍者,皆修己治人之方,可施于今者也。朕孜孜图治,学于古训。览四书、五经、通鉴等编,得其梗概。推之十三经二十一史,及诸子之不悖于圣经者,莫不蕴涵事理,成一家言。但卷帙浩繁,若以之教人,恐未能一时尽解其义,亦未能一时尽得其书。因思夫记事宜提其要,纂言当钩其元。乃采集诸书中之关于政事者为三十

---

① 吕士朋《清代的崇儒与汉化》,《国际汉学会议论文集·历史考古组》,台北1981年,第533—542页。

篇。又虑其涣而无统,于是每篇贯其大义,联其文辞。于忠臣孝子贤人廉吏略举事迹,其奸贪不肖悖乱者亦载其内,使法戒炳然。加之训诂详其证据,譬之萃众白以为裘,范六金而成鼎。旨约而易明,文简而易阅。名曰资政要览。观是书者,熟思而体之,可以为笃行之善人;推类而广之,可以为明理之君子。毋徒求之语言文字之间,则朕谆谆教谕之心,庶乎其不虚矣。①

同年三月壬子日,又诏谕礼部,申论崇重文治之要,属命内外官员认真讲求:

> 朕惟帝王敷治,文教是先。臣子致君,经术为本。自明季扰乱,日寻干戈,学问之道,阙焉未讲。今天下渐定,朕将兴文教崇经术以开太平。尔部即传谕直省学臣,训督士子,凡六经诸史有关于道德经济者,必务研求通贯,明体达用。处则为真儒,出则为循吏。果有此等实学,朕当不次简拔,重加任用。又念先贤之训,仕优则学。仍传谕内外大小各官,政事之暇,亦须留心学问。俾德业日修,识见益广。佐朕右文之治。②

康熙冲龄践祚,六年(1667)亲政,至九年(1670)始诏谕礼部行经筵日讲之制。中国历代帝君,惟康熙实践最切,行之最勤,足以睥睨千古,表率万世。帝王向学之勤,无出其右者。康熙九年十月丁酉日,谕礼部:

> 上谕礼部:帝王勤求治理,必稽古典学,以资启沃之功。朕于政务余闲,惟日研精经史。念经筵日讲,允属大典。宜即举行。

---

① 《大清世祖章皇帝圣训》卷5,第1页。
② 同上。

尔部其详察典例,择吉具仪以闻。"①。

传心殿经筵致祭,为清康熙时定制,殿设皇城文华门内,殿内奉祀伏羲、神农、轩辕,尊号"皇师";陶唐氏、有虞氏,尊号"帝师";禹、汤、文、武,尊号"王师";周公尊号"先圣";孔子尊号"先师"。每岁春秋仲月致祭,皇帝亲临行祭,并行二跪六叩礼;或派遣官员代祭②。

近世学者不重制度,于前史掌故多恍忽笼统。殊不知传心殿制度意义重大,乃充分代表中国文化道统承绪。具体表现于皇师、帝师、王师、先圣、先师之礼制传承。此礼即文化统摄定名,如孔子所言夏礼、殷礼,乃必统摄制度文物生活教化之一切传统遗产。清帝要表示是由列圣传授而得,故表现其充分服膺列圣祖传之文教道统。其所以命名为"传心殿",真是标示至明,功用至深。足以考见清帝用心与其服膺中国传统教化之真诚。华夏子孙面对异族帝君,岂不有愧?

康熙帝于经筵日讲尤勤于履践,毫无荒怠。皆可据其诏谕以为引证。如康熙十二年(1673)丁未日上谕:

> 人主临御天下,建极绥猷,未有不以讲学明理为先务。朕听政之暇,即于宫中披阅典籍,殊觉义理无穷,乐此不疲。向来隔日进讲,朕心犹然未惬,嗣后尔等须日侍讲读,阐发书旨,为学之功,庶可无间。③

又见康熙十三年(1674)九月初一日诏谕:

> 上谕学士傅达礼曰:日讲关系重大,日月易迈,恐致荒疏。虽当此多事之时,不妨乘间进讲。于军事无误,工夫不间,则神益身

---

① 《大清圣祖仁皇帝圣训》卷5,第1页。
② 《大清通礼》卷11,全卷备载传心殿仪注。
③ 《大清圣祖仁皇帝圣训》卷5,第1页。

心,良非浅鲜。尔衙门议奏。寻翰林院奏曰:机务繁重,请间一日进讲。上曰:军机事情有间数日一至者,亦有数日连至者,非可限以日期。其仍每日进讲,以慰朕倦倦向学之意。①

康熙对其自幼养成读书习惯,勤奋研读圣经贤传,有其确切申白,见康熙二十三年(1684)十一月乙丑日上谕所示:

> 朕自五龄即知读书,八龄践祚,辄以学庸训诂询之左右,求得大意,而后愉快。日所读书,必使字字成诵,从来不肯自欺。及四子之书既已通贯,乃读尚书,于典谟训诰之中,体会古帝王孜孜求治之意,期见之施行。及读大易观象,玩占放数,圣人扶阳抑阴,防微杜渐,垂世立教之精心,朕皆反复探索,必心与理会,不使纤毫扞格。实觉义理悦心,故乐此不疲耳。②

康熙精勤政事,钻探经史,所遗资料甚多,无烦备举,且亦为后世公认,无可质疑。兹反观明末诸帝,其庸惰误国,正予满清代兴之机。康熙距明亡之期甚近,颇考察明帝误国之由,不免讥议。见其康熙四十二(1703)四月戊戌日上谕:

> 朕自冲龄,每事好问,明时之太监朕皆及见之。所以彼时之事,朕知之甚悉。太监魏忠贤恶迹,史书仅记其大略而已,犹未详载也。明末之君,多有不识字者,遇讲书则垂幔听之,诸事皆任太监办理,所以生杀之权尽归此辈也。③

凡此贵为天子,养尊处优,君临天下,臣民企仰。作威作福,本可任己而为。然康熙日理万机,不忘每日读书,大臣进讲,待漏宫门。可想见

---

① 《大清圣祖仁皇帝圣训》卷5,第1页。
② 《大清圣祖仁皇帝圣训》,第3页。
③ 同上,第4页。

其勤奋,中国历代帝王何曾多见。此一经筵日讲制度,行之康雍乾三朝,俱有正式记载,可作认真学问明证,足为为政者典范。

经筵日讲制度,乃帝王自我要求,非国典所能督劝。若观康雍乾三朝所命经筵讲官,俱为高官显宦,地位优崇。必为大学士尚书兼领,若非宠信近臣,亦难至日日随侍。由是亦可见清帝之认真读书①。

(二)祀孔与临雍释奠

满清入关后,自顺治中期已开始加意于崇儒兴学。于顺治九年(1652)九月辛卯日,赐发衍圣公五经博士,孔、颜、曾、孟子孙,国子祭酒、司业等人袍帽。并予谕敕云:

> 敕曰:圣人之道,如日中天,上赖之以致治,下习之以事君。尔等务尽心教训诸生,诸生亦当只承师训,力体诸身。教成为师训之功,学成乃弟子之职。傥训诲不严,服习有怠,尔师生俱不能辞其责。勉之。②

顺治十四年(1657)十月丁亥日,更发出内帑银三万两,交工部修葺孔庙,以重祀典③。

崇祀孔子最重要之帝君仍是康熙帝。康熙六年亲政,八年(1669)四月即行临雍释奠大典,并敕谕国子监等官,以示尊孔崇圣:

> 朕惟圣人之道,高明广大,昭垂万世。所以兴道致治,敦伦善俗,莫能外也。朕缵承丕业,文治诞敷。景仰先哲至德,今行辟雍

---

① 吕士朋《清代的崇儒与汉化》,第535页:"其时理学耆儒如李光地、汤斌,皆因得圣祖赏识,而位极人臣。一时理学昌明,对稳定政局,端正世风,具有显著的效果。"
② 《大清世祖章皇帝圣训》卷5,第1页。
③ 同上,第1—2页。

释奠之典,将以鼓舞人才,宣布教化。尔等当严督诸生,潜心肄业。诸生亦宜身体力行,朝夕勤励。若学业成立,可裨任用,则教育有功。其或董率不严,荒乃职业,尔等系师生,难辞厥咎。尚其勉之毋忽。①

皇帝临雍释奠,乃亲诣国子监祭孔释菜,表率国家兴学造士之成规,并不同于祭孔大典。本来每年遣官远赴山东阙里致祭,已是尽礼。而康熙终定东巡山东之行,于康熙二十三年九月二十四日(1684 年 11月 1 日)车驾发自京师,同年十一月十七日(1684 年 12 月 22 日)驾幸曲阜,十八日亲诣阙里,率百官行祀孔大典,于大成殿亲行三跪九叩礼。正确记载俱见典制各书②。

祀孔礼制,不在康熙之亲临致祭,而是由其大力推动,促使地方官自省会孔庙,以及府州县之春秋丁祭,均由当地最高首长主祭,形成制

---

① 《大清圣祖仁皇帝圣训》卷 12,第 1 页。
② 《大清通礼》卷 12,全卷备载祭孔典仪规制,不作史实载述。又,《大清会典》第 45 卷。文庙释奠礼,附享位及陈设图。又,《大清圣祖仁皇帝圣训》卷 12,第 1—2 页。备载行礼纪实。足明当日实情,兹引据于次:"上御辇,设卤簿,进曲阜南门,诣圣庙。至奎文阁前下辇。由甬道旁行至大成殿,行三跪九叩首礼,四配、十哲、两庑,从官分献,乐舞间作,礼毕。上幸诗礼堂,衍圣公孔毓圻等行礼毕,监生孔尚任进讲大学圣经首节,举人孔尚铉进讲易经系辞首节。讲毕,上命大学士王熙宣谕衍圣公孔毓圻等曰:至圣之道,与日月并行,与天地同运,万世帝王,咸所师法。下建公卿士庶,罔不率由。尔等远承圣泽,世守家传,务期型仁讲义,履中蹈和。存忠恕以立心,敦孝弟以修正。斯须弗去,以奉先训,以称朕怀。其只遵勿替。又谕大学士等曰:至圣之德,与天地日月同其高明广大,无可指称。朕向来研求经义,体思至道,欲加赞颂,莫能名言。特书万世师表四字,悬额殿中,非云阐扬圣教,亦以垂示将来。又谕曰:历代帝王致祭阙里,或留金银器皿。朕今亲诣行礼,务极尊崇至圣,异于前代。所有曲柄黄盖,留供庙廷四时飨祀陈之,以示朕尊圣之意。"又,《山东通志》卷 110,备载阙里祀典,并详记康熙二十三年十一月之盛大祀孔始末。惟其庙祠位所书十二哲之位,则非当日实情,盖至康熙五十一年方定升祔朱子之制。惟圣训与实录不误。

度,推行全国。且令各省学政每值巡行各府州县举办岁科考试,必须到当地文庙拈香行礼,并率考生公开讲学,而使祀孔礼制广及全国,为地方上经常祀典①。

清世宗雍正即位之后,对于祀孔倍加重视,隆礼不下于康熙。践祚之始,于雍正元年(1723)三月,追封孔子五代为公,入祀崇圣祠②。

同年十一月命修葺先师圣殿。雍正二年(1724)二月,世宗亲诣国子监文庙释奠,践皇帝临雍大典。此次重要诏谕,令大臣章奏功令记注不得书为幸学,为表达对先师崇敬,必须将幸字改为诣字。如其上谕言:

> 上谕礼部:帝王临雍大典,所以尊师重道,为教化之本。朕览史册所载,多称幸学。而近日奏章仪注,相沿未改。此臣下尊君之词。朕心有所未安。今释菜伊迩,朕将亲诣行礼,嗣后一应奏章记注,将幸字改为诣字,以申崇敬。③

---

① 中国祀孔礼制,自京师皇帝之临雍释奠以至各府州县之春秋丁祭,在清代上下一贯,行礼无缺,自因康、雍、乾三帝认真督察所致。文庙礼仪,地方志多有记载,甚易查考。由于年代尚近,礼制未尝失传。本文略举以下方志、笔记,备供参考。

1.《山西通志》卷35、36《学校志》,清雍正十二年刊本。文庙十哲享位名称依旧,惟在同位将朱子增十哲之末,乃遵康熙谕升祔。

2.《重修扬州府志》卷19《学校志》,载文庙礼制,惟从康熙五十一年谕升祔朱子于十哲享位,又从乾隆三年谕升祔有子于十哲享位。

3. 毛祥麟《墨余录》,上海古籍出版社,1985年,卷1,第1—2页。"丁祭盛仪",文中详述同治三年上海道应宝时主持之祀孔大典。足备参考。又吕士朋《清代的崇儒与汉化》第535页:"圣祖之崇儒,其着眼点固在巩固清室在中国的统治,含有很大的政治作用。但圣祖本人之爱好中国经典及用功之勤,实令人钦佩。"

② 《大清世宗宪皇帝圣训》,台北文海出版社影印,卷32,第1页。

③ 《大清世宗宪皇帝圣训》卷1,第1页。雍正元年十一月丁酉日上谕。命修葺文庙。二年二月帝亲诣国子监释奠。并谕示大臣记注,用字谨敬。

由于阙里大成殿在同年六月初九日遭雷电击中起火,波及两庑俱毁,乃诏命工部官员会同山东巡抚施工重建。至雍正十年(1732)修建完成,遂颁御制阙里圣庙碑以为永纪①。

雍正三年(1725)八月癸酉日,诏定孔子圣讳回避通例,用示崇敬②。雍正四年(1726)八月丁卯日世宗再诣国子监文庙行临雍释奠礼。不但仍循康熙所行礼制三跪九叩,同时更于献爵献帛亦跪而行之,以表尊敬。并谕示群臣,以为成例:

> 上亲祭先师孔子,谕礼部侍郎三泰等曰:仪注内开,献帛进酒皆不跪。朕今跪献,非误也。若立献于先师之前,朕心有所不安。可记档案,以后照此遵行。③

满清本为游猎部族,自太祖崛兴,亦俱恃武功开拓帝业,凡在关外两帝政务,以及其八旗制度之基础,实与汉制完全异趣。然自顺治帝入关,多尔衮摄政,则竟重用汉臣辅政,顺利承接明朝制度,却革除东西厂锦衣卫等敝政。本以武事起家却偃武修文,历经顺治、康熙、雍正、乾隆四朝皇帝刻意经营提倡。以传心殿经筵日讲为皇家崇重历代文教道统之圭臬,以祀孔大典推行全国为普及儒学圣教之传承。其各帝君履践之勤,诏告之频,信持之坚,俱足见其至诚。方之前代帝王尚有不少佞佛慕道之君,清代各朝有何逊于前徽?

---

① 《大清世宗宪皇帝圣训》卷4,第3页。雍正十年五月甲申,御制重修阙里圣庙碑全文。

② 同上,卷1,第3页,雍正三年上谕:"孔子德高千古,道冠百王,正彝伦,端风化,为往圣继绝学,为万世开太平。自天子以至于庶人,皆受师资之益。而直省郡邑之名,有圣讳字在内者,古今相沿未改,朕心深为不安。尔等会议,凡直省地名,有同圣讳者,或改读某音,或另易他字。至次常用之际,于此字作何回避,一并详议具奏。"

③ 同上,卷1,第3页。

四、民间群祀之表率与庶民教化之推行

满清入关后，以异族而统治中夏，不但从文治上收抚读书士绅，抑且注重流俗信仰习惯，以通俗教化，民俗活动，使之具有充分安乐娱情享受。轻刑薄税，使民能安居乐业，抬神赛会，使众得消遣。清帝入手方式，在于放任多神信仰，鼓励各样祭拜。广开庙会活动，导引享乐欢娱。潜移默化，遂收抚绥之效。清帝另一入手方式，则提示中国传统教民劝谕条目，颁发官员士子，使之宣讲启牖，亦足以致民于驯顺服从，借收长治久安之效。兹分别研探如次：

（一）地方群祀之确立与表率

有清一代礼制，祀典区分三大类别，即大祀、中祀与群祀。大祀必皇帝亲临主祭。享位典仪必详载《大清会典》、《大清通礼》。除皇帝出巡在外，或身体不豫，决不轻易派遣大臣致祭。就其典仪陈设亦最隆崇，不能末减。此类大祀在指一、郊祀祭天；二、郊祀祭地；三、飨太庙，奠山陵；四、祭社稷。中祀仍为皇帝亲临主祭，然可另遣大臣代祭。此类在指一、朝日之礼，夕月之礼；二、祭历代帝王；三、飨先农礼，耕耤礼，皇后飨先蚕礼；四、祀天神、地祇、云师、雨师、风伯、雷师、祭太岁①。

凡大祀中祀，俱行之皇帝，或派遣亲王大臣，部民不能参与。只有群祀，则遣官致祭。各类庙神原本由民间崇祀，虽有官祭，而仍以人民活动为主。皇帝遣官致祭，不但与民共之，且表现其与民同乐之意。大批民间固有神祀，多被官家收入祀典之内，遣官致祭，足以达到收抚

---

① 《大清会典》，全100卷，乾隆二十九年成书。自卷37至卷49，备载大祀、中祀、群祀典仪并附图形。

人心效果。

中国民间群祀,相待于官民共有之守护神,充分表现多神信仰,实则基于人民之实用需求,及其关联于民众生活中用心致力趋向。只就民间群祀活动,足以了悟并掌握平民大众之爱恶趋避。清帝虽相距悬远,而能同其趋向,不加阻禁,正以见其利用之成功。

群祀列于清朝政府功令者,当是少数。而就此有限之载录,即可见出满清帝王与民间信仰之密切契合。兹简约列叙京师及直省各地方不同神祇之崇祀与仪节于次:

1. 先医之神。此并非指药王庙,而系政府太医院署崇祀历代医神。清顺治元年(1644)建景惠殿于太医院内,称先医庙。崇祀殿堂正位奉祀伏羲居中,神农居左,轩辕居右,俱南面。配享勾芒、风后东位面西;祝融、力牧西位面东。东西两庑各奉历代名医。以春冬仲月遣礼部尚书致祭。礼仪陈设严肃繁富。①

2. 关帝庙。顺治元年定祭关帝之礼,京师就祭于地安门外之关帝庙。每年春秋仲月遣官致祭。顺治九年敕封为忠义神武关圣大帝。雍正五年(1727)定祭仪用太牢行三跪九叩礼。雍正七年定直省地方关帝庙一岁三祭,皆用太牢。乾隆三十三年(1768)加封为忠义神武灵佑关圣大帝。礼仪陈设严肃隆重。②

3. 城隍庙。顺治二年定岁祭之礼,初定于八月二十七日岁祭。嗣顺治八年(1651)改逢皇帝万寿节遣官致祭,以为永例。庙在京城宣武门内。雍正四年(1726)更建筑紫禁城城隍庙。雍正九年(1731)更建皇城城隍庙于西安门内,二者均遣内务总管致

① 《大清通礼》(嘉庆本)卷14,第1—3页。又,《大清会典》(乾隆本)卷49。
② 《大清通礼》(嘉庆本)卷14。又,《皇朝文献通考》卷105,群祀考,台北商务印书馆影印,第5772—5773页。

祭。不同于都城隍庙。①

4. 北极真武之神,东岳泰山之神。此二者均为顺治八年所定,遣官岁祭。真武庙在京师地安门外,东岳庙在朝阳门外。祭仪陈设相同。均逢皇帝万寿节遣官致祭。②

5. 各路龙神。有清一代龙神名目最多,京内京外,随地而在。在京者有黑龙潭、玉泉山、昆明湖、白龙潭等龙神。地方上著名者为运河龙神。并均遣官致祭,各加不同封号。③

6. 火神、炮神。炮神为满汉八旗武将特祀之神,每年九月初一,特遣八旗都统致祭于卢沟桥北。火神则为官民共奉之神。康熙二年(1663)定为祀典,遣官致祭。雍正八年(1730)特谕用太牢奉祭,以为常例。④

7. 后土之神、司工之神、琉璃窑神、门神。顺治初年定诸神祀祭之仪。此在宫殿山陵兴工必奉之神。凡大兴作,择定吉日,遣官分祭后土之神、司工之神。祭仪陈设与祭都城隍同。凡大工迎吻,一路经各门结彩棚,择吉日遣官分别致祭琉璃窑神、门神。⑤

8. 仓神。雍正七年(1729)定仓神典仪,于京仓通州仓各建仓神祠。每岁春秋,遣官致祭。各祠仓神并加封号:通州仓为均调显佑司仓之神,左翼仓为丰储裕饷司仓之神,右翼仓为佑农广惠司仓之神。新建二仓为凝禧阜众司仓之神。除通州仓由仓场

---

① 《大清会典》(乾隆本)卷48。又,《大清通礼》(嘉庆本)卷15,第5—7页。又,《皇朝文献通考》卷105,群祀考,第5773—5774页。

② 《大清通礼》卷15,(嘉庆本),第1—2页。又,《大清会典》(乾隆本)卷48。又,《皇朝文献通考》卷105,第5774—5775页。

③ 《大清通礼》(嘉庆本)卷15,第8—12页。又,《大清会典》(乾隆本)卷48。

④ 《大清通礼》(嘉庆本)卷15第3—5页。

⑤ 同上,第13—15页。

侍郎主祭。其余各由本仓监督主祭。①

综观清帝对于一般神祇崇祀，俱各就日常生活用需与祛祓灾患功能，而有不同崇祀。当日用意，于其群祀宗旨申说明白。乃谓"我朝定制，大祀中祀而外厥有群祀。皆溥利垂庥，布五行而荫兆庶，及于民有捍卫功者，方册所存，命祀咸秩"②。

大抵神祀宗旨，以免除病患灾劫需求更为急切。换言之，大祀中祀，原距庶民悬远，而群祀诸神，多关乎民生安危生死。皇帝不能忽略下民忧乐所寄，因而乃广祀诸神，以为倡率。严其典仪，隆其名号，崇其祀享。媚神且以安万民之心，则亦达官民息息相关之效。原来自顺治初年已定刘猛将军庙祀典，实为驱螟蝻蝗蠹之害，是即八蜡之祀。顺治八年又定五祀之祭，即祭户、祭灶、祭门、祭中溜、祭井五种。是皆中国古老祀典，尤其五祀，早当行之于春秋战国。俱见《周礼》、《左传》、《吕氏春秋》、《月令》、《淮南子》所载，民间通行不辍。清代合称五祀八蜡。由于民间流行广远，京师不作专祀，于顺治十八年停止，改于太庙阶下附祭③。

(二)庶民教化之推广

清帝思考驯服部民，其和同祀典，导引风俗，自是产生重大效果，进而正面说教，由知书之士讲述善行故事格言，更能收化民成俗之效。顺治十二年(1655)正月，发布御制《劝善要言》，用于对广众庶民宣讲传述，为清帝直接劝诫民众之滥觞。在顺治御制序文中，揭示其教化

---

① 《皇朝文献通考》卷105，第5778页。又，《大清通礼》（嘉庆本）卷15，第14—15页。
② 《皇朝文献通考》卷105，第5771页。
③ 《皇朝文献通考》卷105，第5778页。

万民之正大宗旨：

> 朕惟天道至善，即以其善赋之下民，故人之生无有不善。其
> 或有不善者，皆因内蔽于私欲，外染于污习，遂失其继善成性之本
> 体，而日远于天矣。因人之存心行事不同，是以上天鉴察降以灾
> 祥，其降祥者固以显佑善人，其不得已而降灾者，亦以明戒下民，
> 使之改过而迁于善也。从来报应，昭昭不爽，讵不可畏哉。古人
> 原天垂训，以教天下，正论嘉言，不一而足。但文之深者或不易
> 通，言之简者又不能尽。朕恭承天命，抚育万方，深念上之教世，
> 劝善为先；人之立身，为善最乐。故取诸书之要者辑为一编，名曰
> 《劝善要言》。语不欲文，期于明理；词不厌详，期于晓众。欲使贤
> 愚同喻，小大共知，读此书者，当深思其义，反之于心，体之于身。
> 善者则益当加勉而进于淳良，以求吉庆。其或无知而误染于不善
> 者，尤当速改而归于无过，以免灾戾。庶几不负上天好生之心，而
> 朕殷殷教化之意亦不虚矣。凡我人民其敬勉之哉！①

康熙即位之后，继续推动敷教人民劝善教材。六年亲政，九年
（1670）十月即发布上谕，提示教民要目十六条。当时原不见有特殊意
义，而后乃竟成为有清一代士民必读之教化条目。代表有清一代重大
文献之一。兹举清圣祖当日上谕：

> 上谕礼部：朕惟至治之世，不以法令为亟，而以教化为先。其
> 时人心醇良，风俗朴厚，刑措不用，比户可封，长治久安，茂登上
> 理。盖法令禁于一时，而教化维于可久，若徒恃法令，而教化不
> 先，是舍本而务末也。近见风俗日敝，人心不古，嚣陵成习，僭滥
> 多端。狙诈之术日工，狱讼之兴靡已。或豪富凌轹孤寒，或劣绅

---

① 《大清世祖章皇帝圣训》卷5，第1页。

武断乡曲,或恶衿出入衙署,或蠹棍诈害善良。崔符之劫掠时闻,雠忿之杀伤迭见。陷罹法网,刑所必加。诛之则无知可悯,宥之则宪典难宽。念兹刑辟之日繁,良由化导之未善。朕今欲法古帝王,尚德缓刑,化民成俗。举凡敦孝弟以重人伦,笃宗族以昭雍睦,和乡党以息争讼,重农桑以足衣食,尚节俭以惜财用,隆学校以端士习,黜异端以崇正学,讲法律以儆顽愚,明礼让以厚风俗,务本业以定民志,训子弟以禁非为,息诬告以全良善,诫窝逃以免株连,完钱粮以省催科,联保甲以弭盗贼,解雠忿以重身命。以上诸条,着通行晓谕八旗并直隶各省府州县乡村人等,切实遵行。①

康熙此一诏谕,在清代十分重要,实将谕中十六条目广为推行全国,用为士民诵习。特别是在地方科考制度之下,首先令士子在考场中默写,以为考录凭准。进而由地方考官学政向士子宣讲,或由学官宣谕,促令天下考生个个熟习默记。然后再由士绅向各地方民众聚会讲解。原在康熙一朝即已推行有效,决非虚文立言。②

清世宗雍正即位之后,在雍正二年二月初二日(1724 年 2 月 25日)对于康熙上谕十六条逐条详加演绎,合成万言之书,题称《圣谕广训》,郑重颁行全国。令士子平民诵记:

谨将上谕十六条,寻绎其义,推衍其文,共得万言,名曰《圣谕广训》。旁征远引,往复周详,意取显明,语多直朴。无非奉先志以启后人,使群黎百姓家喻而户晓也。愿尔兵民等仰体圣祖正德厚生之至意,勿视为条教号令之虚文。共勉为谨身节用之庶人,尽除夫浮薄嚣陵之陋习。则风俗醇厚,家室和平,在朝廷德化乐

① 《大清圣祖仁皇帝圣训》卷6,第1页。
② 王尔敏《清廷〈圣谕广训〉之颁行及民间之宣讲拾遗》,台北中研院近代史研究所集刊第22期,第225—276页。

观其成,尔后嗣子孙并受其福。积善之家必有余庆,其理岂或
爽哉。①

自雍正帝郑重推行全国,地方高官倡率宣讲,尤其学政为责成所在,被
视为教令职能必行之功令。所到之府县,必须集合士子宣讲,不能妄
求苟免。再地方士绅,知书之士,向乡民父老之推广,已成家喻户晓,
直迄清末,历久不衰。

《圣谕广训》由于科考要求,成为士子人人必读之书,其中条目十
六条,自能记诵纯熟。再加一省考试高官学政之督率,由士绅推广至
地方村镇,对于统一教化产生重大功效。本文提示至此,不拟多所评
估。盖见及当世无数宣传方术,可以颠倒黑白,所见种种主义理论,岂
少于往昔;国人醉心宗奉,岂尽是无知之徒?若果坠深渊而不觉,亦无
须怨天尤人。

五、结　论

中国原始民族起于多元之说,近今史家多已探析明确,早具共识。
其著者有傅斯年之《夷夏东西说》,徐炳昶之夷、夏、苗蛮三集团说。而
论析更深入坚实者,以王献唐著《炎黄氏族文化考》为最详博②。

中国上古不同部族,彼此消长,互相争杀,应是常有之事,惟就其
平时交流各不同系统族群亦必不免混合同化之事。从不同时期看去,
自是展现万邦林立。而较长期观察,实能见到文化融合再新发展之事

---

① 《圣谕广训》(雍正二年成书,乾隆四十四年三月,文渊阁四库全书本),台北
商务印书馆影印。

② 徐旭生《中国古史的传说时代》,北京:科学出版社,1960 年初版,1962 年第二
次印刷,第 37—160 页。又,王献唐《炎黄氏族文化考》,济南:齐鲁书社,1985
年版,参见第 1—259 页。又,柳诒徵著《中国文化史》上册,台北正中书局,
1948 年初版,第 15—19 页。

实。今世百年,学者就分析观点可以探索了悟远古不同族系之长期对立争杀,当是科学之真实。惟须知上古高智慧之大思想家可以观察到另一真实,是即三大族群间有其文化融合之事实,正表现一种整体承绪关系。因是而能在春秋时期使中国诞生文化趋合传承之学说。是即孔子所言:

> 殷因于夏礼,所损益可知也。周因于殷礼,所损益可知也。其或继周者,虽百世可知也。①

此种文化承绪观点,也在描述古史上之真实,并非出于杜撰。抑且非止儒家有此观点,墨子亦有相类学说,见墨子所言:

> 九鼎既成,迁于三国。夏后氏失之,殷人受之。殷人失之,周人受之。夏后、殷周之相受也,数百岁矣。②

其实,法家亦有相同思想,如管子有谓:

> 昔者三代之相授也,安得二天下而私之③。

古人在其当世,未尝不知列国纷争,对立侵夺之事,而其心胸眼光,更能见到彼此文化之融合,提出一种文化承绪学说,自于当时产生深远影响。此亦中国前史一种文化遗产,而代代流传于后世者。

古代思想家具有夏商周王政文化相承学说,久为中国各代所宗

---

① 杨伯峻注《论语译注》,北京:中华书局,1980 年,第 21—22 页。
② 王焕镳注,《墨子注译》上册,杭州:浙江古籍出版社,1987 年初版,1988 年第二次印刷,第 330 页。
③ 赵守正注《管子注译》上册,南宁:广西人民出版社,1982 年,第 145 页。又,同前引书,下册,第 68 页:"夫五帝三王所以成功立名,显于后世者,以为天下致利除害也。事行不必同,所务一也。"(广西人民出版社,1987 年,上册与下册出版时间不同。)

奉。此是所谓政治信仰,或正统思想。无论今人眼光或其真实价值如何,对于政治领袖则深具教训意义,颇有严肃之约束力。换言之,皇帝得位,须向天下表明传承之正当。譬如民主时代,当选之总统君相,须有其法律依据。否则将蒙篡窃之名,可使帝君坐立不安,他人亦易予推翻。

满清异族入主华夏,岂可说不是武力征服?而其前期诸帝,自顺治以至乾隆,努力于附庸中国王道正统,用以表现得国之正当,承绪之有本。特别更强化历代帝君之崇祀,一再增饰,远过历代。更在历代诸帝中特别重视对明代帝国之尊崇,显与清太宗在关外只重视辽金元各朝不同。其所以崇重明帝,即在表现承袭明祚。清帝一再表明对明帝崇重,追谥尊享崇祯帝,最能明见清帝用心。同时自顺治帝起即特别推尊明太祖。顺治十年(1653)正月丙申日与群臣论历代皇帝最能见之。兹举如下:

> 上幸内院阅《通鉴》,论大学士范文程、额色黑、宁完我、陈名夏等曰:上古帝王圣如尧舜,固难与比伦,其自汉高以下,明代以前,何帝为优? 文程等奏曰:汉高祖、文帝、光武、唐太宗、宋太祖,俱属贤君。上曰:此数君又孰优? 名夏奏曰:唐太宗似过之。上曰:朕以为历代贤君莫如明太祖。即唐太宗并数君德政,皆有善者,有未尽善者。至明太祖所定制度章程,规画周详,历代之君,实皆不及也。①

顺治于历代帝君是否真有评估,或史家思索评估而取一公断,均非必要,且难得定说。惟清帝实有必要向群臣宣示个人观点,以明太祖为宗,正以反映接承正统之深心。是以至康熙之时,南巡必亲祭明太祖

---

① 《大清世祖章皇帝圣训》卷1,第1页。

陵。正以宣示天下，满清承继明统之事实。

满清本是游猎部族，自有其一定文化格局，与汉文化不同。入关之前渐渐有所吸收，仍有一定本末主从区别。及入关之后，为其方便统治，完全以中国传统政统继承人自居，大力宏扬中国传统教化，重用汉人大臣，较往昔帝王尤其崇重中国固有教化，以为其统一区夏之正当手段。其政治作为，实具深识远见。

清初诸帝强化明统，顺治康熙明白宣示明太祖之英明创业。其一，在明示前朝统绪，满清未尝破坏，而且加以继承。正以安抚明末遗民怀念前朝之心。其二，是真正沿承明太祖之集权专制政治，一例用来统治下民，使臣民无所质疑。一切顺前朝之旧制，以达长治久安之效。

明末亡国经历，前后史乘，足备考索。其抗清忠烈，赴难殉国，可歌可泣之史实，罄纸难书。其间自有卖主求荣，腆颜事敌者，若洪承畴、吴三桂，亦更仆难数。无从一例看待，俱在史家之明验识断，在此无从备举。惟在明廷倾覆，九域沉沦之后，岂能万民俱殉其国，含辱苟活，亦必各自有其自处之方。殉节不屈，固不止史可法、张煌言、何腾蛟、瞿式耜、张同敞。遁隐逃世者，亦不止黄宗羲、顾炎武、王夫之、屈大均、方以智。即使其委屈降命者，亦必有其不同程度之怀抱。然可见大多数文士则以维护传统教化为最后手段。

中国明朝遗臣，虽亡国屈降满清，其北面称臣，忠心投效清帝之画策献计，仍一本其固有文化教养，备朝廷顾问。所尽言者统一天下长治久安，无非仍本中国固有之道，固有儒学教化，固有文物制度政治体制，凡为清帝接受，用于治国，是取文治而非武力挞伐。清帝自然接受中国文治帝统，认识抚驭万民之重要，实既倾心施行中国之所谓王道政治。正表现其虽武力征服，而不得不用汉大臣为治国辅佐，以安天下。其汉大臣又往往无不以中国文治帝统为建策宗旨。中国文化仍得延续并有重大宏扬。明臣亡国,莫不有屈辱之痛,而能忍辱含垢,屈降异族,用其余生余力,维护固有文化,亦是不得已之选择。覆亡之下,若不身殉,而苟延残喘,为固有文化图生存之机,其用心之苦,亦足为后世曲谅。

天子明堂,创制于先秦,未能考见实绩。汉代辟雍,天子讲学,具有严肃宗旨,明确体制,足为后世典范。而魏晋帝君,已鲜实践。唐宋复有讲经之风。沿及明代,有经筵之设。前期帝君尚多认真听讲,末季列帝未尝认真,徒具形式。直至清帝康熙始有复兴,并认真从事,一日不断,自古以来尚无如此向学之皇帝。其涵泳中国固有教化,认真用心。历代帝君无有其匹。以拥护中国文化传统而言,何可质疑。经筵之设,必当置于儒学之下,盖其内容不为佛道,而纯在于儒家经典。十三经为其范围。所要宏扬儒学甚明,亦无从质疑。今世学者熟论清史,标示清初诸帝之高压怀柔政策。其所举证,何不与现实政治作一比较,学者本具智慧,必有良知,尤擅辨析探索智慧。相信定能看出一些问题,提出千秋论断。

家训体制之传衍及门风官声之维系

世以隋初问世之《颜氏家训》为家训体制之祖（陈振孙语），今人周法高主张应以敦煌抄本《太公家教》为早，为时应在魏晋南北朝时代。隋唐以后，以迄清末，族规宗约，家训庭诰之作，为历代世家所重，类出不穷，凡编族谱家乘者，其中宗规家训篇章，多不可少。

家训出于名宦巨室，殷实富厚之家。主要基于门荫之绵延，富贵之长享。实利之计算，心理之祈愿，为其启念根源。所以必出以家训之教示子侄后辈者，自然盼望后人妥善承接，可以保泰持盈。

惟在中国长期专制政治环境之下，各人思想虽必不同，而谋求善保门风，揩拄家道之术，则古今高明之家，慎思筹计，往往雷同。所循大致轨辙，一在子孙繁庶，传衍香烟。二在子孙忠孝，家道和睦。三在克勤克俭，吃苦耐劳。四在训勉读书，志图功名。五在谨慎交游，严格阃教。凡此俱在教训家人必当用心履践之常行，然亦隐具维系门风之功用。至于晋身仕宦之人，适应政坛复杂环境，阅世稍久，自能见出不少利害机权关键,必须谨慎小心,周旋酬对。古往今来,波逐宦途者众,有者名利双收,福延后代,有者身败名裂,祸及妻孥。各人兢兢业业,务期仕途显扬,富贵寿考。千载以来,名宦巨室,多有立言以训诫子孙者。然亦可归趋大体数点。一则臣节有常,宦情多变。二则富贵无恒,荣华易逝。三则以清、慎、勤维持官声。四则以忠君效命保存禄位。五则以推恩散财消弭妒怨。勤劳王事,仍须戒慎恐惧,以图免蹈不测,遭逢大庆。

此类家训形式格局生成之背景,多由二千年来专制政治所造成。皇权至上,君辟尊贵。以爵禄恩宠,羁縻臣下。以刑戮威严,慑服部民。社会上之重农抑商,安土重迁,更造成此种有智慧者恃为进退趋避之环境。遂使明智之士,务汲汲于近利远害明哲保身之设想。一人一姓之家天下,自帝王以至庶民,莫不以家为本位,此专制政治之一般现象,因是而使历代家训保有一致之特色。

一、撰述辑录及传衍流布

家训一种著作,体制自由,内容杂驳,形式不一,长短不拘,简朴质直,文无华采。然不少阅历名言,人生至理,虽百世不可移易。抑且反映作者心声,其居心作人,立身应世,冀望所属,志识所钟,多能坦露于字里行间,足供后世采择研考,作为可靠论据。

颜之推所著家训,成于隋初文帝平灭南朝统一寰宇之世。目录学家陈振孙推称:"古今家训,以此为祖。"[①]而今人周法高教授不以为然。周氏辨证,认为家训之祖应推尊《太公家教》,今为传世定论,无可质疑。

---

① 周法高著《颜氏家训汇注》,"附录四",第 183 页,台北中研院历史语言研究所专刊之四十一,台北 1960 年 10 月。

《太公家教》今为传世最古之写本,出于敦煌石窟,为罗振玉影印行世。台北又有翻印本。只缺五字,大致完整。语多四字句,时或协韵①。阅其内容,果为深于世故者谆谆之教言。兹略举一二,以备参证:

> 罗网之鸟,悔不高飞;吞钩之鱼,恨不忍饥。人生误计,恨不三思;祸将及己,恨不忍之。其父出行,子须从后;路逢尊者,齐脚敛手。尊人之前,不得唾地;尊人赐酒,必须拜受。尊者赐肉,骨不与狗。尊者赐果,怀核在手,若也弃之,为礼大丑。②

---

① 周法高著《颜氏家训汇注》,第 183 页。周氏辨证云:"案李翱文公集卷六答朱载言书云:'其理往往有是者,而词章不能工者,有之矣。刘氏人物表,王氏中说,俗传太公家教是也。'并未尝指为齐之太公所作,更未言其真伪。四库既不著录,作提要者未见其书,何从知其为伪书耶? 宋王明清玉照新志卷 3 云:'世传太公家教,其书极浅陋鄙俚。然见之唐李习之文集,至以文中子为一律观。其中犹引周汉以来事,当是有唐村落闲老校书为之。太公者,犹曾高祖之类,非渭滨之师臣明矣。'然则此所谓太公,并非吕望,宋人辨之甚明。提要不考,而以为伪书,误矣。考八旗通志阿什坦传云:'阿什坦翻译大学、中庸、孝经、及通鉴总论,太公家教等书,刊行之。当时翻译者,咸奉为准则;即仅通满文者,亦得借为考古资。'是其书清初尚存,其后不知何时佚去。宣统间,敦煌石室千佛洞发见古写本书中,有太公家教一卷,上虞罗氏得之,影印入鸣沙石室古佚书中。"

② 《太公家教》,第 4 页(原敦煌石窟手写本)。台北广文书局据罗振玉影印本影印。1975 年 4 月印。

又同前书,第 7 页。亦可见出类似之训诫:"高山之树,苦于风雨;路边之树,苦于刀斧。当道作舍,苦于客侣。不慎之家,苦于官府。牛羊不圈,苦于狼虎。禾熟不收,苦于雀鼠。屋漏不覆,苦于梁柱。兵将不慎,败于军旅。人生不学,费其言语。近朱者赤,近墨者黑。蓬生麻中,不扶自直。近妄者谄,近偷者贼,近愚者痴,近圣者明,近贤者德,近淫者色。"

《太公家教》一卷，全书内容俱是人生经验之谈。含有深澈至理，具永恒参阅价值。最可注意者，通篇文辞俱出以鄙俚浅俗语句，毫无汉晋南北朝文章风格。所载思想，虽表见洞察世势之卓识，亦充满凡庸鄙陋媚俗入世之意趣。自不免为唐宋名家李翱、王明清所讪笑。因是推测出于浅学陋识村儒之手。惟供民间流通，正有其涉语浅而喻世深之价值存在，既是家训，岂需典丽高古之作。此正可见出家训体制之特色。识者以其援引孔明、桓侯，断其为魏晋南北朝作品，是以当早过于《颜氏家训》。

实际上流通于古今硕学通儒之间，而居于典范楷模之先驱者，当仍须推尊《颜氏家训》一书。无论为学从政，诵习而进摹者甚广，重复刊刻之版本，自宋至清有十余种之多。当今名家又有周法高之《颜氏家训汇注》、王利器之《颜氏家训集解》，均广征博引，研考深细，辨证精详，识断切当，为今世流传最完善之本，值得反复细读。宜其版本众多，推为家训先范而无愧。

《颜氏家训》全书七卷，分二十类目。训教家人子弟，包罗綦广，立旨至醇，申理至切。阅世圆熟，谕诫温厚。实家训一类典范之作。千载以下，仅有《曾文正公家训》、《家书》可与比侔，却尚不及其体系清明，语词简要。

《颜氏家训》广为后世引称，其征用前典，即多为后人重述。如其"教子"一章引句："孔子云：'少成若天性，习惯如自然。'是也。俗谚曰：'教妇初来，教儿婴孩。'诚哉斯语。"此处古谚句，先后经司马光、王应麟、杨万里，以至曾国藩、左宗棠均自《颜氏家训》转引。曾氏特指示两子阅读《颜氏家训》,亦足见其重视之意①。

颜氏之后,入宋而有司马光之《家范》十卷。先是唐代狄仁杰著《家范》一卷,久已不传。司马光袭其名而作《家范》十卷,自易卦家人起义,分论治家、教孝、族亲,各举前人故实,以为左证。世有传刻,且收入文渊阁四库全书。惟纯以家规为宗,遍引儒经,道学气重,但深于儒学者乐读,不易普及于一般知书人士②。

除《颜氏家训》以外,后世影响中国朝野为官应世最深且远之书,实为清人陈宏谋所辑录之《五种遗规》。陈宏谋,号榕门,广西桂林人,雍正元年进士,官至东阁大学士,谥文恭。陈氏在乾隆四年至八年(1739—1743)各年中,先后辑录历代贤哲之训世法戒,语录杂仪,合成遗规五种。分为《养正遗规》正编二卷,补编一卷。《训俗遗规》四卷,《从政遗规》二卷,《教女遗规》三卷,《在官法戒录》四卷。收录名家朱

① 王利器著《颜氏家训集解》,第25页。上海古籍出版社,1980年。王氏乃今日国学大师,学问渊博,向所钦仰。曾在香港见面数次。又王利器前揭书,第28页。注文载:"司马温公《书仪》四:孔子曰:幼025若天性,习惯如自然。颜氏家训曰:教妇初来,教子婴孩。故慎在其始,此其理也。"又同页注文载:"困学纪闻一:(易)'蒙之初曰发,家人之初曰闲。颜氏家训曰:教儿婴孩,教妇初来。'翁元圻注,杨诚斋(杨万里)易,家人初九传:妇训始至,子训始稚。盖本此。

又《左宗棠全集》"家书",长沙:岳麓书社,1989年,第29页,与周夫人:"霖儿娶妇后渐有成人之度否?读书不必急求进功,只要有恒无间,养得此心纯一专静,自然所学日进耳。新妇性质何如?教妇初来,须令其多识道理。为家门久远计,'小学'、'女诫'可令诸姊勤为讲明也。"

又《曾国藩全集·家书》,长沙:岳麓书社,1985年,第1196页,同治四年闰五月十九日,谕纪泽云:"颜黄门之推《颜氏家训》,作于乱离之世,张文端英《聪训斋语》,作于承平之世,所以教家者极精。尔兄弟各觅一册,常常阅习,则日进矣。"又,顾炎武《日知录》,台北粹文堂铅印本,1974年。第408页,大段引录颜氏家训之"风操"篇。此外更见于同书他处。

② 司马光《家范》,十卷(文渊阁四库全书,子部),台北商务印书馆影印,1983年。

熹、陈淳、真德秀、方孝孺、高贲亨、颜之推、吕近溪、吕坤（近溪子）、陆
世仪、程颐、程端礼、陈栎、王阳明、屠羲时、张履祥、陆陇其、张伯行、唐
彪、司马光、吕大防兄弟、陆九韶、倪恩、陈抟、袁采、许衡、杨继盛、沈
鲤、李应升、王演畴、王士晋、顾炎武、朱柏庐、唐达、魏象枢、汤斌、魏
禧、蔡世远、程大纯、史典、王之铁、熊弘备、吕祖谦、何坦、王应麟、梅
挚、薛瑄、耿定向、李廷机、张蒲、高攀龙、傅梅、袁了凡、颜茂猷、于成
龙、班昭、蔡邕、宋若昭等前贤之治学、立世、从政、在官以至女教等言
论，衰辑成集，可谓洋洋大观①。

　　清人曾国藩生平做官治事，立身应世，受《五种遗规》影响甚大，曾
四度向家人子弟推荐阅读，不厌其反复谆谆谕示②，足见其熟习而恃
信之专。"

　　陈宏谋辑录《五种遗规》足谓广征博举，包罗古今名家，内容宏富，
门类繁多。虽非自作，而辑录编排，保存名贤要语，亦是重大贡献。其
中《训俗遗规》、《从政遗规》、《在官法戒录》三种，似纯为做官人参考，

---

① 　陈宏谋辑《五种遗规》，上海：中华书局，四部备要本，子部；台北中华书局影
　　印。

② 　《曾国藩全集》"家书"，第147页，道光二十七年三月十日致诸弟信云："澄弟
　　（四弟国潢）理家事之间，须时时看《五种遗规》"。
　　　　第155页，同年七月十八日致诸弟信："我有三事奉劝四弟：一曰勤，二曰
　　早起，三曰看《五种遗规》。四弟能信此三语，便是爱兄敬兄；若不信此三语，
　　便是弁髦老兄。我家将来气象之兴衰，全系乎四弟一人之身。"
　　　　第220页，咸丰元年八月十九日致诸弟信："季弟贞干有志于道义身心之
　　学，余阅其书，不胜欣喜。凡人无不可为圣贤，绝不系乎读书之多寡。吾弟诚
　　有志于此，须熟读《小学》及《五种遗规》二书。此外各书能读固佳，不读亦初
　　无所损。可以为天地之完人，可以为父母之肖子，不必因读书而后有所加于
　　毫末也。匪但四六古诗可以不看，即古文为吾弟所愿学者，而不看亦无妨。
　　但守《小学》、《遗规》二书，行一句算一句，行十句算十句，贤于记诵词章之学
　　万万矣。"
　　　　第292页，咸丰五年三月二十日致诸弟信："修身齐家之道，无过陈文恭
　　公《五种遗规》一书，诸弟与儿侄辈皆宜常常阅看。"

而非家人训诫之旨趣。但就官宦之家而言,实不可少缺,盖使入仕有所参考借鉴,且足砥砺节操。是以为曾国藩所看重。

近人吴锡泽以其卷帙过巨,乃就《五种遗规》撮钞其精华要语,辑成《五种遗规杂钞》一种,呈之行政院长陈诚,陈氏曾经细读,因而为之作序。嗣由台北商务印书馆出版。惟此种节本,不及原书十分之一①。当可推见此书之参考价值,凡入仕为宦,不可不读。其书出于久任巨宦者陈宏谋之手,基于需要,而汇编一种在官之参考书,凡据任官问政之观点,亦不能不吸取其中阅历之言。

《五种遗规》煌煌巨卷,网罗古今名言教诲,广泛流布,固所当然。然亦有至简略短言琐语,疏落条目者。亦足为人珍视,刊布流传。抑且近世家训体制,一直未有如《颜氏家训》及司马光《家范》之宏伟巨著者。实际上家训体制常态,短篇最多,且以短篇为正常。《五种遗规》中不少短篇,《朱柏庐治家格言》只占其中两页而已。短篇传世最广者即朱夫子治家格言(余幼年入学之前已记诵纯熟),几至人人通晓。《五种遗规》之妙用,即在搜辑各类短篇规诫、官箴、官鉴、庸言、教约、世范、宗规、笔记、语录,归于一集,自难散佚,此亦保存文献之重大贡献。

惟仕宦之家,荣戴门第,为富贵长享,持盈保泰者,多谆谆系念于家道盛衰,权位升降。其家训内容,自具多层重点。一入为官,即与平常百姓所需不同。此读家训者所当留心。家训立言着笔,与作者身世背景心理意趣,有极密切关系,绝不似一般著作,故其研究之重要在此。有清一代为官场熟知习读者则有张英所撰《聪训斋语》。作者张英桐城人,康熙六年进士,官至礼部尚书文华殿大学士,谥文端。所撰《聪训斋语》,全书木刻版只有五页。因其为清初汉大臣中一生平顺而

---

① 　陈宏谋辑,吴锡泽钞选《五种遗规杂钞》,台北商务印书馆,1965 年。

晋至高位者，故其家训可作阅世之参考。而曾国藩五度劝告子弟阅读，称誉备至①。度曾氏生平言行，可知于《聪训斋语》领会最多，感悟最深，其心情最为接近。兹举张英所论居高思危之处：

> 高位者，责备之地，忌嫉之门，怨尤之府，利害之关，忧患之窟，劳苦之薮。古之智人，往往望而却步。况有荣则必有辱，有得则必有失，有进则必有退，有亲则必有疏。若但计邱山之得，而不容铢两之失，天下安有此理。但己身无大谴过，而外来者平淡视之。此处贵之道也。②

曾国藩于富贵无常感悟最深，任京官时，三十余岁即表其居名"求阙斋"，道光二十四年(1844)三月初十日致六弟、九弟长信一封，反映做

---

① 张英撰，黄秩模辑，《聪训斋语》，收入于逊敏堂丛书，咸丰间宜黄黄氏木活字排印。又，《曾国藩全集》"家书"，第1196页，谕纪泽，引文已见前引。

　第1220页，同治四年九月晦日，谕纪泽、纪鸿："张文端公英所著《聪训斋语》，皆教子之言。其中言养身、择友、观玩山水花竹，纯是一片太和生机，尔宜常常省览。鸿儿体亦单弱，亦宜常常看此书。吾教尔兄弟不在多书，但以圣祖之《庭训格言》，家中尚有数本，张公之《聪训斋语》，莫宅有之，申夫(李榕)又刻于安庆，二种为教，句句皆吾肺腑所欲言。"

　第1221—1222页，同治四年十月四日，谕纪泽："张文端公《聪训斋语》兹付去二本，尔兄弟细心省览，不特于德业有益，实于养生有益。"

　第1222页，同治四年十月五日致国潢、国荃："张文瑞〔端〕公家训一本，寄交纪渠省览。渠侄恭敬谦和，德性大进，朱金权亦盛称之。将来后辈八人，每人各给一本，又给沅弟所刊《庭训格言》一本，又以星冈公书蔬鱼猪早扫考宝八字教之，一门之风气自盛矣。"

　第1224页，同治四年十月十七日，谕纪泽、纪洪："《聪训斋语》，余以为可却病延年。尔兄弟与松生、慕徐常常体验否？可一禀及。此嘱。"

② 张英：《聪训斋语》，第1页。又，同前书，第4页："我愿汝曹常以席丰履盛为可危可虑，难处难全之地。勿以为可喜可幸，易安易逸之地。人有非之责之者，遇之不以礼者，则平心和气。思所处之时势，彼之施于我者自应如此，原非过当。即我所行十分全是，无一毫非理，彼尚在可恕。况我岂能全是乎。古人有言：终身让路，不失尺寸。老氏以让为宝。左氏曰：让，德之本也。"

官者居安思危心理。定其居名为求阙,足见其阅历官场之深澈体会,书云:

> 来书有"区区千金"四字,其毋乃不知天之已厚于我兄弟乎?兄尝观"易"之道,察盈虚消息之理,而知人不可无缺陷也。日中则昃,月盈则亏,天有孤虚,地阙东南,未有常全而不缺者,"剥"也者,"复"之几也,君子以为可喜也。"夬"也者,"姤"之渐也,君子以为可危也。是故既吉矣,则由吝以趋于凶;既凶矣,则由悔以趋于吉。君子但知有悔耳。悔者,所以守其缺而不敢求全也。小人则时时求全,全者既得,而吝与凶随之矣。众人常缺,而一人常全,天道屈伸之故,岂若是不公乎? 今吾家椿萱重庆,兄弟无故,京师无比美者,亦可谓至万全者矣。故兄但求缺陷,名所居曰求阙斋。盖求缺于他事,而求全于堂上,此则区区之至愿也。①

家训传衍,至曾国藩家书各卷,又达于恢恢丰茂,泱泱巨制。一由广义言之,家书所蕴蓄家训之义,至深至广。一由前贤往哲之搜辑,如刘清之《戒子通录》,亦多收名贤家书以备其全。言家训者不可略家书而不论。后世变局日乘,世态日非。民国以后文化破产,儒学濒亡,世人以洋为贵上,以土为下劣,固有文物著作,俱成进步障碍。群经诸子,早置高阁,区区家训,愈视为弁髦。近代幸见一二"家训"鳞爪,尚能表现清末以至民初遗风。《柳溪老人训子大概》收入《赵柏岩集》,周馥《负暄闲语》,均成于清末。周学熙《止庵家语》,成书于民国二十年代②。尚足代表家训遗风。近三十年来,世势遽变,人竞功利;争夺是尚,尔虞我诈;翻云覆雨,不择手段。爽约失信,习以为常,出卖朋友,视

---

① 《曾国藩全集》"家书",第 78 页。
② 周学熙《止庵家语》,刊于《近代史资料》总 77 号、78 号,北京:中国社会科学出版社印,1990 年。

为当然。阴谋阳谋并作，何须家庭训戒。砥砺人品，辨别是非，早已视为顽固落伍。无论新作早已绝迹，旧品亦乏人问津。真成今代绝学。

二、治家守业及门风之揩拄

齐家之训，始自儒经，推及治国，以为先步。汉魏以来，士誉集于门第，显贵自重种姓。身世来历，人人讲求。门风家声，标榜清介；阀阅旌节，光耀族亲。家训家法，正所以自我规范之典则，后世传衍，历百代而不穷。

清人毛先舒（又名骧）著《家人子语》，举汉代马援以下之各立家法云：

> 愿子弟学龙伯高不愿子弟学杜季良，此马伏波家法也。摘紫罗囊焚之，此谢太傅家法也。不许妇女作时世妆，此司马温公家法也。子弟居官而墨，斥之墓庙，死不容入，此包孝肃家法也。包公此训，尤为严切。至华歆、整严之轨，陈显达麈尾之训，非无可采，而身为乱贼，即作法于凉，莫大于是，故不取焉。①

当知前人家法，传衍后世，为人取资，其徒至广。

至于世人所谓之门风，一说家风，其义同等。惟门风一词出现最早，习用者多。所见最早者始于东晋，见《世说新语》"品藻"篇，明帝与周凯、郗鉴之互相问对②。

---

① 毛先舒撰，黄秩模辑，《家人子语》，第 4 页，逊敏堂丛书本，咸丰间宜黄黄氏木活字排印。

② 刘义庆《世说新语》，"品藻第九"云："明帝问周伯仁，'卿自谓何如郗鉴?'周曰：'鉴方臣，如有功夫。'复问郗。郗曰：'周颉比臣，有国士门风。'"今据杨勇《世说新语校笺》第 385 页，台北宏业书局，1972 年。

又，同前书，第 330 页，刘孝标注引《中兴书》曰："孚（阮孚）风韵疏诞，少有门风。初为安东参军，蓬发饮酒，不以五务婴心。"

又见于《颜氏家训》"风操"篇。颜之推称誉臧严之子逢世,有谓:"笃学修行,不坠门风。"①后世沿用当知宜以门风为正典。

(一)忠孝传家,毋忘祀祭

就中国古今史事以观,人依于家,家依于国,而国政标示风教,关系家庭个人至钜。换言之,有何种政体之需要,即有何种型式之官吏,有何种官吏之行径,即有何种任官之方术。官场风气,实出于帝王作为所范铸。专制帝王希望帝业永享,自然力求天下安定,万民拥戴。故自汉代以帝王已身率天下以孝。由是上下风从。所有家训,亦无不以忠孝为首务。虽然孝顺为中国古来德目,早定形于孔子以前千数百年,实中国人群社会向所讲求。而帝王正可借国人道德信仰,便于安定一姓之帝业,故不免极力提倡。使天下向从。此中国帝王掌握人性最高明之政治。

家训多出仕宦之家,尤全部为儒者推衍经传之言。所提示忠孝、孝悌之训,自然可以上溯至《孝经》。更上至诗、书、春秋,无不谆谆教孝,所本于先代哲人教言至为深厚,亦中国文化之根荄特色。

魏大司空王昶教戒子侄云:"夫孝敬仁义,百行之首。行之乃立身

---

① 据王利器《颜氏家训集解》,第 71 页,"风操第六"。又南宋,刘清之辑《戒子通录》卷 3,第 16 页载南朝梁武帝时,徐勉戒子书云:'吾家本清廉,故常居贫素。至于产业之事,未尝经营。薄躬遭逢,遂至今日。仰借门风,故臻此尔。古人所谓:以清白遗子孙,不亦厚乎。"收入文渊阁四库全书本,台北商务印书馆,1973 年。又,同前书,卷 5,第 23 页:载北宋真宗时丞相王旦戒子弟云:"我家世名清德,当务俭素。保守门风,不得恃相辅家事泰侈。"

之本也。孝敬则宗族安之,仁义则乡党助之。此行成于内,名著于外者矣。"①

晋,三公王祥临终戒子孙云:"夫言行可复,信之至也。推美引恶,德之至也。扬名显亲,孝之至也。兄弟怡怡,宗族欣欣,悌之至也。临财莫过乎让。此五者,立身之本。"②

唐,御史大夫柳玭训示子孙云:"余幼时每闻先公仆射(柳公绰)与太保房叔祖(柳公权)讲论家法。莫不言立己以孝弟为基,以恭默为本,以畏怯为务,以勤俭为法。以交结为末事,以气焰为凶人。肥家以忍顺,保交以简敬。百行备矣。"③

明人张习孔(号黄岳)于其六十四岁之年著《家训》示子孙。有谓:

> "吾家训之首,惟望汝曹以孝弟礼义。先敦乎此,则大本既立,天必佑之。"④

---

① 刘清之辑《戒子通录》卷3,第8页。文渊阁四库全书本,台北商务印书馆,1983年。

　　又,按:孝为百行之首。古人言之,不一而足。若《颜氏家训》"勉学"篇云:"孝为百行之首,犹须学以修饰之,况余事乎?"若《戒子通录》卷5,第25—26页,宋祁"庭戒"云:"孔子称天下有至德要道之孝。故自作经一篇,以教后人。必到于善谓曰至;莫不切于事谓曰要。举一孝百行罔不该焉。故吾以此教若等。凡孝于亲,则悌于长,友于少,慈于幼,出于事君则为忠,于朋友则为信,于事为无不敬,无不敬则庶乎成人矣。"

② 《戒子通录》卷1,第20页。

③ 《戒子通录》卷2,第18页。又,同前书,同卷,第23—24页,柳玭又云:"余又见名门右族,莫不由祖考忠孝勤俭以成立之,莫不由子孙顽率奢傲以覆坠之。成立之难,如升天,复坠之易,如燎毛。言之痛心,尔宜刻骨。"

④ 张习孔《家训》,第3页。收载王晫、张潮辑《檀几丛书》卷18,康熙三十四年新安张氏霞举堂刊。

家训尚孝，殆成古今通义，无烦遍举，自可推知。然行孝贵在履践，非托空言。前人事亲尽孝，形成后世式法，归为条目，即为人生中之一种礼教。早创生于古代，亦为历代文化重心，未尝稍致怀疑，直流传至于近代。既非先贤所独守，乃人人当力行者，故文化生命植根于大众流俗之间，务其俗浅，非贵其高深。

前人训迪，后智世守，中国教育信念，自孩提开始，乃有所谓幼教。毛先舒与家人多论孝弟，而重在力行，即言以胎教入手。有谓："古人胎教之法，今已不能如之。然自小时大，须导之孝友，习之端悫。盖稚幼无知，识先入之言便为主也。"①

自汉儒以降，丧礼祭礼条目最详，盖在于善行之具体表达。在此无暇申论家礼之发展流衍，但由家训中孝行之要约，往往涉及于祭祀。盖如《论语》中之教孝，而非《仪礼》中之演礼。特在此略作申解，实不拟扩大至于"家礼"之范畴。

举《蒋氏家训》所定，足以代表一般孝行之具体要约。明清两代习见官绅士庶，谆谆属命家人勤于祭祀。兹举蒋伊所著《蒋氏家训》之言：

> 每月朔望，弟子肃衣冠，先谒家庙。行四拜礼。读家训。次谒祖父、祖母、父母、师长、及嫡伯叔、嫡兄，俱长揖。

> 春秋祭扫，先西山曾茔，次北山祖茔，次乌目墩始祖墓，祭品丰俭适中，行四拜礼，尊酒三爵毕，连叩四首。外祖、姚朱氏墓，祭品用素。毛安人墓，止本家子孙致祭。

> 家中时祭：元旦奉祀三代祖先五日。春祭清明。夏祭端午、夏至。秋祭中元、十月朔。冬祭长至。除夕荐新，祭新麦、新谷、

① 毛先舒撰《家人子语》，第3页。

樱桃、鲥鱼。忌辰祭止祖父母、父母,祭品祭仪,不用繁文,务尽诚敬①。

孝行履践,始于事亲,平日饮食起居,必须晨省昏定。而延申终点,必自然进至于祭祀之礼。虽清寒之家,无由未减。因是深入民间,形成种姓家族之凝结基础。

(二)治生勤俭,不忘饥困

古人治生理家,最重勤俭敬慎四字,一般儒绅仕宦,每每以此告诫家人,立为谨守之常约。诸葛亮戒子书云:

> 君子之行,静以修身,俭以养德。非淡泊无以明志,非宁静无以致远。夫学须静也,才须学也,非学无以广才,非静无以成学。恬慢则不能研精,险躁则不能理性。年与时驰,意与岁去。遂成枯落。悲叹穷庐,将复何及也。②

其中申明俭约淡泊之旨,时为后世引称,位至丞相,尚须时时以克俭恬淡为念。其它寒素之家更不待言。

司马光戒子孙,详论节俭之德,历举古今名贤故实,为世风侈靡,家道无常者戒。其生平所自供,尤笃行俭约,虽官丞相,无改初志。司马氏训子孙云:

> 吾家本寒族,世以清白相承。吾性不喜华靡。自为乳儿时,长者加以金银华美之服,辄羞赧弃去之。二十忝科名,闻喜燕独不戴花。同年日:君赐不可违也。乃簪一花。平生衣取蔽寒,食

---

① 蒋伊《蒋氏家训》,第1页。"借月山房汇钞"本,清张海鹏辑,民国九年上海博古斋影印。

② 《戒子通录》卷3,第11页,诸葛亮戒子书。

取充腹。亦不敢服垢弊，以矫俗干名。但顺吾性而已。众人皆以奢靡为荣，吾心独以素俭为美。人皆嗤吾固陋，吾不以为病应之。①

司马光当时以节俭名世，南宋人赵鼎即属命子孙各抄录一册，用为传家永守之法②。亦足代表后世之仰重遵循。

治生俭约，虽为美德，惟略见逊退消极之态，不及施用勤奋治生之进取有效。清代以降，凡立意操持生产治家之人，多主"勤敬"二字，以渐取代俭啬。勤则奋力作为，黾勉无懈。敬则严肃从事，谨慎持守。林则徐、曾国藩、彭玉麟三人，不约而同，均主"勤敬"。或为当时仕宦者之共通美德，或为前后间仿行效法。林则徐训子林汝舟云：

> 凡家庭间能守得几分勤敬，未有不兴。能守得几分和睦，未有不发。若不勤不和之家，未有不败者也。尔昔在侯官，将此四字于族戚人家验之，必以吾言为有证也。③

曾国藩在咸丰四年六月十八日致诸弟书云：

> 诸弟在家教子侄，总须有勤敬二字。无论治世乱世，凡一家之中能勤能敬，未有不兴，不勤不敬，未有不败者。至切至切。余深悔往日未能实行二字也，千万叮嘱。澄弟向来本勤，但不

---

① 《戒子通录》卷5，第12页。
② 赵鼎撰《家训笔录》，第5页云："古今遗法子弟，固有成书。其详不可概举。唯是节俭一事，最为美行。司马温公训俭文，人写一本，以为永远之法。"光绪七年8月刊，"函海"本。
③ 《清代四名人家书》，第30—31页，上海民国二十五年排印本；台北老古出版社，1979年影印。

敬耳。阅历之后，应知此二字之不可须臾离也。①

彭玉麟致弟书，劝勖子侄辈云：

> 勤敬两字，为立身要道，为治家良法，甚至为国为民，莫不取
> 是以作则。不分治乱，不分公私，其人能勤敬，则事业未有不兴
> 者。不勤不敬，则人必唾弃之，天降以戾气。深致忏悔而譬之啮
> 脐。子侄辈有喻此意者否，若处处和两字作对，则其家必中落，而
> 不能延富贵气象。祈刻刻留心，以是勖勉之。②

彭玉麟以清廉耿介闻于当世，其俭约自奉，尤实至名归，近人笔记，屡
屡称述。每见其家书所示，可知绝非后人虚誉：

> 富不学奢而奢，贫不学俭而俭，习于常也。吾家素清贫，今虽
> 致高爵，而余未能忘情于散袍，跨马巡行，芒鞵一双辄相随。每见
> 世家子弟，骄奢淫佚，恨不一一擒而置之法。乃读老子运夷云：富
> 贵而骄，自遗其咎。则又付之浩叹而已。③

直至民国，有识者仍以勤俭立为家教，并谆谆言之子孙，民国十五年，
周学熙谕诸子书云：

> 古人云："大富由天，小富由勤。"自古未有勤苦而为饿殍者。
> 我与尔母，自少至老，皆辛苦艰难，一缕一粟，皆深爱惜，不敢浪
> 费。尔等须知：世家子弟，纨袴之名最害事，稍不检点，即遭横谤，
> 损德败行，终身莫挽。最不可博者，豪侈之称，最难得者，节啬之
> 号。张文端《聪训斋语》谆谆言之，宜服膺也。朱柏庐《治家格

---

① 《曾国藩全集》"家书"，第 264 页。
② 《清代四名人家书》，第 70—71 页，台北老古出版社影印，1979 年。
③ 同前书，第 49 页。

言》,男女皆当奉为圭臬。①

周氏承其父周馥家教,不忘先人备尝苦寒饥困,而属命诸子,多行施舍善因。兹举学熙称引其父教言如次:

> 当思天地生财只有此数,天之爱人本无偏倚,所以厚于一人者,正使之赒济众人,毋令失所,不然,何功何德而尔独厚?世间多有终岁勤苦而不免饥寒者矣,尔等得此,岂非过分。尝闻悫慎公言:"吾家累世忠厚积德,曾祖时家道中落,往往除夕无米为炊。故吾母生平最恤贫苦,推食解衣不遗余力,尝戒子孙勿自安乐而忘人苦。尔等应各自撙节,常留一部分余资,专行善事,以保祖荫而迓天庥。"②

大抵前贤倡言治持家务,为其种姓壮大绵延计,无不立勤俭敬慎为可恃之法则。且因前代先人出身孤寒穷窭,往往反复思念贱日贫困境遇,推而及于赒济穷乏,盖亦富不忘贫,贵不忘贱之意,历来"家训"之语多能见之。

(三)训勉读书,长列士林

中国古今人物,凡有训世之作,多必重视读书,且以经史为重。盖积于生平阅历,而深信智慧之增长,惟以知识为阶梯。而知识之蕴蓄,则必在前贤著述遗存之中。取前人经验,借以解今世之疑难,自须由广泛读书而累积前贤智能,以为己用。古代圣贤,除道家力绌聪明鄙薄求知者外,其余各派无不看重求知。惟师儒最见突出。盖入世之学,不能不以求知为重。

---

① 周学熙《止庵家语》,收载《近代史资料》第 77 辑,第 183—184 页,北京:中国社会科学出版社,1990 年。
② 同前书,第 193 页。

中国人人重读书,形成一种文化传统。基本固在于求知,兼及于涵泳品德,磨砺高尚人格。而引诱养成,莫不与利禄有关,是即读书力学,可以入仕为官,任帝王之辅佐,为万民之表率;富贵荣显,随之而得。实即最有效之鼓励,久已深入人心。

中国家庭训诫,无论村儒或出入仕宦之家,无不谆谆劝谕子弟读书,实真知读书功能,亦习见读书者之出人头地。自《太公家教》以迄近世"家训",殆成为训教主题,未尝为人忽略,足以表现"家训"体制之一般特色。

《太公家教》有云:"勤是无价之宝,学是明月神珠。积财千万,不如明解一经,良田千顷,不如薄艺随身。慎是护身之符,谦是百行之本。"①

齐颜之推《家训》云:"夫明六经之指,涉百家之书,纵不能增益德行,敦厉风俗,犹为一艺,得以自资。父兄不可常依,乡国不可常保,一旦流离,无人庇荫,当自求诸身耳。谚曰:'积财千万,不如薄伎在身。'伎之易习而可贵者,无过读书也。世人不问愚智,皆欲识人之多,见事之广,而不肯读书,是犹求饱而懒营馔,欲暖而惰裁衣也。"②

明高拱京撰《塾铎》六则,题首即教子弟读书,有云:"林文安公家训,首嘱子弟读书。俗云读书必登科甲,苟不能,不如蚤弃之,去营生理,免费了钱财,又惰了手脚。此俗见也。余谓多读一岁书,多一岁之受用,多读一月书,多一月之受用,下笔之际,腕如心转,理路既熟,出

---

① 《太公家教》,第14页。
② 王利器《颜氏家训集解》,第153页,勉学篇。
　又,《颜氏家训》又云:"有学艺者,触地而安。自荒乱以来,虽百世小人,知读论语、孝经者,尚为人师;虽千载冠冕,不晓书记者,莫不耕田养马。以此观之,安可不自勉耶?若能常保数百卷书,千载终不为小人也。谚曰:积财千万,不如薄技在身。"

口成章,不至求人,言辞自然雅驯,礼节自然闲熟。然后知祖父多遗我十亩田,不如多送我读一岁书也。若曰不科甲,尚可舌耕,又其后已。"①

至于读书之益处,古人多有所论,辨析深细,兹就明人吴麟征(字磊斋)所约化之数点,举证前贤之识悟:

> 多读书则气清,气清则神正,神正则吉祥出焉。自天佑之。读书少则身暇,身暇则邪闲,邪闲则过恶作焉。忧患及之。②

吴氏又云:"士人贵经世,经史最宜熟。工夫逐段作去,庶几有成。"③

吴氏又云:"不合时宜,遇事触忿,此亦一病。多读书,则能消之。"④

再进一步须问,前贤教子读书,不惜反复劝勉,喋喋不休,其所持重大理由,前说所见只谓有益。至其有益之处,究须作何诠释?在此细究,略可见出,世家名阀,有其维系声誉目的。终是为振持家声门风着想,尤其仕宦之家,竟是十分严肃问题,兹举张习孔所言:

> 世间平人多贵人少,科甲岂可常得乎!然书香不可绝。书香一绝,则家声渐夷于卑贱。家声既卑,则出人渐鄙陋。人既鄙陋,则上无君子之交,下无治生之智。其安于农樵负担者,犹为善也。甚至人既粗蠢,心复雄高,狎比下贱,冥行蹈险。呜呼!人生至此,不忍言矣。若敖之鬼,从此长馁矣。猛念及此,安可不教子

---

① 高拱京(安蔬老人)《高氏塾铎》,第1—2页,收载王晫、张潮合辑《檀几丛书》卷19,康熙三十四年,霞举堂刊。
② 吴麟征(字磊斋)《家诫要言》,第1页。收载《逊敏堂丛书》第4册。
③ 同前书,第3页。
④ 同前书,同页。又,同前书,同页云:多读书达观今古,可以免忧。

读书。①

至于进一步可以追考之重大理由，极切士人之身家利害者，在于读书列籍黉门，可以避免强梁之暴虐，官府之鱼肉。说来痛切，令人警惧。兹举张习孔所言：

> 世风不古，外患易生。横逆之来，时所常有。若我从来守正，事事周防，不失足于人，不失言于人，不失笔于人，虽有外侮，执理以应之，亦不能为大患也。所虑官民异体，力不能抗，未有不遭其鱼肉者。苟能身列青衿，尚可据理陈词，少当其锋。若在齐民，畏惧刑栲，有屈无伸，唯有择祸从轻一说耳。吾是以谆谆望子孙之读书也。②

专制时代，读书之家，必须进学，盖在维持书香门第，列入搢绅阶级。会见地方官不须下跪，白事只须站立，即已尽礼。尤其仕宦之家，亦即在于延续门风。设如子弟不能考中，亦必千方百计以上代功业封妻荫子，貤赠祖考，务期不坠家声。曾国藩奉命剿捻之际，在江宁即将启行，闻侄子考中秀才，十分欣喜，致书诸弟，充分表露显宦对后人之企盼。如其信所言（同治四年五月二十五日）：

> 纪瑞侄得取县案首，喜慰无已。吾不望代代得富贵，但愿代代有秀才。秀才者，读书之种子也，世家之招牌也，礼义之旗帜也。谆嘱瑞侄从此奋勉加功，为人与为学并进，切戒骄奢二字，则家中风气日厚，而诸子侄争相濯磨矣③。

左宗棠于儿子进学，亦表欣悦，致书谆谆戒勉勿进于骄满（同治元年八

---

① 张习孔《家训》，第7页。
② 同前书，第8页。
③ 《曾国藩全集》"家书"，第1193页。

月九日）：

> 尔幸附学籍，人多以贺我，我亦颇以为乐。然吾家积代以来，
> 皆苦读能文，仅博一〔衿〕；入学之年均在二十岁以外，惟尔仲父十
> 五岁得冠县庠，为仅见之事。今尔年甫十七亦复得此，自忖文字
> 能如仲父及而翁十七时否？家太冲诗云："以彼径寸根，荫此千尺
> 条。"盖慨世胄之致身易于寒畯也。尔勿以妄自矜宠，使人
> 轻尔。①

左宗棠在次一信中即正确申明创立功名维持门风之意旨（同治元年闰
八月十七日）：

> 得尔场后书，知尔初预秋试，诸免谬误，心殊喜慰。榜已发
> 矣，不中是意中事，我亦不以一第望尔。尔年十六七，正是读书时
> 候，能苦心力学，作一明白秀才，无坠门风，即是幸事。如其不然，
> 即少年登科，有何好处？且正古人所忧也②。

教子读书为中华民族共通之文化教养特质，原本自仕宦之家门第
名望之维系，出于久历宦途者深熟之识悟。然历代累积，世人习见，形
成共喻之常识。虽负贩走卒，目不识丁，亦深信教子读书必获大益。
近世苦力贸易，启自 19 世纪初叶，是所谓卖猪仔者。中华苦力，漂洋
过海，受西人牛马畜类之待遇，皮肉凌挞，餐风栖露；备受剥虐，死亡相
继。幸存者含辛茹苦，毕生勤劳。设能娶妻生子，必定抚育教养，使之
读书。今日海外之华侨者，自是前代孑遗，在百般困辱之环境中培育

---

① 《左宗棠全集》"家书"，第 55 页，长沙岳麓书社刊印。又，同前书，同页又云：
"辰下正乡试之期，想必与试。三场毕后，不必在外应酬，仍以闭户读书为是。
此心一放，最难收捉，不但读书了无进益，并语言举动亦渐入粗浮轻佻一路，
特人不当面责备，自己不觉耳。"
② 同前书，第 57 页。

而成。海外华人子弟之成就,真乃由血泪枯骨奠基而得者。其中重要管钥当出于教子读书。

(四)子弟择交,阖教尚和

前人教训子弟,最重同游气类,环境熏陶。访名师而择益友,反复斟酌,务尽其善。盖知师所率教,友所箴规,足使贪夫廉懦夫有立志。在个人生平志业中是严肃问题。

至于慎拒损友,远疏小人,前贤尤加意申戒。盖在于祛灾免祸,勿受牵连。是以古今家训教示,每每劝戒子弟择交。《颜氏家训》申论附从当世名儒俊贤之旨云:

> 故士大夫子弟,皆以博涉为贵,不肯专儒。梁朝皇孙以下,总
> 丱之年,必先入学,观其志尚。出身已后,便从文史,略无卒业者。
> 冠冕为此者,则有何胤、刘瓛、明山宾、周舍、朱昇、周弘正、贺琛、
> 贺革、萧子政、刘绖等。兼通文史,不徒讲说也。洛阳亦闻崔浩、
> 张伟、刘芳,邺下又见邢子才:此四儒者,虽好经术,亦以才博擅
> 名。如此诸贤,故为上品。以外率多田野闲人,音辞鄙陋,风操蚩
> 拙,相与专固,无所堪能,问一言辄酬数百,责其指归,或无要会。
> 邺下谚云:"博士买驴,书券三纸,未有驴字。"使汝以此为师,令人
> 气塞。①

明人张习孔反复申教,立意教子弟择交:

> 吾人防患,首在择交。所交非人,未有不为其所累者。小人
> 之昵人,如脂怡,而小人之祸人,如毒药。一入喉吻,虽欲悔之而
> 不能矣。然有不知其为小人而误交者。有明知其为小人,因气味

---

① 王利器《颜氏家训集解》,第 170 页。

相合而乐交者。呜呼！明知而乐交，忘祖父之训，而甘为匪类，吾不享其祀矣。子孙苟有此者，吾尚望其翻然猛醒，速为改悔，则吾亦回笑于九原也。至于识见暗陋，无知人之明，唯有寡交谨守，庶无大误。①

明人吴麟征教子孙择交云：

师友当以老成庄重，实心用功为良。若浮薄好动之徒，无益有损，断断不宜交也。②

明人高拱京特示以择交识辨损益之法，略可备为小心测试之准则：

交贵择友，阳明先生客座铭言之悉矣。然知人甚难。益友损友，何从辨之。余有一法，教尔曹分别。凡其人于吾前，言多箴规，口多药石，望之俨然，不作献谀之态者，益友也。窥我唾余，投我之所喜，谬为恭敬，以奉承我者，损友也。所谈吐，皆古昔先生，贯穿经史，间及时事，亦深中窾綮者，此益友也。发人阴私，谈人妇女，阑入于嫖赌骨董，津津垂涎者，损友也。③

清初人张英，乃就少年知慧增长至弱冠之年，即于其生长环境深受朋友影响。其所以必须择交，即在于师长父母劝戒之言，乃至妻室

---

① 张习孔撰《家训》，第 14 页。又，第 14—15 页，云："人家稍温裕未有不用人者。然知人实难：有泛交则温美可亲，而共事则奸狡始露者。有听其言则肝胆可沥，当其行则面目尽更者。凡此皆因我无知人之明，为其所愚也。又有始正而终邪，先亲而后背。有遇他人则驯，而遇我则骜；有他人用之则成，我用之则败。若此者，又因处势有盛衰之异，彼我有器识之殊，其类甚多，不能悉举。吾子孙唯当知己知彼，随时善防。苟无良心迹，少露几微，即当留心防之，善为疏远。其有难遽绝者，唯弗与密狎，敬而远之，斯防患之大端也。"

② 吴麟征撰《家诚要言》，第 1 页。

③ 高拱京撰《高氏塾铎》，第 2 页。

之规谏,听来多不能入耳,而朋友声气相投,反而最能听从,真是老于世故。如张氏言:

> 人生二十内外,渐远师保之严,未跻成人之列。此时智识大开,性情未定,父师之训不能入,即妻子之言亦不听。惟朋友之言,甘如醴而芳若兰。脱有一淫朋匪友阑入其侧,朝夕浸灌,鲜有不为其所移者。从前四事,遂荡然而莫可收拾矣。今亲戚中傥有此等之人,则踪迹常令疏远,不必亲密。若朋友则直以不识其颜面不知其姓名为善。比之毒草哑泉,更当远避耳。择友何以知其贤否? 亦即前四事能行者为良友,不能行者为非良友。予三十余年涉历仕途,多逢险阻,人情物理,知之颇熟,言之较亲切。后人勿以予言为迂而远于事情也。①

前贤择交之慎,训戒之切,絮叨令人耳根生茧。然验之今世,人情险巇,反复无常,古今岂有差异。不知当代高明之士,作何妙法,以救正人心之贪婪无耻,世风之卑鄙龌龊。

中国阃内妇女之治,自古沿习,条教渐趋严酷。以迄宋代,束缚女性,达于极至。于今女权昌行之世,直觉重加桎梏,苛虐殊甚。近时攻伐儒家礼教者,莫不就妇女受害为重大罪状。所见家训言说阃教者,亦深觉其道学味重,礼节繁缛,真是蔽锢人性。然当时不以为非。

宋司马光《家范》所定男女之别云:

> 夫治家莫如礼,男女之别,礼之大节也。故治家者必以为先。礼,男女不杂坐,不同椸枷,不同巾栉,不亲授受。嫂叔不通问,诸

---

① 张英《聪训斋语》,第3页。

母不漱裳。外言不入于梱,内言不出于梱。①

司马光又云:

> 男女非祭非丧不相授器,其相授则女受以筐,其无筐则皆坐
> 奠之,而后取之。外内不共井,不共湢浴,不通寝席,不通乞假。
> 男子入内不啸不指,夜行以烛,无烛则止。女子出门必拥蔽其面,
> 夜行以烛,无烛则止。道路男子由右,女子由左。②

今世高唱人权,攻伐礼教,岂能不以此类烦苛条目为众矢标的。此 20
世纪以来,中国传统礼俗饱受挞伐最强烈部分,因是而有 20 年代所谓
"吃人礼教"之形容。近人鲁迅自为首倡发难之人。惟似此礼经家范
之类著作,在中国上下不同社会中,无论在官仕宦,或乡僻村农,照单
循行之家原极少见,历观清代达宦如张英、陈宏谋、林则徐、曾国藩、左
宗棠、李鸿章、彭玉麟、袁世凯、盛宣怀诸人,皆为专制时代官僚家族,
何尝有一人身殉礼教之事?

　　中国重男轻女,历代女流,均受束缚压抑,风俗习染,礼教条目,俱
多约束女性,甚且卑视玩侮,婢妾毫无权位,乃不可讳言。此种性别歧
视,确始终存在于中国社会。三从四德,即是习见之条教,既约束且压
抑。至清代甲午战后,始启解放之机,历数千载而方见女权之真正
解放。

　　前人家训本于一家实际需要,并未循礼经条目。然于阃教于妻妾
女媳,仍随时有歧视约束之意。如清人刘沅所批评:

> 一曰妇人难化也,男子读书明理,见闻广博,犹且不克修身。
> 妇女深闺之内,除却父母至亲,所见无非女流。又少读书习于琐

----

① 司马光《家范》,第 4 页。
② 同前书,第 5 页。

事,若非贤父母与贤姑贤夫委曲教化,安能迁善。愚观古今不肖
妇女,皆由少小失教,长无令人,习惯而成。为父母姑与夫者,试
返心自问,所以正身立法,教女教妇之道,果能仁至义尽否? 而以
妇人难化置之,圣人何尝有是言。①

礼经陈义高远,世上并无任一迂阔之士一一遵从。不过袭其纲目
大略,已是圣贤之境。且宗儒之士,俱信礼从其宜,可随世变通,绝不
拘泥古制。世传朱子家礼,即礼经之世俗化,在此无暇涉论太远。惟
其繁缛仪节,自应当革除,吃人之说,不过今世文家夸大之词。民人受
专制政治压抑,应对政治大胆批斥,合力推翻专制帝制。挞伐本身固
有文化,既找错仇家,且形同自虐自杀,真是愚不可及。

三、筮仕要约与官声之维系

古今家训之作,有其普遍之生成背景,与撰著动机。盖往往成于
家道殷实之家。尤在于久阅世势之巨宦。一则富厚之家须设想长保
富贵之法。一则仕途险巇须将经历心得告诫子孙。故凡家训之作,除
辑录前贤言行如司马光之《家范》,刘清之之《戒子通录》外,大多自出
格局,自抒思虑,自订典要,自造语词。当视为一家之言,创作一种文
体。除《颜氏家训》为煌煌巨著外,普遍以短小精要为法,亦即仕宦之

① 刘沅《家言》,第19—20页,收载《槐轩全书》,清刻本。
　　又,第21—22页,刘氏于世俗风气批评最精审,关键在于人心之好恶,无
关于礼经之约束:"妇人以德为主,有德则正身齐家,上承宗庙,下延子孙。奈
人止知好色,女未出闺,即以修饰为务。于归尤以貌为作合之本,情欲之感,
燕私之意,相为亲昵。久久遂成骄纵,夫反畏之。昔人谓惧生于爱是也。又
或翁姑姑容,不诲以正,女家护短,更起争衡。其貌寝者,至无人问名。幸而
有所归矣,夫家贱恶鱼肉,以此酿祸。败伦者尤多。甚或不肖之姑,以女贫
故,以貌陋故,百般凌贱。自恃其尊,即有才有德者亦受其祸,至于死亡。此
等不仁不义之事,必赖贤有司纠正之。"

家,著作官箴格言之共通手法。至任官博取清誉,是为其生平官声,为前代人共喻词汇,故本文沿用,以示有其根源。

家训之言语,表达于为宦者之行止进退,足以反映做官心态,宦场风气,人事升降,宦途起伏。言词虽短,而情景真切。研究政治史者,宜在此中多作探索,较之阅览章奏、批牍,更能寻见根荄。兹就家训之一般重点,略分论如次。

(一)宦途崄巇,节操自持

中国自秦汉以后之专制政体,其发展影响与形成弊害,余自有一定识见。惟无暇在此讨论,概行删略,不拟辨解。然而仕宦乃皇帝设职,一切以便于统治为准则。历代雄主,老谋深算。为子孙安享政权计,千百设防,无非杜绝夺权,消除反叛。自然提倡效忠,奖饬守法。录用臣下,岂不以此为进退标准。

儒者原出于司徒之官守,志在入仕。且经典所教,凡六经均与治民教民有关。儒学内容,实充满治化之理则与身任君师之品谊。质言之,实即中国固有之政治学及伦理范畴而已。

帝王君上为其统治而设百官授爵禄,来者岂能违背延揽者之意旨?首须肯定君上之崇高权位,感戴其爵禄封赏,次则倾毕生智能以效忠职守。如是而历代累积,早已形成入仕任官之原则标准,风格品谊。于是忠、诚、勤、慎等品目,即成一定之做官修养。亦为君上考程擢陟之一定标准。且帝王操纵大臣,时宠时辱,时罪时赏。晴霁难久,雷霆难知。虽做大官,亦不免其终日惴栗,务希免罪责而保禄位。

仕宦之家,从政者或在官,或退隐,累积生平阅历,往往于家书家训中透露其做官苦况与所得经验。教示后人,免蹈覆辙。家训固亦为中国政治学之宝藏,语多切要,甚值重视。

入仕为官,须知职司功能,凡关执事当致力达成,是谓称职。颜之

推综合材用责命,分为六类,如其所指:

> 士君子之处世,贵能有益于物耳;不徒高谈虚论,左琴右书,
> 以费人君禄位也。国之用材,大较不过六事:一则朝廷之臣,取其
> 鉴达治体,经纬博雅;二则文史之臣,取其著述宪章,不忘前古;三
> 则军旅之臣,取其断决有谋,强干习事;四则藩屏之臣,取其明练
> 风俗,清白爱民;五则使命之臣,取其识变从宜,不辱君命;六则兴
> 造之臣,取其程功节费,开略有术。此则皆勤学守行者所能辨也。
> 人性有长短,岂责具美于六涂哉? 但当皆晓指趣,能守一职,便无
> 愧耳。①

入仕任官,不可急进干求,热中权位,尤不可失品丧志。为保持清
白,提高节操,自以甘于淡泊是尚。颜之推提示极清醒之谏诫:

> 君子当守道崇德,蓄价待时,爵禄不登,信由天命。须求趋
> 竞,不顾羞惭,比较材能,斟量功伐,厉色扬声,东怨西怒;或有劫
> 持宰相瑕疵,而获酬谢,或有喧聒时人视听,求见发遣;以此得官,
> 谓为才力,何异盗食致饱,窃衣取温哉。世见躁竞得官者,便谓:
> 弗索何获。不知时运之来,不求亦至也。见静退未遇者,便谓:弗
> 为胡成。不知风云不与,徒求无益也。②

明人葛守礼,嘉靖间名臣,以正直闻于朝,德望称著,其所撰《家训》,亦
主作官淡泊,戒矫激炫世,渴求虚誉:

---

① 王利器《颜氏家训集解》,第290—291页,"涉务"篇。又,第292页,颜氏亦就
反面批评不知职守之人:"吾见世中文学之士,品藻古今,若指诸掌,及有试
用,多无所堪。居承平之世,不知有丧乱之祸;处庙堂之下,不知有战陈之急;
保俸禄之资,不知有耕稼之苦;肆吏民之上,不知有劳役之勤,故难可以应世
经务也。"
② 同前书,第307页,"省事"篇。

士大夫但有为名使人喜之心,做官就要矫激自炫,以急人知,煦煦行惠。至违道以要虚誉,居乡必不能修己远利、表正风俗;即知自好,亦多甘为乡愿之行。俟命君子,所谓无入而不自得,盖以立身行己,自有法度,对不自失而言耳。顾居乡无难,只要在家读书静坐,不管闲事,敦伦理,屏嗜欲,勿干请有司,禁绝假托用势者耳。若做官,要做人,事事念念,为义为公,成败利钝,皆无足计。须先知内外检点,卓然自立,不依阿淟涊附人。持法公平,宅心忠恕,勿恃一守而轻侪慢民,勿为宦成而肆志傲物。兢兢翼翼,作事谋始,凡自我行,务上有益于朝廷,下有利于生民,而无求赫赫之名,其庶矣。大凡人能清约,即能秉正,事无不可为。①

既做官吏,斯为人臣,食其爵禄,须尽臣道。此专制时代仕宦所守原则。君具君德,臣守臣道,历代无以为非。今则民主时代民具主权,凡公务员者,亦须严守职业道德。凡旷职废业,争夺权位,亦违背公务员道德。颜之推申言于专制时代,不必蹈习,亦足参考:

国之兴亡,兵之胜败,博学所至,幸讨论之。入帷幄之中,参庙堂之上,不能为主尽规以谋社稷,君子所耻也。然而每见文士,颇读兵书,微有经略。若居承平之世,睥睨官闱,幸灾乐祸,首为逆乱,诖误善良;如在兵革之时,构扇反复,纵横说诱,不识存亡,强相扶戴;此皆陷身灭族之本也②。

清,曾国藩在同治九年处置天津教案,在六月初四日赴津之日,写下遗嘱,寄示曾纪泽,以为难于了结,必招中法兵劫,决计以死殉职。表露负责职守,克尽臣道:

① 王士禛《池北偶谈》卷5,第104—105页,选抄《葛端肃公家训》。
② 王利器《颜氏家训集解》,第325页,"诫兵"篇。

　　余即日前赴天津,查办殴毙洋人焚毁教堂一案。外国性情凶悍,津民习气浮嚣,俱难和叶。将来构怨兴兵,恐致激成大变。余此行反复筹思,殊无良策。余自咸丰三年募勇以来,即自誓效命疆场,今老年病躯,危难之际,断不肯吝于一死,以自负其初心。恐邂逅及难,而尔等诸事无所禀承,兹略示一二,以备不虞。①

臣道意义,汉淮阴侯韩信早明言之,专制王朝之下,积渐而成共识。如其所言谓:

　　吾闻之,乘人之车者,载人之患;衣人之衣者,怀人之忧;食人之食者,死人之事。吾岂可以乡利倍义乎?②

此所以曾氏决死其职而义无反顾者。专制帝王以爵禄升赏,以收臣下效忠之心,较今日政府善待人民公仆者,自有一套高明政术存焉。若左宗棠向为不羁之才,以诸葛亮自期许。乃受清廷拢络,毕生效忠,书谕其子,历述皇恩特加,感戴之忱:

　　吾平生志在务本,耕读而外别无所尚。三试礼部,既无意仕进。时值危乱,乃以戎幕起家。厥后以不求闻达之人,上动天鉴,建节锡封,忝窃非分。嗣复以乙科入阁,在家世为未有之殊荣,在国家为特见之旷典,此岂天下拟议所能到? 此生梦想所能期? 子孙能学吾之耕读为业,务本为怀,吾心慰矣。若必谓功名事业高官显爵无忝乃祖,此岂可期必之事,亦岂数见之事哉?③

专制时代,儒生入世,以其才识,拯救群黎。原秉热肠坚志。而帝王率下,以种种手段使之效忠王朝。治理国家,固亦宗旨相同;其效忠一

---

① 《曾国藩全集》"家书",第1369页。
② 司马迁《史记》卷92,淮阴侯列传,1972年。
③ 《左宗棠全集》"家书",第196—197页,光绪二年五月六日,谕子孝宽。

姓,即自然存于领袖属下君臣关系之上。权位利禄之授受,自然展示主从上下之名分。君德臣道,由是而立。兹举道光二十年林则徐谪戍伊犁,在京致夫人书,以见其感戴皇恩之忱。一代名臣,可为表率矣:

> 戍伊犁。当时降职之命,适在文华殿王相国案头,忽又接到谪戍之命,相国爽然若失。旋语汤协揆曰:余不为林某惜,而为天下后世忧。若听林某谪戍,从此鸦片流毒内地,永无肃清之日矣。我辈身居宰辅,当为万民留一线生计。恳请圣上收回谪戍之命,准予赴浙立功。汤公甚韪其言,合辞面奏。圣上谓林某本属能辨事人,现在已为众矢之的,还是让他伊犁去。将塞外荒地整顿一番,他时仍可唤他回来,未为晚也。二公竟为我以去就力争,终未能挽回天意。余入京待罪时,请谒王相国,相国以此事见告。使余愈觉感激圣恩高厚,虽肝脑涂地,不足以报万一也。盖圣主知余戆直成性,现在嫉之者众,难保不被人中伤,远戍伊犁,可避人指摘。如此用心,虽父母之慈爱子女,亦无如是之体贴入微也。余已于初八日出京赴伊犁,当时有门生辈来送行,咸为余代抱不平。见我喜笑自若,绝无斯些懊丧气,都切疑讶。殊不知余此行出自天恩,从此可免被人交章责难,能无乐乎。①

今世研讨政治史者,阅览家书,必更能掌握史实线索。所举林、曾、左三家,已可概见,不待赘论。

(二)富贵无恒,荣华易逝

名宦巨室,既贵且富,理应心神俱泰,子孙永享。然出身儒学官僚,虽跻身显贵,亦莫不忧心虑计于未来之倾覆溃败,亦莫不小心翼翼

---

① 《清代四名人家书》,第 **36** 页。

为持盈保泰设想周全之法。凡为种种思虑设想,亦什九透露于其家人子孙之谆谆嘱命,此亦构成撰写家训之重要动机。盖必为殷实富厚之家,始珍惜其家业门风。贫窭之家,有何挂虑,家徒四壁,穷困潦倒,必不至有任何兴致,以撰写家训,留给后人子孙。

魏司空王昶为子侄命名,曰默、曰沈、曰浑、曰深。说明用心所在,在于玄默冲虚,不敢违越之意。更于真正用心提出长保富贵之宗旨:

> 夫富贵声名,人情所乐。而君子或得而不处何也。恶不由其道耳。患人知进而不知退,知欲而不知足。故有困辱之累,悔吝之咎。语曰:如不知足,则失所欲。故知足之足常足矣。览往事之成败,察将来之吉凶,未有干名要利欲而不厌而能保世持家永全福禄者也。①

富贵之家,外人怨忌,阴受中伤,往往不期然而溃败。唐宰相姚崇谕戒子孙,多为后世引称。如其所言:

> 古人云:富贵者人之怨也。贵则神忌其满,人恶其上。富则鬼瞰其室,虏利其财。自开辟已来,书籍所载,德薄任重,而能寿考无咎者未之有也。故范蠡、疏广之辈,知止足之分,前史多之。况吾才不逮古人,而久窃荣宠,位逾高而益惧,恩弥厚而增忧。②

富贵无常,贫贱无恒;世态起伏,人事沧桑,令人难于把握捉摸。有识者阅历世变之泡幻,亦不期然而深具警惕之心。北宋太史黄庭坚作家戒付儿子云:

> 庭坚自丱角读书,及有知识,迄今四十年。时态历观,谛见润屋封君,巨姓豪右,衣冠世族,金珠满堂。不数年间,复过之,特见

---

① 刘清之辑《戒子通录》卷3,第8页。
② 同前书,卷1,第21页。

废田不耕,空困不给。又数年复见之,有缧绁于公庭者,有荷担而倦于行路者。①

清人曾国藩亦时以官宦之家富贵无常教导诸弟。道光二十九年四月致书诸弟云:

> 吾细思凡天下官宦之家,多只一代享用便尽。其子孙始而骄佚,继而流荡,终而沟壑,能庆延一二代者鲜矣。商贾之家,勤俭者能延三四代;耕读之家,谨朴者能延五六代;孝友之家,则可以绵延十代八代。我今赖祖宗之积累,少年早达,深恐其以一身享用殆尽,故教诸弟及儿辈,但愿其为耕读孝友之家,不愿其为仕宦之家。诸弟读书不可不多,用功不可不勤,切不可时时为科第仕宦起见。若不能看透此层道理,则虽巍科显宦,终算不得祖父之贤肖,我家之功臣。②

古今巨宦,殷实富豪,关心于富贵长保,子孙承接。不但冀望于其仕途顺遂,光宗耀祖。抑且严戒家人奢靡,子弟放诞。势不得不反复训示后辈,多自警惕。家门常庆,最理想之境界,是古人所称"花未全开月未圆",曾国藩极加歆羡,引为惜福保泰之法。同治二年正月十八日致书曾国荃云:

> 平日最好昔人"花未全开月未圆"七字,以为惜福之道,保泰之法,莫精于此。曾屡次以此七字教诫春霆,不知与弟道及否?星冈公昔年待人,无论贵贱老少,纯是一团和气,独对子孙诸侄则严肃异常,遇佳时令节,尤为凛不可犯。盖亦具一种收啬之气,不

---

① 刘清之辑《戒子通录》卷6,第1页。
② 《曾国藩全集》"家书",第187页。

使家中欢乐过节,流于放肆也。①

古谚"花未全开月未圆",曾氏引述,未言出处,自无从追考。而意旨相近者,又有左宗棠所引古谚,两两合观,正足以充分反映富贵荣显之家,缱绻顾惜辛苦赢得之富贵荣华。如同治四年七月初一日左氏谕子孝威书云:

> 我生平于仕宦一事最无系恋慕爱之意,亦不以仕宦望子弟。谚云:"富贵怕见开花。"我一书生,忝窃至此,从枯寂至显荣不过数年,可谓速化之至。绚烂之极,正衰歇之征,惟当尽心尽力,上报国恩,下拯黎庶,做完我一生应做之事,为尔等留些许地步。尔等更能蕴蓄培养,较之寒素子弟加倍勤苦努力,则诗书世泽或犹可引之弗替,不至一旦澌灭殆尽也。②

左氏所举"富贵怕见开花",较曾氏更切实而具警惕。于此当知官高爵显,位极人臣,并不可作威作福,拟且更迭戒家人,不可将福享尽。世人如曾左之勋业,生平统兵杀敌,出入锋镝,荣秩显爵,历百战而获得,自当俯仰无愧,何须忌惮。然其百虑熟计,务期保留余地,未信其富贵可以长久。可知专制政体下,儒生官僚所以自处之道,值得后人深思。

(三)官声凭借:清、慎、勤

在中国传统社会,门风形成在于持久,具累代渊源背景。官声创于个人一时任事之表现,亦可作为后世楷模,子孙门荫。二者原有重大区别。但后者构成前者一种重要条件,必须有卓越官声,方能迅速

---

① 《曾国藩全集》,第933页。
② 《左宗棠全集》"家书",第103页。

建立门风,且以维持不坠。殆凡任官之人,无不着意于博取清誉,实中国官场普遍现象。至于清誉究能如何取得,任官方术,存乎各人智慧,再加世势环境,个人际遇,均有一定影响。无法尽量评述,难得周全。惟凡个人经历世变,能真正体会必当致力者,仍须尽其在我,最能把握实效。

凡国家任官,无论专制帝王责望各级臣工之清廉勤奋,即今日之所谓公务员者,亦必当砥砺品诣,清操自守。前作帝王之官,今为民国公仆。主权所在不同,食禄仍是民脂民膏。为国任事,岂可忠奸不辨?良驽不别?贪黩尸位,淫昏阘茸,无论古今,终是败类。要维系官声,尤为颠扑不破之理。

专制政治时代,自晋武帝起(一说出于司马昭),于世之为官宦者,提出清、慎、勤三字标准,与当时群臣有详细讨论,而对话甚长。其原始载于同时人李秉《家诫》,而收录详其事于王隐《晋书》。李氏《家诫》文字则为刘孝标大量引录于《世说新语》注中。以此最详。兹略节举李秉《家诫》如次:

> 李秉家诫曰:"昔尝侍坐于先帝,时有三长史俱见,临辞出,上曰:'为官长当清,当慎,当勤。修此三者,何患不治乎?'并受诏。既出,上顾谓吾等曰:'相诫敕正当尔不?'侍坐众贤,莫不赞善。上又问曰:'必不得已而去,于斯三者何先?'或对曰:'清固为本。'次复问吾;吾对曰:'清慎之道,相须而成;必不得已,慎乃为大。夫清者不必慎,慎者必自清;亦由仁者必有勇,勇者不必有仁。是以易称'括囊无咎,借用白茅'。皆慎之至也。"上曰:"卿言得之矣,可举近世能慎者谁乎?"诸人各未知所对。吾乃举故太尉荀景倩,尚书董仲达,仆射王公仲,并可谓慎。上曰:"此诸人

者,温恭朝夕,执事有恪,亦各其慎也;然天下之至慎者,其唯阮嗣
宗乎!"①

清、慎、勤为仕宦名誉标准,沿历千载,形成任宦者品诣德目,自存
乎官僚间品评人物之心传。至清代,特为曾国藩提倡发挥,屡屡以告
诸弟及属僚。其基本用心,尤其在于家门鼎盛,声势烜赫。不能不步
步谨慎,以免一朝倾覆。曾氏于同治元年五月十五日致书曾国荃、曾
贞干,表达委曲意向,至为深切:

> 余家目下鼎盛之际,余忝窃将相,沅所统近二万人,季所统四
> 五千人,近世似此者曾有几家? 沅弟半年以来,七拜君恩,近世似
> 弟者曾有几人? 日中则昃,月盈则亏,吾家亦盈时矣。管子云:斗
> 斛满则人概之,人满则天概之。余谓天之概无形,仍假手于人以
> 概之。霍氏盈满,魏相概之,宣帝概之;诸葛恪盈满,孙峻概之,吴
> 主概之。待他人之来概而后悔之,则已晚矣。吾家方丰盈之际,
> 不待天之来概,人之来概,吾与诸弟当设法先自概之。自概之道
> 云何? 亦不外清、慎、勤三字而已。吾近将清字改为廉字,慎字改
> 为谦字,勤字为劳字,尤为明浅,确有可下手之处。②

湘军水陆将帅之中,受曾国藩统率节制,莫不仰重曾氏言行,奉为
圭臬,竞相崇重仿习。其中彭玉麟即十分服膺曾氏清、慎、勤之说。如
其致弟家书云:

> 前日与曾帅往复讨论行慊于心之道,曾帅复函谓:欲求行慊
> 于心,不外清、慎、勤三字。且谓壬戌(同治元年)九月,尝就日记,
> 将此三字引申其义。清字曰:无贪无竞,省事清心,一介不苟,鬼

---

① 杨勇《世说新语校笺》"德行"篇,第 14 页,台北宏业书局,1971 年。
② 《曾国藩全集》"家书",第 833 页。

伏神钦。慎字曰:战战兢兢,死而后已,行有不得,反求诸己。勤字曰:手眼俱到,心力交瘁,困知勉行,夜以继日。嘱垂训军中。余乃终身谨守。觉遇大忧患大拂逆,可免世俗不少尤悔。吾弟来书,谓朝野间对我舆论翕然无微词,京中都道彭玉麟处事明断。几句话或恐未实,惟余独冀学古人之居上位而不骄耳。①

清代湘楚名将辈出,各当方面,各露才德。冠盖相望,菜戟纷陈。俱经百战,出死入生,血染征袍,负创累累。何尝一日安享达官尊荣,真是得来不易,亦是实至名归。而彭玉麟尤其清誉满天下,为清史中廉吏表率。观其致弟家书,语句铿铿有声,令人肃然起敬,不愧为一代名将:

> 崇俭是我一生长处,非夸语。不贪亦是我一生长处,非夸语。忆余受不次之擢,十余年来,任知府,擢巡抚,由提督补侍郎。未尝营一瓦之覆,一亩之殖。受伤积劳,未尝请一日之假。终年于风涛矢石之中,未尝移居岸上,以求一人之安。虽膺荣赏,自顾才秒,未尝肯滥竽苟任。应领收之俸给及一切饷银,未尝侵蚀丝毫。未尝置一新袍,敝衣草屦,御之而心气舒泰,中怀澄然无滓,可以明彻天地,俯仰无愧怍。是以历劝家中,幸以余为法,以戒奢侈,崇俭实,戒贪欲,崇廉义,为要义。不可妄制一衣,妄用一钱也。②

---

① 《清代四名人家书》,第 62 页。
② 同前书,第 95 页。又,同页,彭玉麟致弟书云:"自承湘乡之约出领水军,立誓二:曰不私财,曰不受朝廷之官。今杀贼之志成,贼灭而不归,近于贪位。正拟修疏申奏,告归故里。而上以克复南京,赏一等轻车都尉世爵,加太子少保衔,今且殊恩频至,益觉芒刺在背。盖漕运总督之命又颁矣。兄之出处,本不贪恋于仕禄,近乃大违初心。固辞一再,世且责其矫揉而欺圣主,不亦冤哉!今欲毅然弃职,则尚有厘金一项,盈余未结,清理后,则脱然无累矣。"

湘军名将中有此廉将,有此人才,其戡乱成功,当非偶然。况最高统帅曾国藩时时以清、慎、勤要约部将,湘系领袖虽位跻显宦,亦不至贪图荣禄,误国害民。

(四)恤族睦邻,散财自概

中国自古散财助人,施舍济众,前贤往哲,早有其人,史不绝书。赒恤贫苦,解困救急,亦中国社会共通之道义。惟俱本之道德理念,出于泛爱情怀。历代义仓平粜,行之州县,立制本善,可惜多成具文,社会救济仍多靠个人善行,中国社会制度,始终未得健全推行,此亦专制政体下之重大疏失。

历代人物,位至巨宦,既富且贵。惴惴于后世子孙之长保永享,终而思及于推恩施舍,以恤孤怜贫。从而祛妒消怨,博获清誉。总结其运行手段,宦家俱以疏财是尚。因是恤族睦邻,扶孤济贫。形成显宦巨室维系官声清誉之重要手段。

南朝刘宋初,颜延之著《庭诰》,以昭示家人,提出富贵贫贱之别,与必须散财博施之理:

> 富厚贫薄,事之悬也。以富厚之身,亲贫薄之人,非可一时同处。然昔有守之无怨安之不闷者,盖有理存焉。夫既有富厚,必有贫薄。岂其证然,时乃大道。若人富厚是理无贫薄,然乎? 必不然也。若谓富厚在我则宜贫薄在人,可乎? 又不可矣。道在不然,义在不可。而横意去就,谬生希幸。以为未达至分。蚕温农饱,民生之本。躬稼难就,上以仆役为资。当施其情愿,庀其衣食,定其当治,递其优剧。出之休饩,后之捶责。虽有劝恤之勤,而无沾曝之苦。务前公税以远吏让,无急傍费以息流议。量时发

敛。视岁穰俭省，赡以奉己。损散以及人。此用天之善，御生之得也。①

明人，陈龙正著《家矩》，历举先贤，亦明示士君子散财之义，以此定为儒生当行之品德。如其所云：

> 古者产属王朝，无生可治，士亦不治生。朝夕稻粱，置之若遗，况储余财及后。故孔子居官，则器服备具。失职则疏食或绝。后世如诸葛武侯，亦有桑田以给子孙。宋室官俸优渥，而温公犹于初命士皆首问其世业。以为无衣食忧，则居职易廉。故以业遗子孙而守之。后世之势亦后世之礼矣。致之有义利，守之有本末耳。先公廉俭所遗，与武侯死日无负之语，不愧吾辈遭逢知己，有如温公。将嘉我先公贻谋得中，有养廉之资子孙。如有殖货无厌者，则先公所恶也。勤俭则岁积有余，积久渐多，宜遇大事能散，然后非治生之俗子。昔范蠡，伯者之佐，智术之士，犹能屡积屡散。马将军亦未闻道，不甘为守钱虏。财者氓庶所最重，士君子所易轻。若于此粗浅关头尚多系恋，种种嗜欲，安望消除。虽正衣冠谈仁义，不比于人数矣。②

清人曾国藩开始任京官不久，即于道光二十四年三月禀告祖父母，表明睭恤族亲之用心。以为欠负可以暂不偿，而贫穷病老亲族必须优先救济，以免早日凋丧，后悔不及。如其所言：

---

① 刘清之《戒子通录》卷4，第9页。
② 陈龙正《家矩》，第9—10页。载入陈氏所著《几亭外集》，（陈龙正字几亭），收入清光绪间孙福清望云仙馆校刊之《槜李遗书》，第12册。又，第9页云："人性不悭，必不至大富。不贻子孙以大富，则不生侈心。不侈则又不至大贫。是贻子孙以善守者不悭，乃其本也。祖父累之如锱铢，子孙费之必如泥沙，子孙痴根，还从祖父愚性生下。"

　　孙所以汲汲馈赠者,盖有二故。一则我家气运太盛,不可不格外小心,以为持盈保泰之道。旧债清,则好处太全,恐盈极生亏;留债不清,则好中不足,亦处乐之法也。二则各亲戚家皆贫,而年老者,今不略为伙助,则他日不知何如。自孙入都后,如彭满舅曾祖、彭玉姑母、欧阳岳祖母、江通十舅,已死数人矣。再过数年,则意中所欲馈赠之人,正不保何若矣! 家中之债,今虽不还,后尚可还,赠人之举,今若不办,后必悔之。①

至曾国藩于同日致诸弟信,历数昔日受惠于亲族,而今各家败落,必须赒济之意。——指引族戚姓名事迹,长函达数千言。观曾氏之致意醇挚,已足备为一代贤哲禀质。后人当可细思审考。

左宗棠亦生平多次寄款回乡,周恤族姻。如光绪四年致书诸子,指示赒济族人:

　　人事应酬随宜点缀,太俭不可,过丰又难为继,当共酌之。吾同堂兄弟无一能自立者,实为可叹。从堂尚好,再从及缌服亦与同堂无异,此外则均族众耳。族众贫苦患难残废者,无论何人,皆宜随时酌给钱米寒衣,无俾冻饿。至吾五服之内,必更有加,愈近则愈宜厚也。九、十两伯老而多病,除常年应得外,每年酒肉寒衣不可不供也。吾每念及,心滋戚焉,尔曹体之。②

左宗棠生平三次会试,均名落孙山。最同情公车丧志落魄苦况。下第归里,愤辱羞愧,穷蹙寒酸。而乡关辽远,道途荆棘,真是举步艰难,辛酸谁知。同治七年,适其儿子孝威在京,以五百两银分送同乡下第举人。宗棠函谕,极加称许,并道出自身感受,特备书胡光墉,使孝

---

① 《曾国藩全集》"家书",第74页。
② 《左宗棠全集》"家书",第206—207页。

威再提二千两备用。充分表现推己及人之德，如左氏言：

> 下第公车多苦寒之士，又值道途不靖，车马难雇，思之恻然。吾当三次不第时，策蹇归来，尚值清平无事之际，而饥渴窘迫，劳顿疲乏之状，至今每一忆及，如在目前。儿体我意，分送五百余金，可见儿之志趣异于寻常纨袴。惟闻车价每辆七八十金，寒士何从措此巨款？或暂时留京，俟事定再作归计，亦无不可。其或归思孔亟，万难久待，儿可代为筹划，酌加馈赠。我虽一分不苟，然廉俸尚优，当以千金交儿，以五百金为孝宽领照，以百金为族中节妇请旌，以百金为尔母买高丽参，以百金寄谢麐伯，祝爽亭垲已省亲暂回卫郡，未在军中。以百金寄周荇农，以百金为儿行赀，了些私事。再以千金交儿分赠同乡寒士为归途川费，或搭轮船，或俟秋间车马价贱再作归计，均听其便。今作一信寄胡雪岩为券，请其号友汇兑库平二千二百两，从洋款项下划还归款。尔可持此信到阜康取库平银二千两。俟银取到，再将诸事逐件料理。①

湘将彭玉麟血战田家镇，获得犒赏四千两，乃全数寄回湖南，周恤族亲，如其委托叔公上禀：

> 前寄白银四千两，乃攻克田镇时，帅营所犒赏。侄思此银，都从头颅血囟丛中取得来，于心不安。想家乡多苦百姓，苦亲戚，正好将此银子行些方便。亦一乐也。彭城老伯母，苦节五十年，族中无贤子侄可以靠傍。侄意按月赡养之。五舅年老，穷守村塾，虽是乐天知命，无求于人。做小辈理宜孝敬。可惜守敬叔和王丁两家，遭匪难，路途杳远，音问莫从。侄意派人四出寻访，馈金酬报曩昔知遇之恩。省得来世变犬变马。其余可以偿清旧债，渠等

---

① 《左宗棠全集》，第134—135页。

见佢做官,不敢来索,适以增吾罪恶。吾必还清,便是夜来睡眠,也觉安宁。吾觉乡里间,惟佢显达,人皆穷苦,是天之待佢独厚,或者天非待佢独厚,把许多人福命完全归我,要我去代他方便。①

前代官宦巨室,宿承教养,任官治军之际,多深自反省,每思分割余财,赡济贫苦戚族乡右,未尝安享爵禄。岂有妄贪非分之财,渎职枉法之图。仕宦操守,自可信赖。社会风气,亦见淳朴。世家大族,仍重家教;力维门风,不以为迂。湘楚将帅,真足以为后世名宦之表率。

四、结 论

中国文化绵延,自古以来,以家庭为社群生活中基本单位。社会礼制,文物制度,以家庭为创制中心,步步向外扩大,推及于整个社会。文化生命来源,恃有维系家庭生活活力之表现,各个家主之人格品诣,思虑作为,为其根本动力。

中国文化较其它宗教国家不同之点,向来社会固结核心,非以宗教信仰,而以家庭训戒为结合韧带。此中国文化虽不重宗教而终能维持悠久之条件。自古儒家教说提示,见之于《论语》、《孝经》、《仪礼》、《礼记》。此类经典深入于人心,关系甚大。儒家圣贤,自是历代表率。此所以儒学之足以代表中国文化重心之理。中国人历世所信奉者,并无超脱精神之伟抱,如佛家之入地狱,基督之钉十字架。亦无泛爱之情操,如佛家之慈悲,基督之博爱。实为世俗社会人群间规范道德之理性知识。前人共循之轨辙,出于儒家归纳而成为仁恕精神。用为人生立世依据。是即人群社会真实之生活经验。处处以人为本,以人所生活活动之社会为宗。故样样凭实事衡度。从己身推扩至大小社群,均有一定作人之准绳。修身、齐家、治国、平天下,步步增大个人之责

---

① 《清代四名人家书》,第51页。

任,处处有其止步之归宿,样样亦有一定之修养格言,与考察批评尺度。每一个人自幼即开始承受一定之熏陶条教,入塾即立为一定课目。由一家单位而范铸社会信持之核心。并非宗教信仰,却有一定坚固之信仰。此途一断,是绝其根,中国传统文化势将消亡。

中国族类种姓,自古重视生成根源,为时甚早。荀子所谓:"先祖者,类之本也。"《礼记》《三年问》云:"有血气之属必有知,有知之属莫不知爱其类。"俱为积极而主观自我珍重其族类。是以氏族之学,谱系之制,早创生于先秦。司马迁著《史记》有言:"余读谍记,黄帝以来,皆有年数。"当知前史早具实录。后世汉之察举,魏晋之九品中正,开辟入仕门径,高第豪门,互相汲引,连袂接踵,冠盖相望。因是而家乘族谱沛然繁兴。历代传承,蔚为盛举。遗存世谱、族约、家乘、庭诰,不可胜计,形成史学中一门谱谍之学。

"家训"者,一人生平阅历之心得,识断之精华,行为之式则,志向之南针。专以对待后世子孙教化取法取戒,趋吉避凶。并用以为立身处世,发荣滋长,繁衍壮大,富贵寿考,永锡尔类之宝典。

"家训"多创作于仕宦阀阅,富贵搢绅之家,原出于自重自爱,自保族类之心理。以其世代书香,多保守家训维系门风。凡创业艰难,特多注重持盈保泰。兹举南宋赵鼎(号得全居士)语可知:

> 吾历观京洛士大夫之家,聚族既众,必立规式,为私门久远之法。今参取诸家简而可行者付之汝曹。世世守之。敢有违者,非吾家后也。绍兴甲子岁四月十五日,得全居士亲书。①

明人刘德新亦叙述其所著训戒子弟之《十二戒》,说明著作缘起:

> 余年二十有四,初筮仕来。后虽少不更事,无益于卫水伾山

① 赵鼎《家训笔录》,自序。

间。而此心犹凛凛如昨。听政暇,会撷古今格言数十项。汇而题之曰'赠言'。业已授梓。为同人之献矣。因而思朋友且有规劝之义,岂于所亲爱之子若弟,而反无一言为诲耶?爰条事之可戒者十有二。各为之论,其论以是非可否言者十之三。以祸福利害言者十之七。盖是非可否之谈,平而难入。而祸福利害之说,警而易从。予为子若弟诲,故不禁痛切谆复言之如此。①

　一般家训著作,多数著成于作者晚年,往往功业有成,在退隐林泉之时。故多阅世警语,作人规箴。抑且切直不典,浅俚易晓。实老成熟练之作。前节所举张习孔《家训》,即作于其六十四岁之年。兹再举高拱京《塾铎》,亦明言晚年:

　　　余晚岁归田,教家之念倍切。闲居追忆过庭之年,所闻祖父之训,日以嘉言渐泯为忧。因取小学,及先正格言,中今时子弟之膏肓者,檃为六则。太文则览者弗省,太多则览者弗竟。用是杂以俚言,使人易晓。题曰塾铎。聊以狗于门内,振余之子孙云尔。②

再如刘沅所著《家言》,亦草撰于其垂暮之年:

　　　愚注四子六经。门人复辑为要语、杂著、恒言,其义尽矣。因儿辈稚鲁寻常,示以浅近语,积久亦遂成编。愚老矣,若辈尚有未解语者,聊存之,以俟其日后览记。止唐书。时年七十有七。③

　若干"家训"之作,亦为作者有意掺入遗嘱之意,或即以此代表其身后遗嘱。颜之推《家训》,最后一篇"终制",即是遗嘱,惟并非所有家训均具此义,不必视为通例。

---

① 刘德新(字裕公)《余庆堂十二戒》,第1页,收载王晫、张潮合辑《檀几丛书》,清康熙三十四年,霞举堂刊。
② 高拱京《高氏塾铎》,第1页。
③ 刘沅《家言》,第1页。

后世子孙亦有收辑先祖遗言以为家训者。如江庸之《趋庭随笔》，赵炳麟录其父柳溪老人《训子大概十二条》，题称：《庭训录》①。甚至帝王之家亦不厌从俗。清世宗于雍正八年亲手辑录圣祖康熙遗训达二百四十六则。均为《实录》、《圣训》所未载者，乃收入《文渊阁四库全书》。书名《庭训格言》②。甚至知书能文之家，往往大量刻刊前贤家训、家诫，因是无论大小长短，亦足传世广远③。

近世高名巨宦曾国藩，勋业威望，鼎盛无匹。后世自重其言行。实则曾氏初任京僚未成名之时，已经设想到撰著《曾氏家训》，一试之下，即知学问不足，难于从事，于是暂行搁置。观其道光二十二年十二月二十日致诸弟书，可知曾氏立意，及其所遇之困难，不得不暂时歇手，以待异日。如曾氏云：

> 前立志作《曾氏家训》一部，曾与九弟详细道及。后因采择经史，若非经史烂熟胸中，则割裂零碎，毫无线索；至于采择诸子各家之言，尤为浩繁，虽抄数百卷犹不能尽收。然后知古人作《大学

① "柳溪老人训子大概"，收载于赵炳麟著《赵柏岩集》。
② 清世宗所辑圣祖《庭训格言》共二百四十六则。今据光绪七年十二月坊间刻本。
③ 辑录前贤庭训之作，最著名者为宋司马光：《家范》十卷，南宋刘清之《戒子通录》八卷。而明清汇刻前人之作者，亦相继不断。
　　又，张潮（号心斋居士）跋《家人子语》云："汉武帝惑于江充巫蛊之谗，致不能保其子。田千秋虽以一言悟主，犹未敢自谓己意，而托于白头翁之云。武帝既悟，亦以为父子之间，人所难言，此高帝神灵使公教我。由此观之，则家庭聚顺之道，诚不可不预讲于平日矣。稚黄此册，当是得之躬行实践之余，故其为语不蔓不枝，恰中窾会。居家者诚不可不读也。心斋居士题。"
　　又，黄秩模撰《家诫要言》小引云："予于新正元夕前，校罢孝经集灵，折狱卮言等书成。复取曹氏学海类编，行谊类中，明海盐吴君仲木辑其父磊斋公《家诫要言》一册，辞义严谨，简明切当。颇有益于世道人心。匪独吴氏之后嗣永遵勿替，即凡训子弟者皆当奉为法守也。因亟录出，详加校订，仍命匠氏用活字版印而行之。庶俾是书得广其传，以长存不朽焉耳。"

衍义》《衍义补》诸书,乃胸中自有条例自有议论,而随便引书以
证明之,非翻书而遍抄之也。然后知著书之难,故暂且不作曾氏
家训。若将来胸中道理愈多,议论愈贯串,仍当为之。①

嗣后曾氏一生多次论及家道兴盛和睦,惜福养身之法。于曾氏一门家
训,百般思考修订。终于咸丰十一年间订下祖父星冈公之八字及三不
信。八字者:考、宝、早、扫、书、蔬、鱼、猪。皆有解释。三不信者:僧
巫、地仙、医药。皆不信②。更亦拟曾国藩个人之八本及三致祥。曾
氏于祁门督师最危困之际,咸丰十一年三月十三日于致纪泽纪鸿两谕
中说明。是为国藩家训之成品:

> 吾教子弟不离八本、三致祥。八者曰:读古书以训诂为本,作
> 诗文以声调为本,养亲以得欢心为本,养生以少恼怒为本,立身以
> 不妄语为本,治家以不晏起为本;居官以不要钱为本,行军以不扰
> 民为本。三者曰:孝致祥,勤致祥,恕致祥。吾父竹亭公之教人,
> 则专重孝字,其少壮敬亲,暮年爱亲,出于至诚,故吾纂墓志,仅叙
> 一事。吾祖星冈公之教人,则有八字,三不信。八者曰:考、宝、
> 早、扫、书、蔬、鱼、猪。三者,曰僧巫、曰地仙、曰医药,皆不信也。

---

① 《曾国藩全集》"家书",第 47 页。
② 同前书,第 536 页。咸丰十年闰三月二十九日,致四弟信中云:"余与沅弟论
治家之道,一切以星冈公为法,大约有八个字诀。其四字即上年所称书、蔬、
鱼、猪也,又四字则曰早、扫、考、宝。早者,起早也;扫者,扫屋也;考者,祖先
祭祀,敬奉显考、王考、曾祖考,言考而妣可该也;宝者,亲族邻里,时时周旋,
贺喜吊丧,问疾济急,星冈公常曰人待人无价之宝也。星冈公生平于此数端
最为认真。故余戏述为八字诀曰:书、蔬、鱼、猪、早、扫、考、宝也。此言虽涉
谐谑,而拟即写屏上,以祝贤弟夫妇寿辰,使后世子孙知吾兄弟家教,亦知吾
兄弟风趣也。"又,第 546 页,咸丰十年五月十四日,致四弟澄甫信,再次提论
祖训八字。

处兹乱世,银钱愈少,则愈可免祸;用度愈省,则愈可养福。①

于此可略澄清国藩所定家训有两套格言,其一,本之于祖父所遗。则祖父以下,诸昆季子侄共遵之。曾氏于同治五年十二月亲函四弟国潢,定为曾氏家训②。其二,曾氏自订之八本三致祥,乃给自己子孙遵奉。是以自纪泽、纪洪以下,定其家堂号为曾氏"八本堂"。实守曾国藩所定家训之义。大致而言,曾国藩一生思考家训语词之斟酌,前后不下二十年之久。至同治五年方正式确立(1842—1866)。实已至其晚年,可为老成精炼之作。

曾国藩生平家书,广为后世阅读传诵。惟其在世时未尝料及。曾于同治二年九月初九日致书曾国荃,表示不能估计过高③。事实上以传世之家训而论,除朱柏庐《治家格言》之外,惟《曾文正公家书、家训》流传最为广远。湘淮将帅幕宾,及其后人,无不步趋曾氏言行,形成为宦者座案常备之书。阅《彭玉麟家书》,见其处处称引曾氏言行。其致在官之弟云:

---

① 《曾国藩全集》,第 662 页。又,第 653 页。咸丰十一年二月二十四日,致四弟澄甫信。此信中详论祖训八字、及三不信,并自撰之八本。又,第 658—659 页。咸丰十一年 3 月 4 日,与诸弟信,再次申论祖训八字及三不信,以及国藩自订之八本,三致祥之说。

② 同前书,第 1307 页,同治五年十二月六日,致书四弟澄甫,确定说明,将祖父训示永远以为家训,如曾氏所言:"家中要得兴旺,全靠出贤子弟。若子弟不贤不才,虽多积银积钱积谷积产积衣积书,总是枉然。子弟之贤否,六分本于天生,四分由于家教。吾家代代皆有世德明训,惟星冈公之教尤应谨守牢记。吾近将星冈公之家规编成八句,云:'书、蔬、鱼、猪、考、早、扫、宝,常说常行,八者都好;地、命、医理、僧巫、祈祷、留客久住,六者俱恼。'盖星冈公于地、命、医、僧、巫五项人,进门便恼,即亲友远客久住亦恼。此八好六恼者,我家世世守之,永为家训。子孙虽愚,亦必略有范围也。"

③ 同前书,第 1036 页,同治二年九月九日致曾国荃:"至此间家信稿本,除膳信之李子真极慎密外,并无一人得见。弟常疑余之日记家信或传播于后世,此弟之拙见过虑,亦视阿兄太高之故。"

曾帅尝以居官四败,居家四败,垂示于僚属。其居官四败曰:
昏惰任下者败,傲很妄为者败,贪鄙无忌者败,反复多诈者败。居
家四败曰:妇女奢淫者败,子弟骄怠者败,兄弟不和者败,侮师慢
客者败。余得之,书绅铭座。借以自儆惕,时时且劝导同曹。亦
望吾弟于听讼理案牍之时,刻刻凛之。钊侄现奉抚署委赴安徽赈
荒,救急而有疏漏,造恶更多。可命慎于从事,至念。①

彭玉麟亦自撰简短家训,传示家人,大抵以勤俭刻苦为宗。如其所言:

自前年来,我喜钊侄之进德修业,可以光大门楣,祖宗争气。
其言论风旨,洞达时势,综括机要。非徒于家务井然,若有条之不
紊,尊亲而惠下,也具有实践功夫。以后与荣儿,可以远避,枭獍
实不足化耳。能可无躁无矜,互求和睦亦佳,嗣后荣儿,将不令出
仕,恐其无善终。弟家子媳,幸不趋奢华。吾尝作数语以勖后辈
曰:出门莫坐轿,居家勤洒扫,诸女学洗衣,早晚学烹调,老逸而少
劳,事理多明晓,少甘而老苦,此事颠倒了。词虽粗陋肤浅,能照
此做去,也可成孝子贤媳,把持门户。②

淮军领袖李鸿章为曾国藩门生,于曾氏言行,家人训诰,尤多从习而加
仿效。在李氏家书,屡屡称述曾氏家教。其致弟书有云:

曾夫子致其弟函曰:余蒙祖宗遗泽,祖法教训,幸得科名,内
顾无所忧,外遇无不如意,一无所歉矣。所望者再得诸弟强立,同

---

① 《清代四名人家书》,第 66 页。又,第 91 页,彭玉麟谕子书云:"湘乡位尊,犹
不敢染仕宦之习气。其于饮食起居,日尚守寒素之家风。极俭,亦可也。略
丰,亦可也。太丰,我不敢也。此等处可见其廉,可见其朴,有君子之风。为
中兴时有数之人物。愿吾子孙规摩前哲之言行,习劳习苦,则家未有不兴
者也。汝欲传吾之家风,亦当淡于仕禄。富贵功名,皆前定,在乎天,惟希圣希
贤,乃由自主也。"
② 同前书,第 71 页,彭玉麟致弟书。

心一力,何患令名之不显,何患家运之不兴。余意与曾公之意正同。余与诸弟虽隔千里,盼望诸人之心,未尝或断,每间一月,乃作一函,训诸弟,未知诸弟对余意如何?①

淮军幕府出身之周馥,其子学熙训迪诸子,列修身立世常课诸书,而曾国藩家书、家训、日记,均在其列,民国十六年谕子书开列如下:

> 兹将应读书目列后:《格言联璧》、《聪训斋语》、《近思录》、恧慎公《负暄闲语》、《小学蓄德录》、《求阙斋日记》、《曾文正家书》、《家训》、《颜氏家训》、《菜根谭》、《课子随笔》、《呻吟语》、《荆圆小语》、《进语》、《庭训格言》、《澄怀圆语》。以上诸书可周而复始,摘其神粹,手自集录,句句体贴身心。②

凡此俱可见曾国藩家书家训对于游宦之士,勋名富贵人家,具有训迪示教之影响。直迄抗战以前,对于社会风习,一直有其正面作用。至抗战胜利以后,所谓中国传统风教,儒家学说,迭遭批斥挞伐,已为国人唾弃无遗,文化精神生命活力亦衰竭而并消退,无复振举。

本文无意于讨论世势转乘之因果,家运兴败之根源,社会道德存废与派生新机之道理。惟须说明家训创生之现象,流布之背景。俱已详细交代如前。至进而探讨在中国社会背景下,何以生成此类形式之家训,则可推演以下几点解释。

其一,中国专制政治下,帝王务在家天下之长治久安,种种设施,惟立意于防弊,防失权位。削官吏之权,使之互相抵制监视,互相掣

---

① 《清代四名人家书》,第 140 页,李鸿章致弟书。又同页,李鸿章致三弟书:"俭之一字,能定人之恒久。曾涤笙夫子训诸子弟曰:余兄弟无论在官在家,彼此常以俭字相勖,则可久矣。此其明证也。"
② 周学熙《止庵家语》,载《近代史资料》第 77 辑,第 207 页,北京:中国社会科学出版社,1990 年。

肘。帝王持生杀予夺之权,以利禄爵赏操纵群臣,时而宠加望外,时而辱至死罪。至使臣下为仕宦者惴惴不可终日。须明哲保身,克谨克勤,不觊权势,不贪边功。务在守而不失,平而无过。因应趋避,乘时而进,亦足荐升高位,身名俱泰。是以家训所载,多不外忠孝勤谦,忍辱抑愤,以免招祸。

其二,专制政治下,帝王设官分职,以爵禄汲引人才。凡人生富贵荣显,惟仕途为最高,在朝之官,在野之绅,得受朝廷礼遇。社会贵贱之别,由此分判。乃使人才奔趋,惟求仕宦一途。凡任官宦之家,俱盼后继有人,遂不免谆谆训勉,望子弟辈出人才,揩持仕宦之门风。

其三,儒学教言,孝经、三礼,世所习读,知书之士尤运用纯熟。盖教养自个人始,个人先受家庭教育陶冶。所谓修身、齐家、治国、平天下之经说,常存儒生胸臆。凡为预备入仕,晋身政治,以受家教为先,在入世之始,已可据家训而获充分知识。此即撰着家训之一种需要,熟读家训,虽不能进而入仕,亦可退保门风。

其四,中国农业立国,土地利用,食粮生产,为民食官禄所寄。大局安定,农村生产可恃,民人安居,赋税充盈。国既富实,士宦揩绅之家,则可安享富贵。惟民生安定,人口迅速膨胀,过剩人口,即成动乱之源。终不免扰攘争夺,殷实富户,往往破家荡产,再待世道清平,已是另一王朝。如此循环往复,造成一定兴衰运会。熟知史事者,终信富贵不能长久,散财免祸,广结善缘,以为惜福之道。故凡家训所示,每有宿命论旨意,对于命运,无可奈何。但愿子孙可趋吉避凶。

其五,中国数千年农业社会,改良土地利用,历代已尽其才智而为之。惟人口膨胀,无有限制,失业难免,国困民乏。富厚之家,不过只是小贫。即此景况,亦不易守成。岂望豪华。故凡蒙训无不力戒侈靡,虽高官亦不忘贫苦,或教家人节俭。或分散余财,以赡族亲。未尝有一家教导子孙享受生活者。实家训之共通特色。

其六，家世之成就，两代经营或数代累积有其重大社会意义。门第非成于一时，世家非一代所能范铸。无论古今新旧，就一姓一家而言，前人积业，后人承荫，必须能继续发展，方能保守声望于不坠。即在于广东洋行之伍浩官、潘启官、卢茂官、梁经官均不能不累代继承同一字号，乃社会信用之需要，绝不可尽视为封建门阀。是以任何家训，宗旨俱在门风之绵延恒久，岂止数代而已。是以地望堂号，往往较荣爵崇秩更具有社会声势，更能影响广远，此即一族一姓大多数人累积业绩而造成者。只有英雄暴起，每每受制于周围环境，不得顺遂其志，不免亟思打破固有势力，妒恨高门望族，往往借故兴罪而摧挫固有势力。此在历史上恒常见之。且在现代社会，愈演愈为酷烈。

凡人居于社群之中，不能遗世而独自生存。所关人己之间，必相立种种规范，为社会共约共识。用以维系安定与彼此互相依存之平衡。使人不至明目张胆，强以凌弱，众以暴寡。其有形之规范，制度法律是已；无形之规范，道德礼俗是已；两者共具，宗教信仰是已。无论古今，舍此不能成为文明社会。然人与人维系关系，生存之中，必见利害，争杀难定。除法律外，人须思考持平之法。必须依据制度名分，才能尽力，辛苦而谋致富贵荣显，他人无从争夺。但在社会上维系与他人之关系，亲疏轻重，须仔细斟酌，运用道德礼俗成例，及个人阅世判断，维持平衡安定，实得之于人生经验。为使子孙能永享所获富贵，或求谋富贵之经历，自然思考传授家人，以使长保不失。无形之熏陶，不及有形之教训。因是自然思考将个人宝贵经验登之文书，传示子孙，是即历代家训之所由出。在中国特殊社会中，历千百年生生不息，传衍不休，无论鸿儒大贤，煊赫巨宦，多汲汲从事，未尝轻忽。后世读之，犹若抵掌觌面，而亲其謦欬。语词俗浅，用意恳挚，最易考见著者心声。古今时代虽然不同，人情天理则同。七情六欲仍是古今无异，近利远害，祈福被祸，乃共同意愿。进德则为忠恕之道；立法即分别权利义务。盖俱本之人性。前人所设想者,又岂逊于今世。设使古人并非愚昧,家训之言并非欺世,则其用心可掬为明验。故凡治史者,岂可不加珍重而利用于古今人物之探究,社群关系之参考。

附记:北京中华书局刘德麟、陈东林两位先生多年代为购寄大批参考资料,有助于我对民间社会之开拓研究,在此特申感谢之忱。又,本文之得以修订完成,承陆宝千、吕实强、王家俭、李国祁四位学长指正甚多,特申感谢之忱。承魏秀梅教授、张寿安博士代为校阅,并志感谢。

1991 年 7 月 16 日写于新大陆旅次

清廷当局对于西力冲击之因应

在鸦片战争以前，中国一直自诩为"天朝上国"，华夷之辨主要在文化的认同，而非种族的不同。中国与外国只有"朝贡关系"，而没有国际关系。直到19世纪中叶以后，列强挟其军事上的优势，以炮舰敲开了中国的门户，造成了"数千年未有之变局"。面对这样的巨变，如何采取因应之道以面对外来的挑战，便成了主政者所必须认真思考的重要课题。

一、第一波冲击：鸦片战争

中国近代巨变，启祸于清道光十九年（1839年）的鸦片战争。研究中国近代变局的严肃思考，则滥觞于19世纪30年代，蒋廷黻、郭廷以等先驱学者；我与今时学界近代史家同道，俱是后生承教。前有其人著作传世，俱易参酌；后学自可依循轨辙，追索探讨。本人至少有两篇专文深入研考知识分子对于变局之警悟、产生应变之自觉，并提出变局理论。遍历近代人物八十余人之个别言论，而作一代思想特色之澄清。一则所见中国近代变局觉醒实很普遍,在近代朝野人士不下八九十人,先后提出世变之乘,以为因应重大变局;二则提出变局认识为时亦甚早,最早者道光时期有徐继畬、黄恩彤、黄钧宰。

但是,何以在广有觉悟之后,清廷主政者竟至适应拙劣,不能抵挡西力冲击,以至一败涂地?

(一)皇帝专政的权力结构

我人须知满清入主中原,国家大政俱掌于满人之手,虽然汉大臣颇受隆遇,可以实心任事,其实只是顾问之选,有清一代未尝有任何汉人可以进入权力核心,决定国家命运。满清帝制,完全是中央集权,军政大权握于皇帝之手,此是谈论历史所当考索之重点。国家不设丞相,政务为皇帝亲裁,虽在顺治及宣统两朝有摄政王,实非一种宰辅形式。全部清朝历史,只有同治初年(元年至四年)以恭亲王为议政王较近于辅政性质,前后不及四年。其余二百六十余年可谓全是皇帝专政,慈禧太后垂帘听政,也是一种专政,不是辅政。

至于国家军权,自古专制帝王均不及清代集权。换言之,军权完全掌握于皇帝之手,明代虽然皇帝独揽军权,而实有五军都督府代执军令参谋业务。清代军令全由皇帝自主,御前侍卫大臣,为最亲近具实权的王公。但若非皇帝命将出师,钦命大将军或钦差大臣实不能干预任何军务。实际只有皇帝一人掌握军令,负责战和进止,并无其他人可以越俎代庖。出征大将军、钦差大臣俱是官差,不是职官。换言之,是临时派差,受命专为某一重大军务代皇帝出面处理。是以鸦片战争史上,派林则徐为钦差大臣,是专门查办禁姻。派靖逆将军奕山,是专门在广东攻打英军抵抗侵略。派扬威将军奕经,是专门派往浙江拒抗英军。派钦差大臣耆英,是专门在江浙会同英人作议和谈判,进而签订《江宁条约》。派钦差大臣伊里布,是专门负责开办五口通商订立《中英通商税饷章程》，俾能按章抽收洋税。因是或战、或和、或签约，俱由皇帝一人裁决，指命钦差大臣办事。若谈历史责任，对于因应英国输入鸦片，以至引致英军来犯，以至战败求和，以至割地赔款、开放五口通商。中国方面一切责任，应由道光皇帝承担，其理甚明。

近代西方冲击，通商贸易以为前驱，而恃船坚炮利则为后盾。其飘洋过海，远来中国，非为寻衅，实志在贸易。就中英而言，双方间关系原在商贸，本甚明显，当时广东地方官以至绅士庶民亦无不知晓。惟因应之道，在地方官之对待商人，惟务剥削，抑且苛虐，此亦种下中外龃龉之根。在英国方面，则自乾嘉以降，以大量输入鸦片为其牟利之首要货品，实亦不顾人命，丧天害理，手段卑污，用心奸恶。

英人输入害人毒品，易换大量银钱，数十年间，使中国白银大量外流，形成银贵钱贱，影响民生，动摇国本。清廷为查明原因，防制烟毒之害，自必厉行禁烟无疑。此所以会有派遣林则徐前赴广东查禁鸦片之举。无论在古在今，亦为势理所当然。

就通商贸易观点而言，林则徐在广州查禁鸦片，在商言商，有何可质疑之点？亦何尝主动招引战祸？对于不法商人，执行严苛惩罚，有何可议之处？对于奸恶英商违犯法律，加以缉拿，乃中国主权尊严，有何不可之处？无论如何严苛对待英人，但凡中国法条所主，英商有何理由不遵管束？无论中外史家，此乃无可争议之点。

林则徐收缴鸦片所用手法亦并无可议之处，其史事详情，人人熟知，可以不论。惟有一点不能省略，林则徐执行收缴鸦片，并不能掌控英商烟船行踪，亦无强大舰船追缉走私烟船。换言之，清军水师并无能力追截搜查英商烟船。英船只须退避外海游弋，林则徐即难得追缉实效。故不能不采用围困洋商夷馆办法，使善良英商大受连累，此是林则徐引致战祸所应负之责任。至此可知基本关键，只在于武力强弱之一点因素，其余俱属次要问题。

何以会引致一场鸦片战争？我在此以四十年治史和教近代史经验来肯定说，无关于前此学者所谓的文化战争或商业战争等诡说。更远的分析理据，于中国天朝意象和中国中心观念，也全然不着边际。我们历观百年来史实知道，此是侵略帝国所造的理论根据，向世人推销，我是一概不能接受。在近代史而言，近代国际情势巨变，世界上各个地方都会受到冲击，中国必须面对挑战，根本逃避不了。

（二）清廷落入义律设下的陷阱

史实所见，林则徐严厉查禁鸦片，迫使英商缴出所运来华的鸦片货品，是在执行道光皇帝的禁令，也是肃清烟毒一种根绝的手法，不去找英商下手更要找谁才能根绝？林则徐岂是为了和英方开战才如此强硬而决绝？我们如何可以肯定的判定林则徐招致战祸的责任？换言之，明明是雷厉风行的查办禁烟，何以会走上一场中英之间的战争？

在这次历史事件中，有一个极其重要的微妙关键，是由中国一国查禁烟商的普通事件，导入于两国走上战争的决裂点，关键人物就是英国在华商务监督义律（Charles Elliot, 1801—1875）。先说林则徐手中武力不足，无法制服英商收缴其运华鸦片，而采用包围英商夷馆，撤退华人仆役买办，断绝粮食接济，用以迫使夷馆内洋商屈服。一个堂堂大国，军力不能办到这样小事，出此下策，怎不令后世人惊诧慨叹。这种做法自然违反人权，也不够人道，然则又有何术能使林则徐完成任务？当时中国军力之弱，岂不充分显现？一旦开战，必定失败。这一点清廷中央要负担完全责任，简直算是误国之罪。

站在英国方面，如果有扩张野心侵略意图，或者报复英商多年受屈，这次机会与借口是再好不过。主要是如何使一种民间普通商务关系，因为查禁鸦片而使之跃升至两个国家对立的冲突关系。然后再有不可避免的借口，足以有充分理由出兵攻打中国。此一关键全由义律一手掌握一手造成。当义律也同被围困在夷馆,即转知林则徐,愿将英商运来鸦片全数交出,以换取释放被困商人。最具高妙的关键性的手法,是向被困中的十七位大烟枭,开出十七张收购鸦片价款会单,要他们回英国向国库收款。此一高招,是将英国商民的鸦片收买成英国政府鸦片,再由此一英国政府官员商务监督义律,缴交给林则徐。中国一直蒙在鼓中,以为英方屈服。

但是既经缴交鸦片,问题已了,英国何以竟派大兵来犯?当时中国主政者全弄不明白。我国近代史学者除了郭廷以为文叙明此事,他人多未提及,本人以为此是事态由小变大一个极端重要的关键。

这场战争历史家名之为鸦片战争。严复曾说,英人即令生有三尺长之喙,也无法巧辩洗脱鸦片这个丑名,此是事实,也是公理。因为林则徐烧掉义律所缴的二万零二百八十三箱鸦片,在当时价值六百万元,是由英国国库付款而购得。换言之,这不是英商鸦片而是英国政府鸦片,迫使英国必须派兵前来要讨回这六百万元烟款,非至中国政府付清这批烟款,不会罢休。所以当英军进军大沽口外,向中国所递照会,第一条就是要索回"所有逼夺之货物"。什么货物?英人狡狯如狐,其实就是鸦片。又说:"悉应催讨赔还。"可知要达成什么目的,派兵来意,就是为此。

无论《穿鼻草约》之赔偿六百万元,《江宁条约》赔款二千一百万元(兵费一千二百万元,商欠三百万元,烟款六百万元),其中主要派兵宗旨就是要讨回鸦片价款,其余则是战利品。这是清清楚楚的史实证据,岂可接受西方帝国主义御用学者信口雌黄,颠倒是非,胡乱评骘,以为新奇?

鸦片战争经过虽不特别惨烈,而对此老大帝国则是奇耻大辱。开割地赔款先例,又糊涂侵损种种主权,最为严重。至对于主持国政的道光皇帝以及辅佐庙堂的满汉大臣,所刺激醒觉,获致政治教训,并不甚强烈。此一时期仅只获致一项清楚认识,是正确了解,就是朝野官绅普遍察觉外洋的船坚炮利。对于五口通商世局,中西变局已经开启,则只有少数先知先觉者一种笔下反省,传之后世。

在鸦片战后,魏源提出一个因应当时变局的新指针,是谓:"师夷之长技以制夷。"此言足以表现中国自有高人,而且足为百年不敝之谋国上策,至今尚不失效,然而,却不能丝毫影响朝廷决策。换言之,一场鸦片战争冲击,未尝刺激满清朝廷有多少觉醒,更未尝能使其施政上有任何改变。

二、第二波冲击:第二次鸦片战争

我们不必为现代文明国家曲讳,也决不接受一些学者制造云雾替帝国主义者英国来掩饰。我就史实所见,知道英国政府一直处心积虑用尽种种语辞,引诱中国的钦差大臣者英立意要达成鸦片买卖在中国合法化。《江宁条约》订立以后,英国政府在华代表:自璞鼎查(Sir Henry Pottinger,1789—1856)、德庇时(Sir John Francis Davis,1795—1890)、文安(Sir Samuel George Bonham,1803—1863)以至包令(Sir John Bowring,1792—1872)这些外交官,即便德庇时在退休后做了很多对华文化善事,也难盖其做官职务则是清一色的俱是在华执行帝国主义扩张利权代表的事实。当然背后帝国主义之首领,自是英国外相以至首相的巴麦尊(H. J. T. Palmerston)代表英国帝国主义对华扩张的主动核心。

经过鸦片战争,中英订立《江宁条约》,中国于赔款之外更开放五口通商,清政府或以为平息无事了。在英国方面则经此武力小试,发现中国军事废弛,不堪一击。政府无能,官员无知,使之胆气增大,玩侮生心。当此帝国主义茂盛弥漫之际,正要乘机扩张,欺此愚弱,亦正是天赐良机,以为中国可以任其宰割,为所欲为。

历史重点何在? 我人必须指出。自鸦片战后,在中国境内的历史动力,一切主动契机全操之于英国手中,中国完全居于被动。所有中外关系之改变,俱在英国设想主动冲击中展开,终至造成一页历史新篇。加强加速之冲击自外而来,而适应抵挡这种冲击势力,则重责在于继任皇帝咸丰身上。换言之,抵挡英人下一波冲击更不容易,亦必须由满清皇帝完全负责。

(一)英国致力鸦片贸易合法化

把这一段历史定名为第二次鸦片战争,是充分符合史实,决不可接受帝国主义御用学者所定的"亚罗战争"或"修约战争"。因为再掀战争的起因在于英国政府处心积虑向中国推行鸦片合法化。自鸦片战后,耆英继任两广总督钦差大臣,先后有璞鼎查、德庇时向他提议防止鸦片走私的猖獗,最好使之正式上税,以免除偷漏损失。即在五口开放通商不久,英国代表已向地方官推销鸦片上税的诡念。必须注意,此点是驱使再次开战永远不变的动力。耆英表示中国原为禁烟而导致一场战争,他决不可能再向皇帝奏请开放鸦片贸易。

果然,鸦片合法化,一直成为英国政府要努力达成的持久愿望,亦构成在华代表向两广钦差大臣不断要求的中心议题。自璞鼎查以至包令,无不为鸦片合法化向中国交涉。

英国仅有外交交涉,无法强使中国把鸦片上税,必须掌握到一个外交契机,才可以向中国施压,促使中国接受。这个外交契机,就是根据中美《望厦条约》商约有十二年可以略加修改的条文,在此可以看出英国强权外交的手法。其一,中英之间并无修约条文,但中英间已有最惠国待遇条文,根据此一条文,就可享受中美间美国所享特权。英国所表现出的帝国主义本质,是在美国尚未享受修约特权之前,他英国要强辞先行享受。其二,中美《望厦条约》明定十二年可略加修改,美国若要修约,须到 1856 年方可提出。要援美国之惠,必须至少到 1856 年以后方可跟进。但《中英通商章程》要早此二年,英国外相克兰顿(Lord Clarendon)竟在 1854 年 2 月 13 日训令驻华公使包令向中国提出修约要求。其三,英国正充分表现明目张胆无所忌惮的强权意图,就是提出修约项目,不下八项之多,其中第二项就是"确定鸦片为合法贸易",此是英国修约动机之核心。

(二)四国《天津条约》的震撼

英国公使包令数度向广东、上海方面地方官探求修约的履行,均遭拒绝。最后在 1856 年(咸丰六年末)借口钦差大臣叶名琛擅捕英船亚罗号水手十二名,而得以攻打广州,大兴兵伐,最后联合法军占领广州,逮捕叶名琛。于是展开第二次鸦片战争,其发动战争最高主持人仍是巴麦尊。英法军先占领广州,再挥军北上,终至进兵大沽、天津,迫使清廷于 1858 年与英、法、美、俄分别签订《天津条约》。

中国方面,除了少数醒觉之士,自鸦片战争以后,咸丰皇帝继位以来,一意视战败为屈辱,而不检讨战败因由,追考问题根源。但凡略晓外情,接触英人,以至经办外交者,位低者若黄恩彤、咸龄、徐继畬、刘鸿翱、鹿泽长、舒恭受俱一一罢职;位高者伊里布已先死,而耆英、牛鉴、穆彰阿亦遭罢斥。凡有通夷之嫌,涉身外交,即难立足。换言之,满清政权领导核心,只有更加嫉恨洋人,未尝重视因应变局。是以只会任用深闭固拒之人如叶名琛,终于偾事,召来第二次鸦片战争,又更屈辱的签订《天津条约》。

清廷代表桂良、花沙纳签订《天津条约》,在英法两国而言,是取得胜利成果,伸张在华利权,当然是实现了修约要求。其实哪里是修约,完全是以武力胁迫,完全签订新条约,英、法两国,一切如愿以偿。

清廷政权领导核心又是如何？不但复仇心情毫未消解，而今又增添更大羞辱。尤其英、法、美、俄四国均得驻使北京，卧榻之侧，居然受赤发绿睛洋使节坐觑，真使咸丰难堪而且难安。一心要想毁废《天津条约》，桂良、花沙纳全做不到。

1860年所以战争再起，责任不在中国，而是在1859年志骄意满的英国公使卜鲁斯(Sir Frederick William Adolphus Bruce, 1814—1867)不遵中国所定由北塘上岸再进北京的规劝，一意强行由大沽上岸，引致防军反击，因而再度引起战争。1860年英军再度攻陷大沽，占领天津，最后火焚圆明园进占北京。咸丰帝只好狼狈逃避，北狩热河，羞辱更甚，打击更大。其时恭亲王奕訢留守北京，终与英、法再签订《北京条约》。咸丰帝虽然避居热河行宫，有行在军机大臣辅政，终不敢再回北京，竟在次年七月驾崩热河。

三、第三波冲击：自强运动与外患频仍

咸丰驾崩热河，环绕幼冲皇帝立即产生一个辛酉政变，展开两太后垂帘听政政局。当代史家吴相湘、段昌国有深入研究，确定清廷播迁之后又恢复稳固。

这场鸦片战争的结果，英、法、俄俱有收获，而俄国得以扩张领土，得益最多。中国向英、法各赔款八百万银两，开放沿海沿江十三口岸，外国公使可以长期驻京，外人可以通行游历内地，自由设教堂传教，开放华人劳工自由出洋。最重要的是鸦片合法上税，在海关字面上称为洋药。英国真可恨，不但获得鸦片实利，还要避开鸦片恶名。总之，英人一切目的达到，享受战利果实，自是充分满意。除了蚕食中国沿边藩属，从此大致维持和平外交关系。

(一)追求自强的"自强运动"

中国经此一战,可谓创痛巨深。英、法军连陷大沽、天津、通州,更火焚圆明园,无数珍宝,抢掠一空。连北京也沦陷,皇帝只有奔逃热河,狼狈仓皇之至。抑且害得咸丰皇帝不敢回銮,竟至未及一年而驾崩热河。此一刺激,颇使朝野官绅有痛切反省,上自议政王恭亲王,下至知书文士,多能提出彻底检讨。反省结论,一致归趋于自强一义。为雪所耻,必须力求自强,形成一个时代共趋目标,汇为"自强运动"。

"自强运动"是自 1861 年以来,晚清官绅间觉悟时势世变的一个努力方向。"自强"一词,屡屡见于讨论世局而提出一个奋发愤励的词汇,是当时人不约而同的一般奔趋方向,包括满人王公大臣以至汉人官绅文士,俱有相同表现,一致意见。故称呼那个时代为"自强运动"并无疑义。

英美学者,包括台湾地区等地,俱以"自强运动"概括自同治元年至光绪二十年(1862—1894)。只有大陆近代史学界,一律用"洋务运动"概括这同一时代。他们坚僻自是,不肯修改自己,追随别人。其实"自强"与"洋务"两词都是那个时代广泛应用的词汇。不过我是清楚的知道,那时人的识见宗旨,俱是为"自强"而发展洋务,不是为"洋务"而发展洋务。我用"自强运动",以为最足以表状那个时代人的用心。

此时朝廷是两宫为主,恭亲王奕訢辅政。大权重心在此。此时方才真正采纳汉大臣建言,在总理衙门之下,由曾国藩、李鸿章、左宗棠、沈葆桢等推动洋务事业,展开翻译西书、造洋枪、造轮船、设电线、兴航运、建海军、开学堂,并送幼童出洋。再加上晚期的修建铁路,开拓矿产。凡此种种措施,俱是开新首创,前无可循。实足以涵盖中国近代化的起步,工业化的先驱。

自强运动的展开也真不容易,当然是承受西力冲击的反应。想想英法大军之来,力不能抵御,造成海口丧失,北京沦陷,皇帝逃遁猝死,圆明园付之一炬。这些严苛打击,足使主政者怵目惊心。乃至促使清廷被动接纳外国公使驻京,又深怕掣动朝廷各部院,遂特设一个专职总理衙门与洋人周旋。因是而形成一个新设的洋务首脑机关,遂致成为"自强运动"领导核心。其中心首领即是议政王大臣恭亲王奕訢,其下配合大吏又是烜赫功臣曾、李、左、沈,尚得在内忧外患中维系满清国祚于不亡。

(二)自强运动的历史意义

"自强运动"有何意义,近二十年来已经澄清明白。大陆上自1979年提倡推行四个现代化,它的内涵并不陌生,就完全是"自强运动"的内涵,只是表面口号不同而已(若有人不同意此说,我愿一一指出其相同点)。我就史实所知,可以肯定"自强运动"的优越性。

清廷因应西方冲击,终于展开一个思想醒觉,而有自强运动。虽然旧制丝毫未改,但已创设总理衙门,专职推动译书、练兵、出使、制器、开矿、造船、航运、铁路、游历、开学堂、幼童出洋求学等事务,是即洋务总汇。虽过于庞大,不能专门,然实胜于无有,乃是一切初创,起步最贵,我人不可小觑。何况今日大陆首领学步,心态酷肖,有如历史重演。

郭廷以先生称此时代是"忧患中的自强运动",是切实之笔。自同治元年至光绪二十年之三十余年间,首先太平天国尚蔓延数省,已与清廷相持十年,北方捻乱,更日形壮大,西北、西南又有回乱,实是遍地糜烂。外面帝国主义思想弥漫世界,列强贪欲逐逐,四邻眈眈虎视。先有天津教案,中法几乎开战,正遇普法战争发生而消解于无形。接着中日建交,日军随之入侵台湾。接着发生马嘉理(Augustus Raymond

Margary，1846—1875）在云南被杀，英国迫使中国签订《烟台条约》。随之又发生中俄伊犁交涉，赔款九百万卢布。同一时期日本则吞并琉球，清廷束手不能拯救。接着中法启衅，失去越南，英国且乘机吞并缅甸。即令在兢兢业业自强运动时期，已使清廷顾此失彼，东补西漏，左支右绌，前门驱狼，后门进狐，民生凋零，国势日敝，真可以说外侮荐至，忧患频频。

（三）自强运动使清政权得以延续

中朝主政者谁持国柄？当然是慈禧太后，政权并未下移。满清权贵辅政者先后有恭亲王、醇亲王，仍是满人天下。惟其最显见清廷应变无能者，在于习故蹈常，畏惧兴革，洋务事业并未开展宏效。最大关键，在于当时满人庸劣，不能任事，一切委之汉大臣，又防闲不肯授权，恐怕汉人抬头。虽有李鸿章，不过为其防卫京师，看大门而已。一切军事外交，前敌应战，多为汉人承担；满族人才，已成凤毛麟角。虽在自强运动大时代中，清廷已是外强中干，摇摇欲坠，此在慈禧个人之有小才而无知识造成根本原因。

慈禧当西方列强冲击，不能因应变局，贻误更张变革之机，应负完全责任。虽然如此，此一时期之自强运动亦可谓有其重大贡献，故尚能维系满清政权三十余年之久，自是差强人意。无论如何这是满清政权因应外力冲击一个正确的方向，在历史上具重大意义。

李鸿章政术凭借之机缘网络

一、引　言

历史事实呈现，有隐有显，有能见者，有不易察者。研治之必有困难，未必能一一追考，而得正确知识，则史家责任，实是重大。

但凡研治历史，无论人物贵贱，事体大小，史家所当用心者在其意义之可贵，在其影响广远深澈。则无论事体大小，人物贵贱，而可资后世之取法取戒，自为治史者所负天职。若韩愈之写《圬者王承福传》，柳宗元所写《种树郭橐驼传》，而传诵千古者，自是在于训世激劝之功，人物所为鄙事亦可贵也。

惟人物万殊，史事变幻万端，脉流无数计，途程转折多，但凡研究一时一事一人之真实，殊非易易。史家披拣采择，亦自繁难万分，借其才学，或以驾驭之，亦未必尽致周全，只观表面史事，势尤不足以裁断后果与其影响。若其先抱成见者，自不免移的就箭，自我作故。今世所见多矣。

民国以来，自梁启超起，演论李鸿章者至众，然论断南辕北辙，彼此抵牾。此所难免者，盖由李氏所当时会正值内乱外患相乘，在纷繁世局中陶铸而成其权势地位。当世舆评，身后议论，实是众说纷纭，莫衷一是。惟李鸿章为19世纪一代伟人，史家终是难于搁笔不问。

熟见当代研究李鸿章之学者为数不少，无从备举，鄙人非赶潮流，不期然早已涉入此一论域。吾于1963年刊布拙著《清季兵工业的兴起》一书，业师郭廷以量宇夫子即命我研究淮军，开始即嘱命撰写《淮军志》，原非我自行发掘，自作主张。然我在斯年冬季赴英国游艺两年，重心全放在研究基督教史，因是直到1965年秋返国之后，始能着手研究淮军，势必研究李鸿章自初始进身仕途谋事功等情，详为论述。乃于1966年撰成初稿呈交郭夫子详阅，得其润色而于次年（1967）出版，在初稿完成后，亦曾寄美国哈佛大学请刘广京教授详阅，我与刘先生向未谋面，得其鉴赏愿为《淮军志》作序。拙著既问世，吾遂自信所作李鸿章研究被世人肯定是有所贡献。拙著问世已四十余年，一切论述，自可复按。

李鸿章是晚清一代重要人物，当今学界重视，大抵在20世纪50年代以后，包括鄙人在内，无论台湾、大陆、美国，均有人从事研究并刊布著作。所知台湾一切有李守孔教授、王家俭学长、雷禄庆先生各自有其专著。大陆方面所知不全，惟能见及戚其章、苑书义两位之书俱已购得，此外尚得到《中华文史论丛》第五十二辑所收载一批有关李鸿章之研究文章。凡此俱集中于20世纪60年代以后以至世纪之末。而唯有美国方面我敬重的刘广京先生着手研究李鸿章之自强事业是在我之先，因乃将拙著《淮军志》稿寄呈请教。环观中外应以刘广京先生注重李鸿章研究，时时相告治研重点，督劝我续作研究。我以师长之礼敬戴刘先生，承其谆谆示教，未敢有负其期望，盖为思考论题，谨慎将事，多年前想到做此专文，早已撰就题目，如上所开，迁延多年，而刘先生亦已逝世，将不能求教指正，真是憾事。今撰此文，定作怀仰纪念可也。

鄙人思考此一论题多年,盖凡治政治史,其中衍曲多变,人物穿插,钩心斗角,回环激荡,世势难测,颇费史家考索解析,却亦深具趣味。

古今政治人物,帝王将相,莫不施展政术,以驭繁难,虽圣人亦不能放任卧治,汉初黄老之治,亦政术之一种。故鄙人选题并不新奇,只是用于谈论李鸿章而已。今既强为一试,尚祈高明之家能给予肯定。

二、翰林出身奉旨办团投效湘军渐当大任

大至世界,小至家族亲友,个人一生,俱得起伏于外在环境牵引推移,端看人力才力,知识眼光,以因应环境动向。看掌握轮转,成败得失,殊不易把握,包括饱富人生经验之人,亦不能趋避世势迁流之影响。吾在大学读书,国文老师陈致平讲授曾国藩二十八岁所写之《五箴》,顺便引叙曾氏生平相信运气。有谓"不信书信运气,公之言告万世"。此说难见于曾氏各类著作,惟能知其历见官场同僚,有人精勤愤励,献身国事,而不获上意垂顾,沉沦下位。所指朝中所见,忠励任事者,每遭责斥,碌碌无能者,身名俱泰。心中实有不平,而常流露。然则总体看来,曾国藩运气不坏,若不遇到太平天国起义之乱,曾氏何时能够进致侯爵?两度作钦差大臣,为平粤平捻最高统帅。但是多年苦撑,战将相继阵亡,湘军领袖能够有十六位身任封疆大吏(地方督抚),乃是出死入生百战不挠而有,非碌碌之辈而取得,毫无倖进之事。

若论李鸿章,亦得借时势运会,方能磨励因应,而能位至通显,自非徼倖可达也。

李鸿章志识坚卓,才华纵横,第一个有利凭借,即是父亲文安中进士而任官京师。做京官有通籍身分,使李鸿章得秀才资格考顺天乡试而中举。第二个有利凭借,乃因李文安与曾国藩同为道光十八年考进

士,使鸿章以年家子身分列为曾氏门弟子,受其训诲陶教,自此结为师生。得数年熏陶,而能于道光二十七年(丁未)考中进士,馆选为翰林院庶吉士。自是起进入仕途,作为京官①。即到道光末季改任翰林院编修。清代政府最重视翰林出身,号称金马玉堂,备朝廷识拔,将大有可为。

若在平时,李鸿章定留京朝求进身,未料时势由平静转入乱局。道光三十年太平军起事,由广西入湖南迅速出江,占据金陵,定为天京,南方各省俱受侵扰。咸丰二年,若干京官奉上谕回籍办理团练,以助官兵平乱。侍郎曾国藩即受命回湖南办团,又有命侍郎吕贤基、编修李鸿章、郎中孙家泰等回籍办团守卫地方。于是诸人自当奉命前往,回安徽办团②。

拙文非巨著,立旨在论析世势机缘造化,人事关系交织,李鸿章得以因应利用,施展政术,以推动庶政,建立功业,维系权位。而翰林身分,即是极重要之一个条件。自是凭恃真才实学,乃是原始根基。

翰林出身亦非必能致权位,承平之际,仍多留滞京洛,常居闲曹。其例不胜枚举。但一遇天下乱局,内乱外患纷至沓来,凡此机运,即是难倒庸懦磨砺英豪之运气。

咸丰初年,既有太平天国起事倡乱,又有皖北捻众流窜,安徽省屡受其扰,朝廷固自派遣统兵将帅前往会剿,若周天爵、李嘉端、福济等,乃历任之巡抚,有守土之责。若和春、吉顺、舒兴阿,乃特遣兵帅,进剿太平军者,所领旗兵马队、绿营防军,俱是国家经制军,有政府协饷接济。至于由皇帝谕旨派令京官回其本籍办团,说来不免荒唐。其一,

---

① 李鸿章自小考乡试以至会试而取得翰林身分,史家作传,多必载述。惟多不谈李氏江南乡试原未考中,方选择顺天乡试。本文所据引苑书义《李鸿章传》,北京:人民出版社,1991年,第5—19页。

② 苑书义《李鸿章传》,第21—22页。

俱是儒生文官,全不知兵。其二,由派出之官回乡募勇,此所谓勇者,不同于兵,原无正饷,政府全不提供,勇由其募,饷由其筹,朝廷所委之责要在乡土与贼兵交战,而并不供给任何接济,必须追随当地兵政受其指挥调度,须打胜仗,方可保升官职。一般办团,俱如此办法。看去是一机缘,做来是一难题。若吕贤基虽是侍郎,而一介书生,不知兵事,进于险地,空拳孤注,只能送死。因是吕氏去守舒城,果然城陷,怎挡刀兵,只有投水自尽,事在咸丰三年十一月。死后虽有谥名,对其个人只是残忍。

李鸿章回乡办团,自咸丰三年至七年,前后带团倚从周天爵、李嘉端、福济三位巡抚,尤其福济乃是丁未朝考副主考官,为李鸿章坐师,似可依以建立功业,福济实无所作为,终被撤换由翁同书接任。李鸿章带勇数年有胜有负,亦有溃败,深觉带勇不易,主要饷糈难济,兵少力薄,怎能致胜立功? 五年阅历,辛苦备尝,功名利禄,仍是遥不可及。终于咸丰八年举家避居江西南昌,其心情之空惘可知①。

李鸿章家乡故居被焚,于咸丰八年九月合家避难移居江西南昌。李鸿章岂可闲居素餐? 适此时湘军三河新败,事在八年十月,湘军主力李续宾部七千人全军覆没,曾国华与李续宾同时阵亡。湘军只此一大枝精锐之兵,受到挫败打击,几难复振。曾国藩驻军江西建昌,震栗

---

① 苑书义《李鸿章传》,第24—32 页。按:史学大师刘广京先生重视近代之李鸿章,吾有幸承其识赏,时相属自各方面作李鸿章研究,承他特爱,时加敦教。惟刘氏早约其门人后学在美合写一书,题名:*Li Hung-chang and China's Modernization*,包含论文十三篇。乃经复旦大学陈绛教授译为中文,书名是《中国近代化的起始》,1995 年上海古籍出版社刊印。当此时会,研究李鸿章者已成风气,台湾有李守孔教授、雷禄庆先生各有著《李鸿章传》,俱在七十年之间。然大陆学者亦在80、90 年代起而研究李鸿章。观点趋于就史料论事,值得重视,吾手中有1991 年刊印,苑书义所著之《李鸿章传》,其书亦引据拙著《淮军志》,注中一见,其实则有多处取自拙书,识者俱可对照复按。

悲伤集于一身。百战劲旅,遭此大败,自得曾国藩重新整顿,再图自立。

曾国藩于咸丰八年九月九日进驻建昌,在此同月之内,而有李瀚章、鸿章有来南昌会见之信。曾国藩于十月初一日致书郭嵩焘有谓:

> 筱泉家被贼焚劫,挈眷至南昌,日内亦即来营。少泉亦约来此一叙。风雨如晦,鸡鸣不已,古人不余诬也。①

曾氏简短数语,涵容至全。看似平常,实可追记李鸿章加入湘军之关键线索,相当重要。

李鸿章自南昌赴建昌,一路有消息告知曾氏,曾氏日记并有记载。李氏路过广信,与同年沈葆桢相见,沈氏亦有信告知曾国藩。十二月初十日,李鸿章到达建昌大营,曾氏连日与之畅谈,正见对李鸿章之接纳器重。一般而言,李鸿章当是自此加入湘军②。

鸿章兄长瀚章亦是曾国藩门人,已早于同年十月二十日先到建昌大营,多日相与深谈,鸿章到后,曾氏与之亦连日深谈,当必进而了解六年来(咸丰三年至八年)鸿章在皖北带勇打仗之经历。

写到此处,实有一些不见文字记载而须加以申解之点。愿据所见论析如次:

一则,曾李虽有师生关系,鸿章亦多受曾氏器重,但在清代官场体制习惯,若要征之入幕府,势必实行一道下关书手续,鸿章相约来见,不是一进门即算入幕,此来拜见老师,不能妄想作何安排。相信即在八年之末,曾国藩正式下关书付给鸿章,方始视为入幕。鸿章接到关书,自当承接一定任务,而为湘军效劳。此虽不见于文字记载,乃是决不可省。清代地方大吏开府建幕,本是常态,无时无地不有,只能偶而

---

① 王尔敏《淮军志》,第 28 页,小注所引《曾文正公书札》卷六,第 33—34 页。
② 王尔敏《淮军志》,第 28 页,小注备详。

见之记载,实以常有之举,遂多不予提示。台湾已故政治史学者缪全吉教授着有《清代幕府人事制度》可供参阅。①

二则,咸丰初年不少京官受命返乡办理团练,多是局面小,兵力单,只是跟随官军小作配合,而难成大支劲旅,自立不拔,只有湘军一家,尚能应援各地,与太平军作战周旋,虽连年折损大将,而终能坚苦维持,自实在于领袖曾国藩、胡林翼之才德毅力,方足以遇险不惊,遇败不馁,而能忍辱负屈,坚苦支撑。人或谓曾胡二人俱是翰林,实有才学定能胜任,此一假设不能成立,须知同时翰林领兵者甚多,若吕贤基、李孟群(李鸿章同年)、帅远峰(鸿章同年)俱是翰林出身,而不能建立战功,此则在因人而异,曾胡两个翰林,仍是凭恃识见才略,非他人所能及。其实二人所面对之难题,与应付战阵之外,尚有清廷之薄待歧视,并不看重湘军。一切当时明眼可见,清廷皇帝,视湘军如偏师,其面对太平军之兵力全倚重江南大营,重兵七万,集于天京城外,各省协饷充盈,尤以江浙财赋支援江南大营,供饷远远优厚于湘军。湘军各枝统将,领兵俱不过万,大枝李续宾劲旅,始终在七八千人之间,另一大枝刘长佑,时多在六千左右。曾国荃一枝、李续宾一枝、鲍超一枝,亦不过数千人。曾国藩多未直接统带万人,亦只在可以指挥各军而已。作战多年,纷援各地,并无地方实权,只是到处作客而已,一切尚须接纳各省督抚,虽已成军七年,足以自立,而仍是一枝偏师,朝廷不予重用。李鸿章亦是办团五年,终于全归徒劳。可谓是穷蹙孤寒、丧其所有。远走南昌,仍是赤手空拳。今投效湘军,自是又一契机,而未来如何,实亦难料,曾国藩自己亦毫无把握。吾人论史,必须说明此处。既谈机缘,不能不加点明。

所知李鸿章在八年十二月到建昌之后投效湘军,可见曾氏日记中

① 缪全吉《清代幕府人事制度》,台北中国人事行政月刊社,1971 年。

记载,咸丰八年幕府中人物有李瀚章、许振袆、郭笙陔以及李鸿章等人。所以知李瀚章入幕,曾氏自称为本营之人,何以知李鸿章入幕?十二月十九日曾氏日记"令少荃写二信",十二月三十日除夕午饭,相招同席之人为李鸿章、许振袆、郭笙陔,外加客人李元度。自当认定李氏此时已为湘幕一员。尤其曾氏在度新年住进建昌知府府署,有李鸿章等人同其度岁①。

咸丰九年元旦,曾国藩率领建昌太守、县令及湘军文武,包括李鸿章、李元度等人早起望阙向皇帝朝贺。中午即大宴同僚,均载入日记。所载人物营中幕中不过数人,鸿章已大名在列,自见器重②。

国藩既在建昌度岁,开年初七日即思考离开建昌,进驻江边,实则驻建昌不过三月而已,移营江边,便于水陆呼应,亦易指挥各军行动。曾氏似早在年初表明此拔营他去之故而初八日即有建昌太守及县令率乡民前来挽留,要打消曾氏他去之意,得使国藩未能立即启行,将日期推后至正月二十日离开建昌。在正月十一日李鸿章要先回南昌,曾氏顺便赋予招募皖北马队五百人来营。可见其日记所载:

> 李少荃回江西省(南昌),令其专人至颍亳一带,招勇五百,试操马队。如其可用,再行续招三千。③

于此日记,可见曾氏重用李鸿章带兵,以及淮勇之继起,其萌生因素,此为最早。李鸿章之机缘遭遇,此是重要起点,隐然存于曾国藩意念之中。咸丰九年三月十八日,鸿章回到湘军大营,继续备幕府之一员。

清廷中枢政府,皇帝咸丰作主,对于剿征太平军之谋画,原自本其权术方针,重心主要置于包围天京,其为全局重心,倾绿营重兵数万,

---

① 《曾国藩全集》日记一,长沙:岳麓书社,1987年,第336—338页。
② 《曾国藩全集》日记一,第345页。
③ 《曾国藩全集》日记一,第348页。

付之江南大营,各省提供协饷,江浙两省以为后援,粮饷充足,供给优厚。曾国藩不过一域偏师,怎能望其项背? 自是多年转战各地,不惮损兵折将,与湖北胡林翼合作,艰难维持,尤对朝廷之卑视薄待有百屈含辱之痛,存蓄胸中。李鸿章到营相助,倚靠幕僚,不过同心合力,维持不败不散而已,能先自立,方有未来。

湘军三河战败之后,仍有名将折损,张运兰、刘腾鹤俱战死江西,国藩十分伤痛,然至咸丰九年十年之间,潜山、太湖吃紧,太平军大举来犯,势将重演三河之役。而曾国藩、胡林翼面对此局委令多隆阿、鲍超、唐训方以主力抵挡太平军十万之众,终于未败而击退陈玉成大军。由是湘军声名复振,多龙鲍虎之誉传之朝野。凡此前后转战,李鸿章俱随曾国藩身边①。

湘军多年苦战终于等到机会,咸丰十年闰三月十五日江南大营经太平军十道反攻,血战八昼夜而全军溃败,提督张国梁战死丹阳,钦差大臣和春伤死墅浒关。太平军疾驱直下,席卷江浙首善之区。清军绿营主力瓦解,清廷大为震惊,不得不任命曾国藩为两江总督钦差大臣节制江、浙、皖、赣四省军务。湘军苦战多年,乃有此一机缘。而湘军自此壮大,则亦是李鸿章一个出头的机缘。曾国藩之重大规画战略,自然提供李鸿章任事机会②。

---

① 王尔敏《胡林翼之志节才略及其对于湘军之维系》,载《清季军事史论集》,桂林:广西师大出版社,2008 年,第 96—139 页。

② 王尔敏《淮军志》,第 1—3 页。附列,李鸿章入曾幕之行动日期:咸丰八年十二月初十日到湘军建昌大营。为投效湘军之始。九年五月初十日随曾国荃军至景德,历练湘军战法,但与国荃不相能。七月初一日再回曾国藩大营。有求去之心短时离营,国藩上疏朝廷奏留。至是始再回到湘军任事。直至咸丰十一年尾受命招练淮勇。中间有出有进,不具列载。

三、湘淮两军系之合作

向时十年来清廷对太平军之横扫南方各省,漫延甚广,然其战防布局,重绿营之防军,而轻视薄待湘军。湘军起于团勇,看来只是偏师。而所担当战局包括粤、桂、湘、鄂、皖、赣六省。十年转战,将帅屡折。真是苦撑,仅有湖北主政为湘军胡林翼担当,曾国藩迄未得寸土可恃,其下名将更无机会。朝廷待之真是升奖不优、恤赏不泰。能战之将:江忠源、江忠济、罗泽南、王珍、李续宾、刘腾鸿——阵亡。咸丰六年后起之将仅有李续宜、鲍超、多隆阿、曾国荃,俱成名于咸丰十年之初。而今江南大营兵溃,湘军受到重视,曾国藩受命为钦差大臣,总揽战防全局,以其现有兵力,怎能当此重任。

曾国藩新奉朝命,立即思考规复吴会、保全江、浙两省。但一切均需人才兵力。胡林翼最见机先,即与曾氏函度规吴大计。胡氏七次建言重用李鸿章任淮阳之长,练水师保障江北,为入吴先驱。曾国藩自先经营皖南,但为先练淮阳水师,而重用李鸿章,事在咸丰十年①。当然曾氏亦首先重用李元度驻徽州保障皖南,备为进军浙江。凡此二李,俱为最先提拔之人,亦置于重要之地。李鸿章乘湘军扩大机缘,自全出于曾国藩之引重擢拔,实可明见。

曾国藩老成持重,虽承当庞大局面,而开拓实显不足。除二李之外,亦请左宗棠自湖南招兵出山,准备一枝入浙湘军。大抵为顾后路湘军旧有主力仍须守住两湖江西,同时用自己主力曾国荃军进图安庆。凡此俱见曾氏用兵之稳,非不能大加扩充,盖因已无可用之将才,不能轻易使任。随后李元度竟败溃而失徽州,使国藩陷入祁门之危,

---

① 王尔敏《淮军志》,第13—25页,曾国藩之总制两江及规吴计画。

正见选将之不易①。

咸丰十一年八月,曾国荃克服安庆。曾国藩即移营安庆,计划向长江下游进军,顺江向下,即须用到淮阳水师,又须附以陆上之兵,此一任务自然落到李鸿章身上。起初意在配合曾国荃向下游城镇逐步用兵,随后有另一转机来临,咸丰十一年十月十六日,上海官绅庞钟璐、殷兆镛、潘曾玮、顾文彬,及地方官杨庆麟、潘馥有乞援专使钱鼎铭及厉学潮到安庆大营乞请大兵进援上海。钱氏竟哭泣求告。而求援文书亦使国藩感动。曾氏为两江上官,自无推诿之理,回告上海来使,非次年二月不能遣军进援下游②。

援沪之事,稍有曲折,而曾氏熟虑,终将重任托付李鸿章,原计随淮阳水师配合向下游进兵,逐步打通赴援上海之路,即因急需募齐陆上之兵,乃于同年十一月令李鸿章招集舒庐团勇集中安庆训练。由是李氏承此指令而迅速招来在皖北活动之团练首脑张树声、刘铭传、潘鼎新、吴长庆、张遇春,再加自湘军拨予李济元、程学启各一营,又有滕嗣林、韩正国各一营,合成淮军达六千五百人。两月之间即已成军。由上海官绅雇轮船载赴上海。再加上由陆路自皖北赶来上海之周盛波、周盛传二人之团勇,合计最初淮勇当有七八千人。其中自然有曾国藩所拨给之程学启、韩正国、李济元各营。曾氏更有大支持者,是代为组建淮阳水师及太湖水师两支船队(为黄翼升及李朝斌分别统领),自可见其对李鸿章倚任之专,相辅之诚③。

---

① 曾国藩既受命为两江总督,随即奏保李元度为皖南道,实缺。正见提拔最亲信之将,放在优先安排。其时胡林翼亦有信致李元度,可怪者《胡文忠公遗集》编排之人将其信排于致李鸿章信之后半,后世专家学者写《李鸿章传》者俱未看出。前段说与李鸿章,后段说与李元度。望治军事史者小心考察为要。鄙人撰《淮军志》只引前段,不用后段。

② 《曾国藩全集》日记一,第674—677页。

③ 王尔敏《淮军志》,第26—62页。

李鸿章不负所托,一到上海即一面作战一面应付地方官绅,以及在华洋人、洋兵、洋商。向曾国藩表示已是千手千眼,十磨十荡之局。国藩知其才堪大用,力保署任江苏巡抚,鸿章亦以每月协饷四万两拨付湘军大营,以为报称。

李鸿章到沪,首先拉拢原有之常胜军将华兵助阵,另又改建军中洋枪队,使用新式田鸡炮(即炸炮又称落地开花炮),俱从洋人学得。用于战阵有利。惟鸿章自须用兵自上海推向苏常各地,尚须在上海应付洋人,而地方官绅若原来请兵之庞钟璐(鸿章同年)、殷兆镛等反成对头,屡向京中控告鸿章贪权怙势、剥削市民。皇上命国藩查报,国藩多加回绝。想见其对鸿章之厚爱。

曾李二人虽有深契,而两方各在用兵紧张之际,竟亦产生龃龉,吾相信咎在李鸿章,曾氏实多宽大。重要一事乃是在同治二年江北淮阳吃紧,曾国藩要调回黄翼升带六营水师进援淮阳保护里下河,曾李通函往返十余通,鸿章终是推诿,绝不分兵相助,曾氏不满可见于同年致左宗棠信:

> 少荃与尊处意见不合,此间竟无所闻。云仙(郭嵩焘)由海道入粤,并未进皖。弟派太湖水师十营助攻苏沪,而调淮阳水师六营由沪赴淮,以援义渠(唐训方字)之急。函牍十返,少荃竟不遣一营入淮。鄙衷不无介介。以苏州兵事方殷,未与深论也①。

另一旁证,见之曾国藩幕府赵烈文于同治二年八月初九日记云:"夜见李少荃信(指在曾氏营中)。(以下省录原信)又见中堂(曾国藩)每月索饷四万,及调黄翼升水师赴淮,意甚不平,牢骚满纸。至有'束门黄犬,其可得乎'之语。殊觉逾当。"②不但当时有人不直于李鸿

① 《曾文正公书札》(线装书)卷23,第4—5页。
② 赵烈文《能静居日记》,同治二年八月初九日记。

章,即千载以下,亦不可宽恕李鸿章。盖在曾氏对李鸿章多年护持栽培,大力推毂,不但令其募兵援沪,更奏保其任江苏巡抚、方面大员,而鸿章稍有自立,即生龃龉,施用手段不遵号令,实是有负于曾氏之栽培荐举。后来李鸿章克复苏州,并连连用兵复其它州县,完成平吴之功。而湘军曾国荃围攻金陵,城大而坚,苦战不能得手,朝廷督令李鸿章前往助战,李鸿章以为湘军以攻取天京为首功,不欢迎别军前来,故而托辞迁延不赴,按兵不动,使曾氏兄弟攻下坚城,建立全局首功,此事亦颇感谢李鸿章之有意成全。正可见双方实有合作默契。对于李鸿章避战让功,后人刘体仁著书有其简要记载:

> 金陵围攻不下时,苏州已克,朝旨令淮军助战。李文忠迁延不行,显然让功之意。及大功告成,文忠至金陵,官场迎于下关。文正(曾国藩)前执其手曰:愚兄弟薄面赖子全矣。①

于此记载,可见出湘淮两军本是彼此合作。

自咸丰十年四月曾国藩任两江总督钦差大臣,使湘军得有发展良机,然庞大局面,自是繁难艰巨。经过险境,至咸丰十一年八月克复安庆才是立稳脚步。至同治元年分进江苏、浙江,兵临金陵外围始见全面反攻太平军之机,而疾速扩军,恶战江浙,使湘军声势大振。国藩位尊权重,似此顺境在前,竟使国藩惴惴悚惧,坐立不安,盖已引起朝廷疑忌,京洛大员侧目,包括相知最深之大学士倭仁即表面交好,暗中倾轧。曾国藩与江西争饷,朝廷借故裁抑曾国藩,完全受制,终归败讼,国藩测知位高权重,已使朝廷不安,不免屡遭弹劾,尤且故意发交国藩阅看,以示儆讯。曾国藩多次训告诸弟务要早作退计,让出权位,不惮再三再四。自称长江三千里,无处不张鄙人旗帜,各处兵将,一呼百

---

① 刘体仁《异辞录》卷一,上海书店影印,1984 年,第 38—39 页。

诸。如此权势,必遭天忌。古今人物位高权重者,往往一朝倾覆,身戮族灭。国藩深怕诸弟受其连累,言之谆谆。天京攻下,红旗报捷,国藩封侯,国荃封伯,自是家门鼎盛扬眉吐气。然此大事偏不直接寄谕,而令江宁将军富明阿事先通知,明白以将军压两江总督,使之屈于将军之下,曾氏得意之日然心情惴惴不安。原已多次上奏辞却两江及钦差两职,以闲职带兵,为朝廷慰留,而今则知大功告成,狡兔死,走狗烹,下场难料。遂即决定遣散湘军,释放兵权,自是熟思之计。是以到金陵江督之位,立即遣撤湘军,是久蓄之成算也①。

曾国藩久熟京洛,又带兵十余年,老谋深算,智虑过人,任地方官放弃兵权尤为明智。然为南方已定而北省捻乱炽张,见及未来兵事难了,而早先培植保荐之左宗棠、李鸿章亦已因功封为伯爵,势须将南北军事未了之局,推付二人分担,国藩自能坐高位保令名而不被倾挤,亦为深熟之上策。因是不计较个人与二人已有龃龉,但就向时关系,仍是湘军系之分枝,原为一家,自可彼此合作无间,携手担当南北防务,真乃势使然也。

曾国荃攻破太平国天京(金陵),取得首功,国藩兄弟列爵,而立即遣撤所直统之湘军,完全解下兵权。其时太平军尚有大枝余众,辅王杨辅清、侍王李世贤分布闽粤,则由另枝湘军左宗棠、蒋益澧进军闽粤,全力追逐。而曾氏遣撤所部自是一项明智之举,盖时已位尊权重,朝野敬而疑忌,不能久典兵权,免遭大庆。专做文官,皇帝可以放心。

人世所难逆测者,仍在机缘。左宗棠湘军尚在闽粤军事未了,而在同治四年四月,北省近畿发生重大事故,乃是纵横北方鲁豫四省之捻众大股于四月二十四日在山东曹州围困了钦差大臣僧格林沁之满

---

① 王尔敏《清季军事史论集》,桂林:广西师范大学出版社,2008 年,第 140—180 页,"曾国藩经营湘军之艰难遭遇及其心理反应"。

蒙大军,僧格林沁突围不成,终于战死。事态严重,立即震惊朝廷。清廷对科尔沁亲王僧格林沁倚为北疆长城,命为钦差大臣专事剿捻。竟然死于草寇之手。世人俱无从想到。如此一来,可使京畿不保,岂不严重? 大责重任自然要落在曾国藩肩上。

曾国藩十余年用兵,俱在两湖皖赣,且多在长江以南。甚少用兵江北,尤其远离黄河两岸。想想山左山右是京畿两翼,河南是京畿门户,只能用亲信僧格林沁力顾三省。曾国藩怎敢近卧榻窥禁脔? 此时则惟有曾氏声威鼎盛,战功最高。清朝实更无能将可恃,亦无所犹豫。朝命曾国藩为钦差大臣,总制直、鲁、豫三省军务,一力剿捻。曾氏部曲既撤,遂即以淮军二万二千人为主力,自加小枝湘军三枝,刘松山一枝率湘勇各三千人,合计八千余人,要带赴山东、河南剿捻。朝命于同时任命李鸿章任两江总督,可保军饷源源接济。此固是曾国藩受大用,实亦李鸿章及其淮军一个发展机会。曾李自然合作。湘淮两系自是一家①。

曾国藩遣撤湘军是明哲保身,重用淮军是高明谋略,处处时时爱护推重李鸿章亦是宽大度量,远识灼见。基本上重在彼此援引相倚,可成大事。显见其政治眼光之卓越。

湘淮两军合作剿捻,曾李二家合作共事,所面对流窜各地之捻股,出其意料,远比对付太平军困难,国藩函告诸弟明白承认看轻贼势,与李鸿章同犯此过。淮军劲旅连连受挫,损兵折将。朝命改由李鸿章接任钦差大臣,曾国藩重回两江任总督以备后路饷源。终由李氏统领大军应战,捻匪窜入陕西,分为东捻西捻。朝廷再增派左宗棠追逐西捻。

---

① 郭廷以《近代中国史事日志》,1963 年,第 466—467 页。又,据曾国藩日记,其奉到四月廿九日朝命督军剿捻,已至五月初三日。有谓:接奉廷寄,知僧王于二十四日接仗失利,邸帅阵亡,命余赴山东剿贼,李鸿章署江督,刘郇膏护苏抚。据"日记"一,第 1137 页。

再加鲍超霆军助战,各军彼此意气不合,各不相下。再加朝廷增派都兴阿带骑兵亦为钦差大臣,时有三位钦差,自见朝廷忧虑畿廷动荡,举措乖方。事实上东捻为淮军剿平,而西捻则为李、左、湘淮之兵力削平。表面彼此合作,内中诸多龃龉。终能削平大乱,自仍是湘淮两系共有之成果,而曾、李、左俱已取得朝廷尊重。然当时舆情,后世评骘,颇有分歧,难得定论。

若论史上军国政务,原即头路纷繁,变化莫测,捻军流窜六省,诸军追逐,岂能必胜,争功诿过,所在实繁,无从尽知功过属谁,统帅有彼我之心,必不能免,必至产生龃龉。在此略提一二,实冰山一角,可以比观考察即为线索。兹举曾国藩致李鸿章书:

> 昨令兄筱泉书来,言左公(宗棠)函中有湘淮暗分气类之语,即从大帅分起云云。鄙意湘淮实无丝毫衅隙。渠前批霆军之禀,颇似有意簸弄。尊处军事若不得手,左公必从中龊龃之。①

观此信,自可见湘淮彼此有意见。曾、李应早有明察,以论二人胸襟眼光,据史实所见,两人自是长期合作,盖相合则两利,冲突必自毁,曾国藩最具远识,言词行动无不支持李鸿章,而李鸿章则确可证其有负于曾氏之师长厚爱。可以举一二数据参考。

平心而论,僧格林沁之阵亡,是曾国藩得二次擢任最高统帅之机。曾氏离两江任所,随之给予李鸿章升任江督机会。曾氏遣撤湘军重用淮军实是淮军建功机会。鸿章自知其利,惟带兵用将曾李各有其方,淮军不耐国藩之严,每有怨言,李鸿章须加切责淮将用命,却反对曾氏不满,怨言出于李鸿章之一方。如同治五年四月二十四日致潘鼎新云:"兵出境由人调遣,窒碍殊多。刘(铭传)、张(树声)、周(盛波)诸

---

① 《曾文正公书札》卷31,第25页。

将颇有后悔。(指归曾国藩调遣)鄙意更不敢轻派矣。"①

李氏所为此言,正见其违背湘淮军合作共事之谊,有负于曾国藩。

曾国藩统带各军剿捻一年余,未见成功,朝廷命其回两江督任,而与李鸿章对调,由李氏任钦差大臣统兵剿捻,李氏性急不来亲见而派人将钦差关防取去,对于师长及昔日幕主实是无礼之甚,曾国藩亦不免生气。其时淮军将领翰林出身之刘秉璋为曾氏大营参军,俱加记述其情。兹为举证:

> 文正(曾国藩)精力已销耗,虽漫为布置,皆人人所能见到。旋奉旨交卸钦差大臣,仍回两江总督任。意甚悒悒。合肥李文忠公鸿章急于任事。委候补道××取去关防。意尤不悦。并谓先文庄公(刘秉璋)云:我以为须当面交付,以昭慎重。今如此取去亦省事。又云:我固知回江督任劳逸安乐天渊,然我决不回任,仍须留营效力。或则开缺回籍养病。②

可见曾氏对李鸿章之不满,已见诸辞色矣。虽然如此,湘淮两系实亦无完全决裂之可能,曾国藩尤具远识灼见。处处仍优礼赞誉鸿章,盖曾氏居高思危,能辅翼之有力者仍是李鸿章,在当时回任两江时致书李鸿章有云:"北征无功,而时局日危,真觉愧对江东。望贤者为我雪耻也。"③

原是曾氏剿捻兵机多不顺利,经历一年,至同治五年五月过后,朝廷不耐旷日持久,每开始严令督责。国藩承受不了京中弹劾日起,决心表明辞去统帅之任,留军效命,朝廷不允,而国藩不断请辞。清廷终

---

① 年子敏编《李鸿章致潘鼎新书札》,北京:中华书局,1960年,第32页。

② 刘声木《长楚斋随笔、续笔、三笔、四笔、五笔》各十卷,民国十八年直介堂丛刊刻本,此一处据四笔卷4,第6页。

③ 《曾文正公书札》卷26,第10页。

于五年十一月初谕令国藩回任两江,代出李鸿章接任钦差大臣统合淮军剿捻。原先五年五月曾国荃已接任湖北巡抚,上任不久。国藩已决解统帅之权,则仍护持淮军诸将,于五年十一月二十一日函告曾国荃令其善待入鄂淮军,语至谆切,表露湘淮一家之想,今举其言:

> 此间现仅调周、张两军赴鄂会剿,五日内铭军又可继进。淮军入鄂,请弟殷勤款接视之如一家眷属。盖年余以来,诸军虽未立大功,而其听我之话,与听少泉之话实无以异。弟若隔膜视之,则将领或疑我平日之不诚。①

于国藩信中明言湘淮如同一家亲属,则知曾氏对淮军之倚重爱护。有长者之风,对部属有诚信,对李鸿章多有鼓励称赞,绝无恶言相加。正可见出其儒臣名相格局。可以推尊为文正公而无愧矣。

四、李鸿章所运用之机缘系统

如前节所叙,曾国荃围攻金陵将攻破城池之数月间,统帅曾国藩已嗅到朝廷中枢政要之猜忌疑嫉。深虑功高权重,一朝倾覆。多次家书中早已频频告诫诸弟,俱可见其心情之起伏。

先是咸丰十一年七月十七日皇帝在热河驾崩,遗命以怡亲王载垣、郑亲王端华以及御前大臣肃顺等为赞襄政务大臣,辅佐幼主载淳继位。随之九月二十三日两宫皇太后自热河行在由间道回京,而由肃顺奉大行皇帝梓宫循官道回京,同日出发但两宫皇太后早先进京。九月三十日拿问载垣、端华、肃顺治罪。十月初六日赐载垣、端华自尽、肃顺斩立决,其余原五位赞襄大臣革职,发往军台。十月初七日又将载垣等党援吏部尚书陈孚恩、吏部右侍郎黄宗汉革职永不叙用。其时

---

① 《曾国藩全集》家书二,长沙:岳麓书社,1985年,第1302页。

即改年号为同治,两宫太后垂帘听政,以恭亲王奕訢为议政王①。

似北京城发生之重大政变,其时曾国藩刚八月定驻安庆竟迟至十一月十七日方始得知京中消息(晚于十月初六日有四十天)。曾氏日记分载于十一月十七日及二十二日,兹引举其十七日所记:"因本日见阎丹初(敬铭)与李申夫(榕)书,有云赞襄政务大臣八人中,载垣、端华、肃顺并拿问,余五人逐出枢垣。服皇太后之英断,为自古帝王所仅见。相与钦悚久之。"②曾国藩日记两度详记京中重大之政变,眼见两个亲王一个御前大臣,一朝戴罪受诛。曾氏自己尚远不及其显赫权势,相较之下,自不免警惕于心,是以金陵克复,建立大功勋,位列侯爵,权倾一时。得意之极,却深惧一朝倾覆,必至身败名裂。因是惴惴忧惧之下,遂作解散湘军之决定,大将之典兵权,自古必遭横祸,此即曾氏深思熟虑之识断,非寻常之举也。

曾国藩自咸丰三年起带兵,以至同治三年克复金陵,算是久历戎行,实亦浮沉宦场,部曲战友,固自多忠勇可恃之将。而宦场中封疆大吏,最能和衷倚恃,互为协同者,只有胡林翼一人最具名望,最为可靠。但其人琴已亡,实如折翼。此外人才,当以曾氏一手荐举,一力提拔之左宗棠及李鸿章二人当可恃为宦场党援。二人之中又相信李鸿章较易和衷共事,故虽遣撤湘军,而重用淮军,相信其仍能呼应方便。此是曾国藩之用心所在。

相对以观李鸿章在同治三年七月以后,一面遣郭松林、杨鼎勋入闽追逐太平军余众,一面亦思考军事前途或留或撤,根本想法自在求进而不言退。是以在同治三年九月上书曾国藩表明自愿以淮军部众

---

① 郭廷以《近代中国史事日志》,第一册,台北商务印书馆,1963 年初版,第 376—381 页。

② 《曾国藩全集》日记一,第 685 页。

接受调遣用命。兹引举其言:

> 敝部淮勇,能战而多土气。相从年久,性情熟洽,尚易用命。改隶别部,难得速效。如陈国瑞之粗莽,几以叛逆相陷。此尤他人所望而裹足者也(此指僧格林沁之鞭挞总兵陈国瑞事)。惟师门若有征调,威信足相倚恃。敬俟卓裁。①

此函重要,可见出李氏主动向曾国藩表明相倚合作之心意。则湘淮两系合作,实为上计,自是一拍即合。后继之平捻,果为湘淮合作之实践。虽然彼此亦有不少龃龉,然合则两利,离则两伤。曾李二人始终是保持合作,乃是常态。

同治七年七月东西两捻平定之后,清廷引重曾国藩为直隶总督,用以拱卫京畿。调李鸿章回湖广总督本任。自可见曾国藩备受朝廷倚重,亦可信释放兵权可免除不少疑忌。而李鸿章则以拥有淮军,仍极思有用武之地,因是同治七八年间,清廷时而命其援黔平苗,又命其援陕平回。

按同治八年酝酿入黔平苗,同治九年决计带兵入陕平回,俱出于李鸿章自愿,李氏援陕尤其闻命即行,九年夏暑多雨,李氏已领军行进河南,正遇豪雨,时在大营前大帅旗柱为暴雷所击,一般相信不利主帅,李氏全不信邪,一意催军冒泥泞前进,终于带淮军入陕,抵达西安。万不料五月二十三日发生天津教案,法国驻天津领事丰大业(H. V. Fontanier)被杀,英、法等教堂并受暴徒攻入杀死法人十七名、俄人三名、比人二名、英义两国各一名。由是引致各国责难,法国并有出兵来华开战声明,事态极其严重。清廷一面将三口大臣崇厚及天津道、府、县等人交部议处,一面命直隶总督曾国藩赴天津查办教案。其时曾国

---

① 《李文忠公全集》,朋僚函稿,卷5,第35页。

藩力持严拿逞凶者治罪,并赔偿洋人损失,以向法国道歉。而京中大吏极其愤怒不平,丑诋国藩软弱,取媚外人。几至群情沸腾。然国藩力主和平解决,不使大局决裂。而法使罗淑亚(Louis Jules Emilien de Rochechouart)不耐中国之迁延,决意请法国派兵来华,眼看战劫将启,京畿危殆。清廷乃于八月初三日命李鸿章速带淮军自陕西回援京师。随之调曾国藩回任两江总督,授李鸿章为直隶总督。此际正逢西欧展开著名之普法战争,法实无力派兵来华,李鸿章之回援京畿竟使中法以和平结案。全未料竟是逢凶化吉,天津教案之发生,对李鸿章言实是极其重大之机缘①。

李鸿章在同治九年接任直隶总督以前,基本政治凭借,权位格局,一则只是领军大帅,具军势声威。一则只是一员地方疆吏,当然尚远不及曾国藩声望与政治地位。实则曾李合作,互相声援,自是两利。然两大军系,人物众多,必有龃龉,乃是常态,不足议也。

李鸿章自任直隶之后,合并三口通商大臣于一身,即为北洋大臣。清以拱卫京师责成李氏淮军守御大门,又以北洋大臣职司,助总理衙门与列强周旋。直隶总督兼掌热河、察哈尔防务,军事周顾北方边防。北洋大臣兼管山东、辽东海上防御,以至长江以北沿海炮台,在总理衙门定之为海防,亦当李鸿章全盘筹计。于是外交海防均须一肩担任。由是职责权势,已与前时大不相同,而眼光用心,自然要为全国大局作

---

① 同治九年天津教案发生,背景曲折,情势复杂,非本文所能述论。在曾国藩则为朝野冀望强硬,却使之焦头烂额。曾氏自言,名已裂矣,身岂有不败。世人所知其重要之省记有谓:"外惭清议,内疚神明。"此是对国内而言。更严重者,法国声言用兵开战,亦使清廷感到严重。此责自然落在李鸿章身上。李氏被召,立即自西安回援京畿,声言马首势不复西。未料此时两江总督马新贻被刺身亡,清廷立调曾国藩回督两江,以李鸿章接任直隶总督。李氏督直一倚曾国藩和平政策,适因西方普法战争拖住法国,亦终以惩凶、赔偿了结。此一重大转折,无不有利于李鸿章,实为其后半生之一大机缘。

统筹谋画。而李鸿章之政术运用,亦自可考见其大致脉络。

(一)湘淮两军系领袖之协同

近人论及湘淮军系多能涉谈湘军、淮军两系表面合作,而自高层大帅起,彼此之间莫不有摩擦冲突。至少争功委过之事,时有发生。此皆平粤平捻时期常见。史实均能见之。即当时曾国藩、李鸿章二人亦并听到此类传言,后世论者亦自易见。

光绪十年中法起衅,战事延及闽浙台湾,而江南亦受法舰侵扰,时在长江军幕之文士周家禄,致书友人朱铭盘,透露出驻地湘淮两系各有意见,并忧心兵惰将骄,难有胜算。兹举其言为据:

> 此间防务亦颇认真。惟湘淮界限似太分明。兼之防营将领无不携带眷属。大敌在前,而将帅人人有顾身家恋妻子之意,则杀敌致果之心何自而生?非独兵气恐不扬也。刘南云(湘将)蔑视法虏,谓不足当一战。虚骄之气胜,则戒惧之意少,盖为弩末矣。①

由此文人所论,具见湘淮两军系彼此之不协,已实是当年识者所共喻。然则若论湘淮领袖以至曾、李两帅,虽明知彼此多龃龉,而面对国家政局情势,两方实必须彼此声援,合作多过冲突。曾、李二人俱有此种认识,李鸿章接任直督之后,尤特拉拢湘淮两系将帅大吏。想湘军局面实大,而为平粤、平捻、平回、平苗,出力甚大,名将出生入死,实为浴血换来威势。即令若干大将早死,而全般声势威名尚在。朝廷本是恤赏不泰,奖拔不优,而其位至总督巡抚尚不下二十余人。淮系人物,连李鸿章亦只有五人位至督抚。湘淮自来不少摩擦龃龉,但李鸿章既承当

---

① 周家禄《寿恺堂集》卷28,第7页。全三十卷,民国十年印。

国重任,仍必须拉拢其领袖共事。若左宗棠、曾国荃、彭玉麟俱是昔日敌对,李氏终须借重合作。湘军最长期相合作者为南洋大臣刘坤一,俱出于李鸿章主动合作,互相声援,最后直至李氏逝世(刘坤一于次年1902年逝世)。当知湘淮两军系支撑满清政局直贯19世纪后半五十年。论湘淮人物者,宜作参考①。

(二)科甲同年之要结

李鸿章带兵起家,出身湘军别枝,于运用政术,首须倚恃湘淮两系领袖。此其根本可靠力量。惟既至高位,坐镇京畿,肩负海上防务,承担国防重责,只凭一位直隶总督地位,自见力小任重,朝廷固自信任,而其个人则须要结地方各省督抚。只靠湘淮领袖,尚觉有所不足,遂至进一步于地方大吏,更加深要结丁未进士同年及顺天乡试同年。

李鸿章在当时政坛,用心要结丁未同年(进士科),最早有李孟群在咸丰间任安徽大吏,鸿章曾相归倚。继在任两江总督时而有同年刘郇膏接任江苏巡抚。而同时有同年马新贻任浙江巡抚,及李氏回任湖广总督时,马新贻则任两江总督。及至李鸿章任直隶总督北洋大臣,尤须要结地方大吏。而最相契、最得力、最持久者为两江总督南洋大臣沈葆桢,亦为丁未同年,自光绪元年任至光绪五年病逝。为李鸿章在运用政术最成功之一时期。同治十一年曾国藩去世后,亦有何璟及李宗羲任两江总督(何璟后任闽浙总督)。大抵南洋大臣两江总督勋威最盛,两人配合最具成效,此则大有助于李氏之问政。此外之地方大吏较居次要者,有广东巡抚郭嵩焘(丁未同年)及闽浙总督李鹤年(乡试同年)。

---

① 关于淮系将帅重要领袖,可据马昌华编《淮系人物列传》,合肥:黄山出版社,1995年。

除地方大吏外,李鸿章亦引重若干同年于近身任事。在属下及幕府者有孙观、陈蒲、陈浚,皆丁未同年,又有凌焕、蒯德标为乡试同年。像李鸿章坐镇北洋遥领朝政,由于翰林出身,与京朝官吏实更亲一层,推行政务,甚需朝中有人相助。适自同治七年起,丁未同年沈桂芬任军机大臣,对于李氏有极大帮助,故自益加结合,直至沈氏于光绪七年病故,自此使李氏失去重要内援。

综观李鸿章为清廷担当重大政务,固足见李氏才识眼光,忠诚谋国任事,而朝中地方尚须彼此合作,倚恃科甲同年,自当是其一种重要凭借。

(三)中枢内援

清代地方督抚,与满人将军,俱承朝廷之命,各为一方之长,全般政务财税俱能主政。惟不握兵权,仅只保有督标、抚标少量兵力。总督必拥有兵部尚书衔、巡抚必拥有右都御史衔,而实际决非京官而系地方官。惟两次鸦片战争之后,南方设有南洋通商大臣,为两江总督兼领,北疆设有北洋大臣为直隶总督兼领。沿海各省,亦必受其节制。如此可知南北洋两大臣之管辖权乃至承担职责自有所扩张。势须由勋威重臣担此职务。是以在晚清政局中,由于通商外交频繁,遂使南北洋大臣成为中枢所畀赋更多政务与权力。国是机要亦多会向南北洋大臣咨商。

李鸿章得与朝内枢臣直接建立关系,实必在接任江苏巡抚之后。有能力专折奏事,可能因幼主同治特别是慈禧太后识赏,方可谓有了朝廷器重机会。事实上,朝命所出俱出军机大臣代皇上画策拟旨,自然是全由军机处主政处理,而议政王奕訢为首揆。凡其建言,太后自必听信,是以京中权贵,恭亲王奕訢为最重要。李鸿章自同治元年任江苏巡抚,用沪平吴,至同治三年江苏全境光复,受上赏晋爵一等肃毅伯,其同时期曾国荃以克复金陵晋爵一等威毅伯,左宗棠以光复浙江晋爵一等恪靖伯。凡建大功无有不受朝廷重视之理。盖知李鸿章建立枢廷内援,当知自同治三年。

南方平定之后,未料京畿倚为长城之僧格林沁被捻众杀害于曹州,京师震动,乃有先后令曾国藩、李鸿章、左宗棠北上中原各省剿捻。虽又平定东捻西捻,再建大功,然清廷升赏不厚,各军将领难得晋升五等爵。而京师重地则调曾国藩接任直隶总督,借其威望镇慑伏莽。终因同治九年发生天津教案,法国胁以开战,遂即调李鸿章接任直督,曾国藩回任江督,则须靠曾、李威望维持大清政局,二人得清廷倚重可知。

当然中枢大臣主国政者,原是恭亲王,中间光绪十年至二十年为礼亲王世铎。惟只恭亲王在朝支持李鸿章,礼亲王并不支持。但此期间成立海军衙门,有醇亲王奕譞主持,势须倚靠李鸿章为其出力,自然倚信。后来恭亲王复出,但李鸿章已因甲午战败失势,在朝在野均已不居重要地位。直至光绪二十六年八国联军入侵,李氏复被重用,担任对外交涉,以至签订辛丑条约,而大局即定,李氏亦同年逝世。

实际上中枢军机大臣有实力支持李鸿章者只有三人,即文祥、沈桂芬、许庚身。而以文祥为有眼光充分信重李鸿章。而于其他新政领袖若曾国藩、左宗棠、沈葆桢,亦同加倚重,凡事咨商。多倚重诸人献策,惟倚信李鸿章最深。

在枢廷内援而言,自同治初年以至光绪二年,李鸿章是最受文祥信任与倚重,尤其李氏接任直督以后,多以天津为驻地。身虽在外官,而不时派人至京与文祥联系,查李氏《朋僚函稿》,看似与文祥通信并不频繁,实则派其亲信幕僚属吏直到北京致意,可知者有遣道员孙士达(字竹堂)以及知府许铃身(字仲毅)前往北京见文祥。一直推重文祥之忠荩谋国,具远见而识大体。可举其致友人孙衣言(字琴西,李孙二人乃顺天乡试同年)函,于文祥去世后,至表惋惜。其函云:

当轴风气,往往见贤而不能进,见不善而不能退,此类是已。上下相忍为国,习为和同。有立异者,则必推而远之。不但无总揽事权通量四海之才,即有其人,亦不容于今之朝矣。潞公(宋时文彦博为潞国公借指文祥)较有力量,昨又物化。外侮日深,专恃笔舌支吾,如何能久?①

李鸿章之敬服倚仰于文祥,亦见于后人之载述,如刘秉璋之子体仁记于《异辞录》有云:

费莫氏文文忠公字博川(即文祥),为先文庄(即刘秉璋)朝殿之师。每见敬礼有加,称誉不容于口。同治初政欣欣然有太平之象。虽恭王当国,皆公赞襄之功。及卒,李文忠(李鸿章)叹曰:"旗人中麟凤也。"倾服如此。②

其后之各种述论文祥之文,其重要者尚有辜鸿铭之文集,以及今人魏秀梅所撰之研究论文。要以魏氏之文最能全面通观,足以概其生平③。

光绪二年之后,中枢内援,李鸿章则多倚恃丁未同年沈桂芬。沈氏卒于光绪七年,李鸿章则转而结纳军机大臣许庚身,而许氏卒于光绪十九年。接着二十年即遇中日甲午战争,李氏从此失势,直至光绪二十七年逝世。惟光绪十年后有张之万任军机大臣,与李鸿章为丁未同年又是状元,但对李鸿章远不及许庚身之出力相助。张之万似未能具有权柄,亦如同官之额勒和布,只是备位一员而已。所以李鸿章之中枢凭借,大要以文祥最为得力,次为沈桂芬,再次为许庚身。

---

① 《李文忠公全集》,朋僚函稿,卷16,第16页。致孙琴西方伯。
② 刘体仁《异辞录》卷2,第51页。
③ 魏秀梅《文祥在清代后期政局中的重要性》,载《台湾师大历史学报》第32期,第121—146页。

五、结　论

近代之史,主体始自鸦片战争,情势复杂,相关人物甚多,各自学问职能不同,而世变纷乘,问题殊多。在史家言,不易通盘总揽,统论全体。则通博自难周至。就史实之丛集,内乱纷扰,外患猥集。实亦难作条理,一一详加探究,能致专精一门亦属不易。惟除大师郭廷以循博通之路而著《近代中国史纲》,我辈后学自莫不循专精之路,而研究一枝专门史事,志求专精,亦多能著书问世,供世人参阅。而人物研究自是轻易见可专治之一途,则人物传记之作颇见优先。

鄙人之学术文章著作,多重在大事专题,而论人物文章亦尚不少,除孙中山一人写有二十余篇之外,其它人物亦有十余位,惟一向不写人物传记。今之谈论李鸿章亦不算传记类。惟鄙人因编书而写人物小传者不下百余篇,俱不得待之以学术著作,决不同列著作之中。

今世研究李鸿章者亦圣之时者也。惟李氏传记已有数家,不敢追摹,亦自量其传难写,无人从事,故而选此一题,提供同道参阅。

向日治学,曾早草成《淮军志》一书(1967年完成),得刘广京前辈鉴赏而为之作序。此后刘先生属命宜再续写李鸿章一生中各类问题,于鄙人鼓励教导不遗余力。多年以来深深怀仰刘先生厚爱深意。昔时写《淮军志》前后用四年研究时间,接着注意湘军人物曾国藩、胡林翼而于湘军亦用功力不少,而辑为成书《清季军事史论集》。继之思考湘淮两系实为晚清地方具有声势与影响之政团。方始想到处理此种问题,而采李鸿章之政治机缘以入手。此题早已拟定,却并未告知刘先生,一味搜辑资料,颇为迁延时日,未料刘先生于数年前逝世,吾之论李鸿章文尚未着手,真是对不起刘先生之谆谆属命,写此以作追念怀仰刘先生之作,以为报称。

美国史学界近代史学者包括费正清(John King Fairbank)、芮玛丽(Mary Wright)、刘广京、庞百腾(David Pong)等教授,俱颇重视同治中兴之史,定此为"同治中兴"一个重要领域。我辈台湾学界,则是向未涉谈。其实大体观察,中枢之恭亲王及文祥,地方之曾国藩、李鸿章、左宗棠、沈葆桢、丁日昌,后五人实是清朝中兴政局之支持柱石,其中要以曾国藩为最重要,李、左、沈出于曾国藩所荐举提拔,丁日昌出于李鸿章所引重。而中央枢廷则有文祥作内援支持,维持政局,略能稳住数十年,自可谓之中兴。

惟是曾国藩于同治十一年逝世,其后则靠所荐举之李、左、沈,沈氏则于光绪五年病逝,左宗棠于光绪十一年病逝。则李鸿章一直任事至光绪二十七年。而十年后清亦亡国,想见走上人亡政息。中枢恭亲王死于光绪二十四年。从大处看,历史颇能提早予人教训,具见美国史家颇能见其大,不可罔忽也。

李鸿章之悉心运用政术,非为一己,乃为清室安定,亦为国家安定。世人识解李氏勋威之隆、权势之大。其实说不过是为满清王室看守大门,保疆宇,而又不付予真实权位。比起王爵有十六阶俱在李鸿章之上,决未付予全国性大权。只是直隶总督北洋大臣,若不运用政术,怎能进而办事,非办李家之事,乃是国家大事。李氏晚年说出,一生为国家弥缝急难,那里能说到建树?是李非能见之能言之,而系朝内地方均有掣肘羁绊。实则李氏一生之中,才不能展,志不能伸,至晚年而说出无奈。背下万世骂名,岂有不知?写此供世人参考,一人身后,任凭人说。愿史家知所斟酌①。

2012 年 4 月 20 日
写于多伦多之柳谷草堂

---

① 李鸿章晚年自述其生平任事之艰难困顿,有负于国家。可见之吴永著《庚子西狩丛谈》卷 4,1969 年香港影印本。

补　记：

拙著四月写成，承同道名家两位资深近代史学者，加以审阅评鉴，俱承善意通过，好心指教，实所钦感。在此作补记，既为补充疏漏不明之处，亦为申解质询疑义之点。评者耐心阅读拙文，务祈并读此处补记。在此尤当感谢两位名家指教之功。

第一，首先就评审所抉发之具体易见的错字看，拙文错字大排长龙，两人举出很多，俱经一一照改。可证两家阅读之细心，相形鄙人之粗心。只有一字未改，盖"争功委过"委字不需作言字旁。

第二，在此把两层质疑问题，一并解答。一在修辞，有句意不明，易滋误解者。我将在此解答所疑，不将本文改动，自以补记为准。

重大启疑之点，在于人物彼此关系。审议者有精要突出之质问，势须详加剖判。

二者合并回答，亦非混水摸鱼，实当一一分条说明，分点开呈于次：

1. 拙文多处提及湘军各枝将领统兵不过三千五千七八千，而绝少逾万，后来又提到曾国荃所带逾万，竟达于五万以上，李鸿章所统原只六千五百，而亦竟达五六万人，左宗棠原只数千而后亦达五六万人。在此补交代一个界线。整体而言，咸丰十年以前湘军将帅统带甚少逾万，只有在十年这一年曾国藩已任两江总督钦差大臣，此年曾国荃围攻安庆，城大而坚，始将兵力增至万余人。

咸丰十年以后，鲍超、多隆阿、李续宜各大枝俱远达万人以上。提出咸丰十年界线，此一答案即可成立。

2. 当同治三年夏四五月曾国荃围攻金陵，苦战不下。评者质询此时曾国藩如何思考李鸿章带兵来助攻之事。即是尖锐问题，亦是读者悬解，我的解释不明，自必成为悬疑。主要压力来自朝廷京中群望早日攻下金陵,乃是有谕旨下曾国藩令他促令李鸿章带兵来援。曾国藩本心岂望李鸿章来助?而朝命不能违背,岂敢抗旨?向李鸿章传谕而来助战,无法明言不要,但看李鸿章是否明白人,为报举主之恩,此是良机。李鸿章果然按兵不来,且向朝廷顶奏。一说在沪久战伤残须加删整成军,不能立即应战。一说入夏洋枪大炮火器动辄爆炸,反不便于用兵。总之被其搪塞过去,拖到曾国荃克复金陵。曾李原有龃龉,至此乃被化解。

3. 本文论及李鸿章枢廷内援,对于我已讲明文祥之倚重李氏,亦说到李氏任直督后,与文祥有密切来往,所派北洋幕府亲信是许钤身,字仲弢,有李氏《朋僚函稿》文证。惟有一点重要之京中官员传说,言道当李鸿章血战打捻,平东捻后,朝廷只授给协办大学士。可见升级不易。惟自同治九年八月任直隶总督,不过为时二年在同治十一年之大跃身越过体仁阁、东阁、文渊阁三阶直升武英殿大学士。似此高层勋位,皇帝太后之外,只有恭亲王可以力保。而恭亲王力保,自必由其军机各大臣,亦能力保方可允予推荐。自必因文祥之推举而来,其他军机俱不能说动恭亲王。莫小看武英殿大学士,曾国藩毕生只做到此席。同治十一年曾氏亡故,朝廷即将遗缺由李鸿章接补。更明显之事,乃是到同治十三年十二月其时皇帝已驾崩,文华殿大学士出缺,论者俱信当由文祥补其位。而文祥谦让,推荐李鸿章任文华殿大学士。此点即正证明文祥之十分推重李鸿章。李鸿章遗下的武英殿大学士遗缺由文祥接任。

4. 审评者以为拙文讲到内援之许庚身,光绪十九年去世,李鸿章光绪二十年政坛失势。会使人误解,李之失势与许氏有关。此点无须补解,盖光绪二十年甲午战起,李氏削职失位,人人俱备此一常识。怎会拘泥至此地步?

但是论及李鸿章内援而与许庚身要结,拙文交代不明,仍会存在质疑。在此补解。

同治九年(1870)八月李鸿章转任直督。重任在办理天津教案,防备法军入侵。李氏萧规曹随,并不主战,照曾国藩策略以和议解决问题,决计不以兵戎相见。其时许庚身同治元年(1862)进士,乃科甲后辈,乃在同年九月与李鸿章通信,鸿章有信论及整军备御之策。在信之最后,提到"仲韬有否到京"(据《李文忠公朋僚函稿》卷10,第25—26页,复许星叔)。信中重要人物仲弢即是许钤身。钤身乃许乃普之子,许乃普曾官至兵部、工部、吏部等尚书,是鸿章前辈。但许庚身、钤身并非同族,俱生长在杭州府。庚身籍仁和,钤身籍钱塘,时在李鸿章身边为重要幕僚。亦在当时丁日昌、应宝时与法人谈和之幕宾。李鸿章与文祥来往,亦派许钤身代其到京见面。钤身以其父亲乃普之京朝关系,代表李鸿章到京要结内援,其时许庚身方是小官,已在其拉拢之列,而后入军机处即成可靠内援。

5. 承询及慈禧太后对李鸿章看待如何。很难简单答复。基本上满清政府体制是皇帝大权独揽,而在同治年起,实是慈禧掌握大权,世人共知不须陈说。政体上虽是太后皇帝为政权所在,但自雍正起创出一个军机处,并一直传承至清末。军机处由皇帝选用亲信大臣数人参入,称为军机处行走。而只是皇帝秘书性质,只能代阅章奏并为皇上拟旨,不能发号施令。名称为相,实非宰相。但皇帝天下,政令俱由军机处发出,全作密件,称为"军机处字寄"或"军机大臣字寄",而内容则只能是皇帝上谕,但凡普通常行公事,其谕旨由内阁发出,号称"明发上谕"。亦是内容多样。抑且往往比"军机处字寄"要晚数日,均被视为正式官方日期。但凡各朝军机大臣,必以一位亲王主领各大臣参预国家政务。

如上所述,太后皇帝所要见者是军机大臣,所倚重者是军机处领班之一位亲王,在同光时期则是恭亲王奕訢、礼亲王世铎、庆亲王奕劻

（有时间先后）。在此可以正式回答，无论曾国藩、李鸿章、左宗棠等，并不直接对太后皇帝负责亦无资格见面。今人多不知像曾国藩这样两度任钦差大臣，是正确无误的代国家统兵平乱之大员，他一生中只入朝陛见太后及同治皇帝一次（只有一次，没有两次）。左宗棠奉命平陕甘回乱曾在同治七年陛见一次。至同治十二年平定陕甘，光绪四年收复新疆，回京之后，亦只再陛见两次。李鸿章不例外，亦只在同治七年陛见一次。因此鄙人只能相告，慈禧太后对李鸿章如何看待，史家是谈不起来的。

史实可肯定作正确判断提出论断者，并非难事。鄙人报告，自同治元年起，满清政权是一定要倚靠湘、淮将帅为之维持国家安定，此是别无选择之途。绿营八旗已不足恃，自同治元年起即起用湘军百战名将刘长佑任直隶总督。直至同治六年由满人官文接任，官文亦是平太平天国为湘军之后援总督。同治七年即由曾国藩接任，同治九年由李鸿章接任直至光绪二十年甲午战败去职。此是为了北方京畿重地，须有靠湘淮将帅代为守卫，无论慈禧如何想，大势所迫，不得不如此安排。此处大而化之，不能太细交代。

至于长江以南，也须全靠湘军将帅担当重任。则两江总督南洋大臣，自咸丰十年由曾国藩担任，至同治四年由李鸿章担任，同治五年末至七年由曾国藩回任，同治七年改用文官马新贻接任两江总督。同治九年马被刺身亡，又调回曾国藩第三次接任。同治十一年曾国藩病故，曾氏卒后先由李鸿章同年何璟署任。十一年何因丁忧由江苏巡抚淮军名将张树声署任，至同治十二年改由另一李鸿章同年李宗羲接任。同治十三年李氏因病解职，至光绪元年改由李鸿章另一同年沈葆桢实任，直至光绪五年病故，改由湘军百战宿将刘坤一接任。光绪七年改由左宗棠接任，直至光绪十年因病解职，次年左氏病故。光绪十年七月由曾国荃接任，直至光绪十六年十月病故，继由刘坤一再接任江督。刘氏久任十余年,光绪二十八年(1902)病故。刘氏卒后接任者魏光焘连任至光绪三十年(1904),其实魏光焘乃是随左宗棠削平西北回乱有名战将,但以道员起家。光绪三十年由李兴锐接任,李亦湖南人,先是刘坤一在职期间稍离驻地,三次俱由湖广总督张之洞署任。而张氏自认有资格接任江督,却辗转易人,俱出湖南,大为愤愤不平,向人言两江总督似已卖给了湖南人。

看来晚清政权朝廷自明见国势衰弱,政权焉能稳固? 自不免一意倚恃湘淮宿将,借以维护稳定。明眼可见,当可据以宣白后世,敢冒承立论责任。

6. 承询及李鸿章与翁同龢关系,在清代当年共识,朝野俱传翁李不和,大抵多可听信。翁同龢近为帝师,光绪倚信甚专,而翁对李鸿章遇事为难,绝不协同。甲午之战翁氏一意主战,李鸿章一败涂地,落职失职,实合翁氏之计虑。其情隐晦,无法在此考辨。清人王闿运及吴永之书颇有透露两人恩怨纠结,亦无法引来畅谈。小说家今时名家高阳熟论翁同龢故事,乃小说家言,想象构造,羌无故实。80年代香港中文大学邀请高阳讲演两场,一场讲《红楼梦》,在文化研究所,由所长陈方正博士主持,我当到场。另一场讲翁同龢与光绪帝变法,在大学教室,校方委我主持,高阳负大名,岂知我是何方神圣? 大谈光绪罢黜翁同龢之后,又要安排起复。在场者尚有中文系吴宏一教授,认为是推测虚造,毫无根据。鄙人主持,当场不表意见,事后亦未置论。到今文说到翁同龢起复不可信,翁李不和,本有史据,亦有前人笔载。亦当不加置论。

7. 承询李鸿章与张之洞二人间关系若何? 答案简易。二人既无事业之合作协同,亦无人情之恩怨摩擦。有可靠记载,张之洞在湖广总督任中,常派有驻京专人王秉恩(字雪澄)随时探听朝中重要举措,王氏常见李鸿章攀谈,自是打探消息。李氏岂不知他是驻京坐探,却必告知一些朝廷举措。王氏呈报张之洞，事后得见到某省督抚授任果如李氏所预示。相信此是李鸿章明知王氏因何切近，故意告知有把握之讯息，可以折服张之洞这老狐狸。

最后，要感谢评审先生费神用心细读拙文，特别判定，称拙文是通论性之作，真是高明见识。拙文自是宏观而非微观，必须不蔓不枝，定准主题，一气呵成。人事岂无龃龉，权贵岂无争较。心性岂能一致，作为岂能和同。宏观论史，决不能一一照顾，件件批注。此篇补记虽费不少篇幅，仍不能做到周全。仍俱未能深解，尚祈同道方家宽谅为祷。

2012 年 9 月 17 日

自强运动前期之仿造轮船与停造争议之朝野驳论

近代自强运动创发于 1861 年，主要由清廷主政大吏恭亲王、文祥、曾国藩、李鸿章、左宗棠、沈葆桢、丁日昌等所倡导推动。最优先执行的门类是仿造西洋轮船枪炮，实质上轮船仿造进展顺利，创设福州造船厂、江南制造局。成效立见，正足以代表自强新政具成功远景。

虽然向无经验，而主政者曾、李、左、沈实先思考中国人真能学习制造，是即注意到技术转移吸收。因是同时开设学堂，专门传习制造驾驶技术。此途亦可谓具成功之效。

当时节外困难，反而是事先未曾见及的轮船处置问题。闽厂沪局每年造出轮船，既须配置驾驶水手、管轮等技术人员，又须有统带武官与水师兵勇以便操炮巡海。责任加在曾国藩、李鸿章二人肩上。中国沿海七省各有水师并不愿接受轮船，自拒绝使用。使曾国藩不得已组成两支小型舰队。惟财源如何能济，颇费筹划。李鸿章主张革除海防水师旧船，改用轮船，但行不通。

下一步思考，恭亲王属告李鸿章将轮船租赁给商人装载货物，自是错误判断。但李鸿章告知兵船狭隘低浅,用在攻敌防炮,商船广阔高大,用在装货,闽沪两处造船,无人愿租,却可思考改造商船。此为处置轮船又一门路。

不料自建厂局造船不过五年短短时间,朝内就有停造轮船的议奏。是在 1872 年初,由内阁学士宋晋在同治十年十二月十四日上奏朝廷,主张撤厂停造轮船。故有清廷上谕先令曾国藩筹议奏复,继又以密谕令李鸿章、左宗棠、沈葆桢奏复。

李、左、沈先后均有详慎奏复,立意严肃正大,基于谋国家自立,永世富强,势须继造轮船,不但事经五年不能停止,即历亿万年也当与国家并时存在。再经总理衙门大臣恭亲王等复议,支持续造轮船。事实上,经此宋晋一奏,后时之闽厂、沪局以无专款支援,亦已形同虚设,甚少再出轮船。惟留李、左、沈三人之奏牍,正气常存人间,足以供人凭吊。

一、时代动力推移与自强运动之启步

寻绎中国近代史乘,试证近代化(modernization)的动向与内涵,当从何时说起? 20 世纪 30 年代蒋廷黻、郭廷以两位大师,俱就 1861 年视为近代化路程的起点。当时未尝言近代化,但却肯定见到谋求自强的创说,自可谓是展开自强运动时代。包括西方学者,所关著述,在旅美近代史大师刘广京的研究之中,均标示 self-strengthening movement,亦是中外所共喻。在官方档卷、私家文献所见,关于"自强"词旨,可以检出众多证据,并为当今学者广加引述。这是无可质疑的实证①。

虽然学界共喻自强运动的史实内涵,初步重点在于造轮船、制枪炮。然以中国的现代化动力渊源,则可回溯到 1842 年的鸦片战后,在

---

① 王尔敏《中国近代之自强与求富》,台北中研院近代史研究所集刊第 9 期,1980 年,第 1—24 页。

中国的现代化而言,思想动力发于林则徐和魏源所提示的"师夷之长技以制夷",直到今天我国的现代化目标仍然是"师夷之长技以制夷"。此亦在史家群中早成共识。

近代西方汉学家费正清(John King Fairbank)为近代中国史的开展动力,提出一个重要理论管钥,就是 China's Response to the West。这是很重要史识,我与近代史研究所的同仁同道,研治各样论题,俱能看重这一历史动力,也服膺费正清的先见。若论中国近代史上的现代化,并未停留在"师夷之长技以制夷"这一思想觉识。魏源根本就建议设厂造枪炮,并仿造轮船,同在鸦片战后广东富商潘仕成已实际建造两艘兵轮,郑复光亦于道光二十二年(1842)刊印其所著的《火轮船图说》。上溯渊源,中国的现代化当自 1842 年说起①。

中国的现代化,探源溯本可以自鸦片战后说起,但除可见思想认识实具时代敏觉,却在行动上未能切实履践。潘仕成的造船未见成效,亦无后继续造。经历第一次鸦片战争的冲击之后,朝野复归安故守常,不求更张。终亦不幸,又自 1854 年起再发生第二次鸦片战争。经过数年反复,而为英、法、俄、美四国联合,共谋外交利益,最终打进北京,火焚圆明园。自使中国蒙受重创。再加《天津条约》与《北京续增条约》,使中国自此进入不平等条约枷索。自是冲击强烈,国人痛觉加深。而激起朝野共趋的自强运动。由是而立意设厂局造船制炮。才是真正开启工业化初步,最初筹计,开始于 1861 年。但凡史家述论中国之现代化、工业化均当以这个年代立为起点。其在当年实为自强宗旨,即为自强运动实质内涵。学界几位大师前辈蒋廷黻、郭廷以、刘广京三人俱重此段史实。我辈后起者亦于此段致力最多,中外成绩

①　吕实强《中国早期的轮船经营》,台北中研院近代史研究所,1962 年,第 1—41 页,"鸦片战争与国人对轮船的认识与反应"。

可观。

经过第二次鸦片战争的严重冲击,使清廷主政者有痛澈反省。咸丰十年九月签订《北京续增条约》之后,在北京主持和局的朝政领袖恭亲王、桂良、文祥等于十二月初三日(1861 年 1 月 13 日)奏陈大局章程六条,其中重要一项是创设总理各国事务衙门。得到上谕批准,于十二月初十日(1861 年 1 月 20 日)正式成立总理各国事务衙门,嗣后,简称总署,①即始成为自强运动的推行中枢,而一切富强新政,亦自此启步。自可见,中国承受列强冲击,在 1861 年起才是现代化主流行动的履践。

当 1861 年 1 月总理衙门设立之始,其主持王公三大臣实为原为咸丰帝所钦命的"办理抚局"留京大臣,是结束了"办理抚局"的全班人员,而正式成立一个总揽对外事务的新机关。其阶位看是很高,但却无法等同逃难热河的固有军机处。此时和议已定,恭亲王等亦屡请皇帝回銮,咸丰帝自是迟迟不能决。英、法、美、俄俱已取得条约利权,随之大小交涉仍是连日不断,于此不及多叙。然而驻华俄、法、英各国使节为向中国表达善意,就向总理衙门大臣提出了以洋兵、洋枪炮与洋兵船驶入长江,帮助中国剿平太平天国。这一外力冲击,立即驱使清廷朝野思考对策,而自然走上购买外洋船炮自行用于平定内乱。一则顺势给予外国一些实利,避其直接介入内战,以攘夺土地利权。二则利用新式轮船火炮加强前敌军力,特别是供给湘军使用新式船炮,加速敉平内乱。这就是 1861 年初,总理衙门刚成立四天的一个奏折中所详述的重要决策②,这也是略提一个背景,其实早有一批地方官如前任江督何桂清、浙江巡抚王有龄、江苏巡抚薛焕、苏州布政使

①　《咸丰朝筹办夷务始末》,北京:中华书局 1979 年,卷 71,第 2674—2680 页;又,卷 72,第 2691—2692 页。
②　《咸丰朝筹办夷务始末》,卷 72,第 2693—2697 页。

吴煦俱是积极营谋借洋兵助剿的大吏。只有曾国藩才是真心不愿招来洋兵助剿,偏偏是咸丰帝指示相关官员议覆。到此情况已可明见自强运动的启步就是购买船炮,主动申述者实在朝内的恭亲王、桂良、文祥等人。可引证其在咸丰十一年五月三十日(1861 年 7 月 7 日)奏陈所言:

> 是以上年曾奏(见前述上年十二月之奏)请敕下曾国藩等购买外国船炮,并请派大员训练京兵。无非为自强之计,不使受制于人。然购买船炮之议,曾国藩等现在是否办理? 无从询知。而当此时事孔亟之时,何可再事因循。①

恭亲王等人之奏,说明筹谋购买船炮,即为自强宗旨,足以代表自强运动以船炮为入手,亦即逐渐形成新器新工业的滥觞。在此同一奏中,恭亲王详细陈叙与总税务司赫德(Robert Hart)评估购买船炮之数量,用费之多寡,财源之所出,实计划由各海关所收洋药税(即鸦片入口税)用于购买船炮之费;同时计划先由海关垫款,嗣后再将洋药税收填回,使其事可立即施行②。皇上览此章奏,即下谕旨命令两江总督曾国藩、江苏巡抚薛焕筹议购外洋船炮③。

曾国藩奉到五月三十日上谕,七月十八日(1861 年 8 月 23 日)上呈一奏一片,均在奉旨议复购买轮船驾驶练兵之计。其奏折尤具开新时代意义,其中提出仿造轮船的启念。近代史上之凡关建造外洋轮船者,尤当以此文献为立意先验,愿加引据为证:

> 今日和议既成,中外贸易,有无交通,购买外洋器物,尤属名正言顺。购成之后,访募覃思之士,智巧之匠,始则演习,继而试

① 《咸丰朝筹办夷务始末》,卷 79,第 2913—2914 页。
② 同上,第 2914—2916 页,与前注同一章奏。
③ 同上,卷 79,第 2923—2924 页。

造,不过一二年,火轮船必为中外官民通行之物,可以剿发逆,可以勤远略。①

曾国藩出奏之前一日,适咸丰帝已于十七日上宾热河,遗诏尚未驰达江南。嗣在热河、北京即展开宫廷政争,情势紧张谲乖,内外互有激荡,购买船炮亦暂中阻。所幸两宫回銮北京之际,慈禧太后骈诛赞襄政务大臣载垣、端华、肃顺,得以垂帘听政,掌握政柄,而恭亲王以协谋有功,得受封议政王,参预朝政。史家于此朝局更替,称之为"辛酉政变"。

恭亲王既以议政王名位辅佐两宫太后与幼主同治帝经理国事,且以首席领军机大臣共预赞襄朝政,表率百僚,朝野重望集于其身,遂能于购买外洋船炮,得以顺利付之施行。由同治元年起,经赫德于海关筹款,托英人前税务司李泰国(Horatio Nelson Lay)在英国购兵轮七艘,并招募驾驶、水手、水兵以至聘英海军军官阿思本(Sherard Osborne)以为舰队统领。惟到中国之后,以统带主权为李泰国把持,并与阿思本立有合约,不听中国官方指挥,竟至直接与清廷发生严重龃龉,恭亲王不得已决定退还七船,并补偿阿思本及水手水兵一批薪资,由赫德处置,所付船款一百余万两,终以在英售卖船只而先收回二十余万两后,又收回五十二万两。其事适至同治三年湘军收复金陵,其退款为恭亲王决定全部拨给湘军,使曾国藩得有遣撤湘军之资。此一购买船炮公案,史家吕实强有专门研究,称之为"李泰国、阿思本兵轮案"。西方学者称之为 Lay-Osborne Flotilla。于此不须详述②。

购买船炮一案,为恭亲王与地方大吏曾国藩合力推动自强新政的初步,未料以退船、遣回洋员洋兵收场,所费一百余万银两,得以退回者不到三分之二,显见以失败结局。但在恭亲王、文祥、曾国藩三位领

---

① 《曾国藩全集》,长沙:岳麓书社,1987 年,奏稿第 3 册,第 1603 页。
② 吕实强《中国早期的轮船经营》,第 43—119 页,"李泰国、阿思本兵轮案"。

袖,并未由此灰心,随之由购买船炮,转向于造船制炮。

二、闽厂沪局之兴造轮船

由前节所见,可知自强运动滥觞于1861年。倡导领袖朝内有恭亲王、桂良、文祥,地方大吏即为曾国藩同心配合。原以购买外洋船炮入手,曾国藩则连带主张仿行自造,亦是起于1861年。而今购买船炮饱受周折挫败,曾国藩即随之谋求自行仿造轮船。在此初构创议之时,曾国藩已表现不重一时而重久远的识见。曾在同治元年(1862)冬复书恭亲王,提及前引咸丰十一年七月之奏,再度表明其自有船炮的看法:

> 轮船之速,洋炮之利,在英、法则夸其所独有,在中华则震于所罕见。若能陆续购买,据为己物,在中华则见惯而不惊,在英、法亦渐失其所恃。即如洋兵初到上海,往往神奇其说,自退出青(青浦)嘉(嘉定)二城,内地人民始知洋兵亦有不可尽恃之时,如炮船竟能通行中国,则内地兵民或者尽释疑畏之心,待求制胜之道。必以收将来之效于无形之地。①

当同治元年购到英国轮船七艘即将来华之时,曾国藩奉恭亲王指命,已自湖南招募水勇六百名,亦选派每船统带官,更郑重派定湘军水师将领蔡国祥为轮船队伍统领。未料同治二年(1863)船只到华,李泰国坚不交船,与洋人合同早有签订,所有人员听李泰国指挥,不受中国官方调遣。曾国藩所安排人员亦全不能上船。终至产生严重交涉纠葛,使恭亲王、文祥大伤脑筋,终于请出美国驻华公使蒲安臣(Anson

---

① 江世荣编注《曾国藩未刊信稿》,北京:中华书局出版,1959年版,第123—124页。又,曾国藩复恭亲王此函,又已收入《海防档》甲编,购买船炮资料之中,其书自是资料最全备的来源。

Burlingame)出面调停,乃得撤遣李泰国与阿思本,赔付一切开支用费,遣返水兵水手,并退还七艘轮船,在英国转售别国。此事方始结案。其间俱经恭亲王与曾国藩往返通信讨论①。正可明证自强运动领袖对于购买轮船所抱的期望与所付的心力,自亦可见自强运动开始初阶的史事内涵。

19 世纪之中国,适正遭逢西方帝国主义之膨胀扩张,面对冲击,无可避免。中国原具悠久文化背景,对于世局变化,强敌认识,在第一次鸦片战争时期已有觉识,当见中国非无人才。据鄙人粗略统计,第一次鸦片战争时期,表达西洋的船坚炮利者不下四十五人,②证明其时官绅并不蒙昧。及此第二次鸦片战后,起自亲王枢府,连及地方大吏,以至在野士绅,实际汇成自强运动,无论变局认识与实质的行动,俱合于现代化工业化之内涵,固当无可质疑。

购买船炮之举,遭受挫败,为时已至同治二年(1863)秋冬之际,曾国藩并未气馁。自头年(1861)收复安庆定位为湘军统帅大营,于此广召江南人才,以为开创新局进言,大致各方人才汇集,并不限于儒学经师,诗文名士、而一代造炮名家、历算高才,亦俱网罗幕府。凡鸦片战争造炮名家如丁杰、黄冕、汪仲洋、龚之棠及子振麟、丁守存,俱加驰书召请,惟只请到龚振麟、黄冕。而江南名家李善兰、徐寿、华蘅芳等,亦俱前来安庆。

在近代历史上看,中国近代的工业化,其启念创发行动当在 1863年(同治二年),这年十月二十三日(1863 年 12 月 5 日)是一个重要起点。可参考曾国藩的日记所载:

> 李壬叔(李善兰)、容纯甫等坐颇久。容名光照,一名宏,广东

---

① 《曾国藩未刊信稿》,第 176—178 页,上恭亲王书;第 202—203 页,复总理衙门书。

② 王尔敏《清季兵工业的兴起》,台北中研院近代史研究所专刊之九,1963 年版,第 35 页注文所载。

人,熟于外洋事。曾在花旗国寓居八年。余请之至外洋购买制器之器。将以二十六日成行也。①

由于容闳受命到外洋购买制器之器,决定十月二十六日成行,故曾国藩于二十五日分别写就两函,一致上海的江苏巡抚李鸿章,一致广州的两广总督毛鸿宾,交容闳亲带取银合计三万两,出洋购买制器之器。从此两信可以看出这个工业化动力的创生概念,与曾国藩所期盼的成果。先看致李鸿章书:

> 敝处现拟设立铁厂,应用造器之器,须向西洋购买。查有容委员宏,原名光照,号纯甫,往来花旗最久,熟悉语言文字,饬令前往购买器具。其应领费用,请由尊处于应解月厘四万项下饬提库平银一万两,交该委员承领,克日驰赴粤东,续领二万金,即行出洋采办。②

惟于致毛鸿宾函中更可见出由购船炮之无成,而转向于自造枪炮轮船的决心:

> 弟前年(1861)初次复奏购买轮船折,本欲访募覃思之士、智巧之匠演习试造,以勤远略。未敢遽问九世之仇,亦欲稍蓄三年之艾。今所购七船既已化为乌有,不得不另求造船之方。拟即开设铁厂,粗立规模。查有容委员宏,往来花旗最久,熟习语言文字,派令前往西洋,购办制器之器。其应用之项,除由上海拨给万金外,请由尊处解皖厘金项下筹拨库平银二万两。交该委员承领,克日驰往采办。③

---

① 《曾国藩全集》日记,第二册,长沙:岳麓书社,1987 年,第 944 页。
② 江世荣编《曾国藩未刊信稿》,第 188 页。
③ 《曾国藩未刊往来函稿》,长沙:岳麓书社 1986 年,第 137 页。

以上所举曾国藩三项文献,具有关键性参考价值,足以看出这一代自强运动的取向与工业化契机。时代意义更需掌握。第一,曾氏筹谋造船,并非在于眼前的对付太平军,而是期以久远,使轮船枪炮为国人熟习之物。第二,访求制器之器,原出容闳的陈说,而曾国藩在三项文献中屡屡引称,正足代表中国工业化之目标是在于访求制器之器。这可视为中国工业化开始的一个关键词。第三,由于要简化制器之器一个词义的使用,自此年以后,随即出现"机器"一词,约计开始于同治四年(1865)。

容闳赴美国采购造枪炮机器,于同治四年回到上海,其时太平军已被平定,曾国藩已于同治三年进驻江宁。把建设造枪炮的铁厂计划,推给留在上海的李鸿章。李氏原在上海已有三个炮局,即丁日昌、韩殿甲和英人马格里(Halliday MaCartney),每人主持一个炸炮局。曾国藩、李鸿章决计在上海虹口以六万两银子买下美商旗记铁厂(Thoms Hunt & Co.)再加容闳购到机器,奏明开创江南制造局,西文译为 Kiangnan Arsenal。曾氏自行造船制炮,至此乃得实现①。此局初由丁日昌主持并将丁氏旧局并入。惟丁氏已是江海关道,遂派冯焌光为总办,郑藻如、沈保靖分任局务。同时由李鸿章的强力支持丁日昌的配合,乃设定以江海关所收洋税,以二成常年拨给江南制造局。由是经费常川充裕,各省不能望其项背。以自强运动而观,李鸿章为其一代中坚领袖。

大致同一时期,湘军另一支军旅在左宗棠以浙江巡抚率领下进军浙西,会战太平军,节节推进至浙东。为争夺宁波口岸,由英法军会合助攻,特别是法军所组洋枪队,相助左宗棠立下战功。左氏在同治二年(1863)升任闽浙总督。法军统带官德克碑(Paul A. Neveue de Aiguebelle)与日意格(Prosper de Valsseau Giquel)二人与左宗棠建立

① 王尔敏《清季兵工业的兴起》,第78—79页。

良好关系,在左氏收复杭州之后,德克碑等即以小轮船在西湖上开驶展示,供左氏观览,使左氏留下深刻印象。及同治四年闽浙完全敉平,左宗棠得以进驻福州总督府,自此即重用日意格,计于福州创设造船厂。左氏剑及履及,筹措建厂巨款,令日意格回法国招募工匠,来华开工。当时已至同治五年(1866),清廷为西北回变,调左氏为陕甘总督,统率湘军进援西北。左氏既须趱赴前敌,不克兼顾船厂,遂即奏保沈葆桢任船政大臣,专职经营建造轮船。自此遂由沈葆桢全权接承开办船厂诸务。选定闽江岸马尾为厂址,任日意格为造船洋监督。官方定名为福建船政局,世人习称为马尾造船厂,西文译称为 Fu-Chow Shipyard。略晚于沪局一年,后人简称"闽厂"①。

本文志在探讨近代仿造轮船的艰难缔造,特以停造轮船之议以为史实检证,然短文篇幅,仅能交代背景来源,内容纡曲周折不能陈叙。当今研究福州船厂的权威之作,已有庞百腾先生之《沈葆桢评传》,他自 1963 年开始研究,1994 年以英文著作 *Shen Pao-Chen and China's Modernization in the 19th Century*。在英国剑桥大学出版社印出。其书大量使用中西方文献,网罗宏富,研析深入,内容充实,论断中肯。自为精审完备之作。至近年大陆近代史家林庆元教授撰著造轮船之书两种,一个重点集中于福建船政局全程历史,一个重点集中于船政大臣沈葆桢毕生思想志节,行径功业。两书俱史料丰富见胜,内容充实可观。网罗史迹完备,具永久性参考价值②。庞、林两教授之书,内涵汪洋千顷,本文不过蠡蚌之容,无可蓄纳,甚盼识者勿罪。

① 庞百腾著、陈俱译《沈葆桢评传》,上海古籍出版社 2000 年。原著 David Pong: *Shen Pao-chen and China's Modernization in the Nineteenth Century*, Cambridge University Press, 1994。
② 林庆元《福建船政局史稿》,福州:福建人民出版社,1988 年。又,林庆元《沈葆桢:理学德治,洋务自强》,北京:中国文联出版社,2002 年。

自江南制造局、马尾造船厂先后开建之后,沪局即在同治七年(1868)造成第一艘轮船下水,曾国藩试航,命名"恬吉"。同治八年(1869)马尾造船厂,也造出第一艘轮船,沈葆桢命名为"万年清"。在沪局而言,自1865年设局以至光绪二年(1876)所造成之轮船有:恬吉、操江、测海、威靖、海安、驭远、以及金瓯共七船。其中海安、驭远二船较为大型,金瓯则是小铁甲船①。就闽厂而言,在沈葆桢任船政大臣时期(1866—1874),所造轮船有:万年清、湄云、福星、伏波、安澜、镇海、扬武、飞云、靖远、振威、济安、永保、海镜、琛航、大雅、元凯、日艺新、登瀛洲等,共十八艘。其中前十二艘为兵轮型式,后六艘为商船型式。此外并自日耳曼购到训练船一只,命名建威。同时又购有"海东云"和"长胜"两艘轮船,俱派闽厂船政学堂资优学生统带驾驶②。

三、轮船处置问题

现在看到自强运动领袖曾国藩、李鸿章、左宗棠、沈葆桢、丁日昌等人为近代造船工业开展的筹谋实绩,表面上已在稳步前进,而原意想不到在造船出厂之后,立即发生轮船分拨的处置问题。后世学者不能设身处地了解当日困难尚不在造船,而在用船。此期曾国藩、李鸿章、沈葆桢在每造一船就须考虑用船问题。每船造成,即必要安排驾驶船主,水手、水兵、船主之外,已有大副、二副、三副的译称。用于是兵船,更要一位善于航海的统带官,每成一艘,必须开驶天津由李鸿章阅看。李鸿章不怕忙,却忧心造出的兵船各省水师拒不使用,造成无人要用。除了造船开销,每船水煤薪工俱要开支。闽厂、沪局,只是造船,怎能长期养船?这一问题尤其加在曾国藩、李鸿章肩上,过去无人

---

① 王尔敏《清季兵工业的兴起》,第82—83页,所附历年兴造轮船表。
② 《船政奏议汇编》,全五十四卷,光绪十四年起福建船政局雕刊。本文资料引据卷1—12各年奏案。

注意,本文自必须多作交代。

中国沿海七省,防御外侮,缉拿海盗匪徒,无时无处可以省略船舰水师。原来各有水师驻防,闽、粤、江南各有水师提督统率。西方于中国水师早有定译,称为 Water Force,而不称 navy。当时各省水师将领习惯于原有船只炮械,不愿接受改用轮船,抑且初造的轮船,俱不过是小炮艇(gun-boat)。水师战航却高大广敞。将领水勇俱习于故常,亦毫无驾驶轮船经验,乃使闽厂、沪局轮船,竟多滞留原地。曾、李面对此局,实亦大费周章。而李鸿章则思考深切,早已忧虑此层。在同治七年,闽沪刚开始成船,李鸿章向船政大臣沈葆桢首先表达轮船处置问题(同治七年四月十七日函):

> 铁厂机器是否购齐? 即船中需用百物,亦应由彼国定购。人虑成船之难,弟尤虑将来驾驶得用之难也。中土创始之难,更虑守成推广之难也。捻氛少靖,愿受一船埠头,信今而待后,其许之否?①

于此函可以见出李鸿章的筹谋全面久远,他计划在轮船造出之后,能够分拨到沿海沿江十四个口岸领用,俾以由各埠自能缉捕走私、保养船只与支持人事用费。李氏信中作此设计,虽是理为至当,却竟不能顺利推行,又岂能妄想将轮船拨交各省水师? 故自同治七年起,曾国藩、李鸿章即渐为处置轮船而大费心思。

自强运动展步初期,在朝廷自有恭亲王、文祥全力支持,在地方则仅有曾、李、左、沈为亲身推动者。而具弘毅任事,则更以曾国藩、李鸿章二人是全神投入,规画应变,考虑处置之方。由于北方捻乱战局,李鸿章早已离开江苏,后调湖广总督。但仍心悬沪局事务,关心轮船制

---

① 《李文忠公朋僚函稿》卷8,第18页。《李文忠公全集》本,光绪三十一年金陵刻本,上海:商务印书馆1921年影印。

造。1869 年沪局第二号"操江"轮船下水。李氏于同治八年四月初十日致书曾国藩,讨论沪局造船与人事:

> 上海机器局轮船,又成一只(即操江),只载炮十余尊。虽似小兵船式,然断不及外洋兵船之坚利。局员沈(保靖)精核,而冯(焌光)恢廓,志趣不合。顷沈品莲(保靖)来鄂乞退,已属谷帅(马新贻字谷山、两江总督)强留之。而未可久也。鸿章相距渐远,未便越俎,终虑无所成就。①

稍后,李鸿章并于同年四月十九日致书马新贻,请其分神过问沪局之事,亦可与苏抚丁日昌分别考核沪局事务:

> 二号兵船,管带乏人,侯相(曾国藩)前疏,交苏、松、狼、福诸镇缉捕。李质堂(朝斌)前荐松江参将郑某,粤东人,颇习洋情,其才守干略究竟若何?乞察试之。或再商询质堂,切实具保。弟去冬曾与质堂约,将来兵轮船出洋捕盗,须请伊统率,似已面允。惟质堂自负过甚,与诸镇及上海局员未深融洽。兵船用费调遣,局内亦须预闻。如令其部将管带,久或渐相通气。②

李鸿章虽身在湖广而仍挂虑沪局之造轮船。因与马新贻为丁未同年,不免遇事商酌。同年五月二十一日又致书相嘱沪局人事,并于统带操江轮船有主动安排:

> 操江轮船坚致,机器小而灵。船头置炮,仍是洋根驳(gun-boat)式样。不敢比于兵船。但管带训练,难得妥人。文员有条理而不习兵事,武弁则多粗疏无远略。适有总兵马复震,桐城马三俊之子。志趣尚正,在侯相、左帅处带队有年。于洋器水师虽未

---

① 《李文忠公朋僚函稿》卷 9,第 9 页。
② 同上,卷 9,第 13 页。

谙习,然其人有内心聪明廉洁,派赴船照料学习,或堪造就。此事不可虚悬,姑先檄派试用,仍候尊处察看,徐行定议。①

李鸿章平定西捻之后,调任湖广总督,朝廷以其知兵,时命援黔,随之又改命援陕,以接左宗棠征西军后路,遂决率淮军西行入卫鄂豫陕。为时已至同治九年(1870)。道经河南境集合军力,适逢大雨,屯军将循洛阳,潼关西进。未料大雨滂沱,竟至雷电劈毁帅旗,军伍兵勇惧有不利主帅。李鸿章仍俟天气转晴,毅然西驻洛阳,进入陕西潼关,主帅大营暂居西安。未料此际五月下旬发生天津教案,法国领事被杀,形成严重外交交涉,直隶总督曾国藩亲自赴津办案,朝内清议讥为顺应法人要求,群相诋讥,而法国并传言派兵船来华,以战相胁。同其时序,刚巧马新贻在江南被刺身亡,两江需有威重大臣坐镇。另一方面京畿感受外力威胁,遂至于同年八月初三日,改调曾国藩任两江总督,并调李鸿章接任直督,命其率淮军保卫京师。一切事有巧合,可谓天时所转,人事所趋,而在同治九年使李鸿章得以接替曾国藩而为清廷依恃重臣。

李鸿章奉谕之后,留军晋陕地界,自西安率亲军转赴京畿。曾国藩亦于秋冬之交回转江南任所。由于曾李二人分任南北洋大臣,因是轮船处置自然落在两人肩上。话归正传,仍谈轮船处置问题。

李鸿章九年八月受任直督,而于同治十年(1871)遭逢直隶大水灾。喘息甫定,就须为救灾张罗。在百忙救灾之际,亦同时思考轮船之事。四月初一日上书曾国藩,请求拨操江轮,留天津差使:

---

① 《李文忠公朋僚函稿》卷9,第15页。又,同上,卷10,第5页,同治九年五月三十一日,致马新贻云:"上海机器局自品莲去后,出入款目虑不如前此之综核。尊处相距稍远,应否商令雨生(丁日昌)就近查察主持。两公若互相推让,转于局事无裨。刘(佐禹)马(马格里)炮局,弟亦甚不放心,惟牵涉洋人,未敢卸避,务求就近密察,并于传见时常加戒饬为荷。"

马复震操江轮船运炮子来津。威使(即英使威妥玛 Thomas Francis Wade)谓船样甚好,中国制造亦颇得法。现以北洋既无师船,海口数里外不知消息。拟即商留操江,驻巡北洋,稍通气机。饷项仍恳由沪关(江海关)接拨。吾师准否? 即备文咨恳也。①

一月之后,李氏又于五月初九日致书曾国藩。此时沪局造船已完成四艘,即增加"测海"、"威靖"两船。曾国藩既是南洋大臣,沪局并在治下,对出产之轮船逐年增多,其各船人员"炮位"以至行驶"开煤"均需备齐统带、船主、大副、二副、大铁匦、二铁匦(即今时轮机手),以至操炮兵勇,样样俱须筹划安排。此时已有四船,曾氏特为聘到吴大廷统领四船,成立"江南轮船操练局",并即咨商李鸿章。故李氏有此复书,表白不以吴大廷能适任操练轮船之长:

操江船已赴北洋,昨据管见咨复,未知当否。彤云(吴大廷字彤云)于此道本非内行,不过借题维系。将来造成兵船,宜选能亲带出洋者,认真操习。现有四船,尚在不商不兵之列,多行江海,以之探信缉匪,兼资转运,仍以熟习驾驶为要义。轮船之练船,犹之马队须先练马。长泊黄浦,转觉无谓。钧意以为何如?②

原来吴大廷以台湾道身分任福建船政局提调,因病请假回籍半年后,同治八年(1869)船政大臣尚奏请令其到福建作轮船统带,预备其全面统领日后新出船只③。惟吴大廷并未到闽,竟为江督曾国藩任命统领沪局船队。曾、沈俱重用吴大廷,独李鸿章视为非统帅之才。此则可能因为李氏最初早已面招水师提督李朝斌统带,格于曾国藩的决

---

① 《李文忠公朋僚函稿》卷11,第4页,上曾相。
② 同上,同卷第7页,复曾相。
③ 《船政奏议汇编》卷5,第24—25页。

定,自亦不能改变。至于福建方面,沈葆桢既不能调回吴大廷,遂于同治九年(1870)八月奏陈朝廷,请求简派统率轮船大员。结果有上谕派令水师提督李成谋统领福建船政局所有轮船,用以巡行出海。沈葆桢复奏甚是满意①。我人至此必须看重一项史乘纪录,就是在 1870 年中国已开始组成自己舰队,是由原出湘军外江水师的名将李成谋任统领,并是出于朝廷皇命派定,所统轮船俱出于马尾造船厂。同时由于同治九年曾国藩调任两江总督,曾以南洋大臣主政,而于同治十年组成江南轮船操练局,并派遣吴大廷任船队统领②。于此看来,在此两年之间,中国已正式组成两支小型舰队。但凡研治军事现代化者,应不能省略这项事实载述。敢说历史上真有其事,不可抹杀。

同治九年八月以后,李成谋既承朝命而统率福建船政局轮船舰队,而随后曾国藩亦由直隶转任两江总督南洋大臣,长江以南沿海口岸防备,俱须全面预筹设施,以策安全。李成谋周巡南洋各口,向曾国藩禀告海防薄弱,难御强敌。曾氏即于同年复信,令其加强南洋沿海建筑炮台,实较胜于以轮船应敌。此为 1870 年曾国藩回任两江的首先要项。见其致李成谋信:

> 承示厦门各口地大兵单,业经台端密为布置,调集舟师勤加训练。兼购买枪炮,以期未雨绸缪,暗寓防维之策。芨筹伟略,劳勤倍增,良以为佩。至彼族以轮船为营阵,以炮火为冲锋,中国水师,船身阔大,尚须待风行驶,未能进退自如。与之水战,诚非其敌。备御之法,自以扼守炮台为稳着。惟各海口从前所造炮台,均未讲究合宜,此时妥筹防务,似须仿照外国炮台之式,另行修

① 《船政奏议汇编》卷6,第17—20 页。
② 《海防档》丙编,机器局,台北中研院近代史研究所 1957 年。关于"江南轮船操练局"之史料,只有此书可供参考,并无其他史料来源。

造,斟酌尽善,乃可御备强寇。即此次幸获无事(指法国因天津教案进犯海疆),而海国环伺,隐患方长,修造轮船之外,以炮台为第一要义。庶几进战退守,略有把握。①

此信当代表曾氏筹谋南洋海防,直接指导福建轮船统领之论据,并知当时南洋已拥有两支小舰队(flotilla)。回想六十年前近代史前辈、第一代史家陈恭禄先生撰写《曾国藩与海军》发表于武汉大学《文哲季刊》,三卷四期,自是受到同道注意。而其内容则以中国所购轮船阿思本兵轮案为论域,未及其他。其实彼时所购七船,曾国藩未尝一见,就被退还英国。自不能代表曾氏与海军的关系。我不欲在此推翻陈氏论著,但当为世人澄清。曾氏于购买、建造轮船,俱是一代先驱,始于咸丰十一年(1861)所奏陈。至与中国海军关系,也是近代史上第一人。其正确时代当以同治七年(1868)"恬吉"轮船下水为起点,其所组成两支舰队,则定于同治九年。一为吴大廷所统领,一为李成谋所统领,而所率轮船俱出于中国自造。这在中国海军史上也不可省略。本文不说明,同道中尚无其人,如何可以使之空白?

前述李鸿章自同治九年八月受任直隶总督兼三口通商大臣(北洋大臣),北洋沿海防务即已落在肩上,同时朝廷指令李氏负责勘验沪局、闽厂新造轮船,次年(1871)直隶遭逢全面水灾,李氏在救难百忙中,仍然不忘建造轮船之事。同治十年十月十三日复书福建巡抚王凯泰谈论闽厂造船,忧虑成船无处分拨,各省水师拒收,大叹养船之难,深感推动造船之困窘,所言颇具时代参考意义:

> 与吾(李成谋字与吾)乘"伏波"来津,欲一登视,渺若天涯。
> 二百八十四马力之船,若能放两层炮,居然战船。然以视西国

---

① 《曾国藩未刊信稿》,第288页。

兵船,犹小巫之见大巫矣。各省不肯拨用,即无可分养。愈造愈多,闽固不支,季帅(左宗棠)若仍在南,似亦无此长策。中朝气太散,例太严,此等事真不易为,为之亦不得力。徒唤奈何!①

自李氏信中所见,一切俱难以今世眼光想象所能判断。曾、李、左、沈也不能事先预料。中国为自强而造船,恭亲王、文祥代表朝内,主张分拨各省以得有养船之资,用船之途。未料各省拒用。大约只有李鸿章留用沪局一艘,浙江巡抚杨昌濬留用闽厂一艘,其他各省即无法分拨。在同治十年,总理衙门恭亲王、文祥建议由华商雇买沪闽两厂轮船,问题在于兵船无法改成商船,载货容积不足,商人视为无用,俱在同治十、十一、十二年李鸿章的信中陈及。十一月致王凯泰论及总理衙门属命将轮船拨交各口岸:

> 总署议,令北洋各口拨用轮船。天津已借沪局一船,如筹出经费,或再借拨。望将船薪费、丈尺、炮位、人数先行开示。②

同年十二月十一日,致书曾国藩,转述总理衙门函商将轮船供华商雇买,以为载货运输:

> 总署函商,各局轮船由商雇买,自系经久良法。惟闽沪现成各船,装载不如商船之多,驶行不如商船之速。彤云(吴大廷)谓闽船较胜,未知确否? 华商愿附洋船,图骗捐厘。内意既允由户部查税,照洋船一律免厘,或有愿雇买者,已缄致江海关沈道(沈秉成)等,就近筹商具覆。尊处谅亦照行否?③

于李氏前后经画轮船处置的各样思考,可见出自同治七年起以至同治

---

① 《李文忠公朋僚函稿》卷11,第27页,复王补帆中丞。
② 同上,卷11,第31页。
③ 同上,第31—32页。

十年的短短四年间,兴造轮船,闽沪两厂无不日有改善进展,反倒是轮船处置,竟成不易条理的症结,俱出自强领袖思虑之外。各省水师拒用轮船,最是令人灰心。

四、停造轮船争议

中国自同治七八年(1868—1869)先后由沪局、闽厂两处仿造轮船下水,可谓是工业化极重要的初步,实可见出未来开展的希望,自不当期望一步登天,与欧美相比。此在自强运动领袖李鸿章、沈葆桢、丁日昌的亲身评估,自早已见及。而居主持中权的恭亲王、文祥、曾国藩、左宗棠,虽未直接经营,亦俱抱乐观依信态度,具开物成务信心。对于轮船处置,并亦抱持耐心,思考因应之方。其实不但分拨轮船有诸多周折,而华商雇买之思考,亦因多年来华商寄名洋船,借挂洋旗,用为"逃避厘税之计",已是当时清廷大吏多方思考防止的问题。本文不过顺笔提到,而吕实强则早有专文演论,而华商雇买洋船自是文中主题①。若照今日看到当年兴造轮船的初始阶段,更亦料不到会遭遇阻难。殊不知曾国藩、李鸿章、沈葆桢等所面对者何啻十倍于后世,正以显出凡事创始为艰。

果真是巨大阻力蓦然出现,轮船制造,起步不过五年。在同治十年十二月十四日(1872 年 1 月 23 日)京官内阁学士宋晋奏请停造轮船,这是打击自强运动一个重要文献,应该展示后世:

> 闽省连年制造轮船,闻经费已拨用至四五百万,未免糜费太重。此项轮船将谓用以制夷,则早经议和,不必为此猜嫌之举,且用之外洋交锋,断不能如各国轮船之利便;名为谋远,实同虚耗。

① 吕实强《中国早期的轮船经营》,第 121—224 页,"国人倡道轮船航运及其屡遭挫折的原因"。

将谓用以巡捕洋盗,则外海本设有水师船只,如果制造坚实,驭以熟悉沙线之水师将弁,未尝不可制胜,何必于师船之外更造轮船?转增一番浩费!将欲用以运粮,而核其水脚数目,更比沙船倍费。每年闽关及厘捐拨至百万,是以有用之帑金,为可缓可无之经费。以视直隶大灾赈需,及京城部中用款,其缓急实有天渊之判。此在国家全盛时帑项充盈,或可以此创制新奇,示斗智角胜之用。今则军务未已,费用日绌,殚竭脂膏以争此未必果胜之事,殊为无益。且闻制造原归帑项,而一切采买杂料皆须委员四出办理,即官为给价,民间亦不无扰动。闻历任督臣吴棠、英桂、文煜亦多不以为然。江苏、上海制造轮船局亦同此情形。应请旨饬下闽浙、两江督臣将两处轮船局暂行停止,其每年额拨之款,即以转解户部,俾充目前紧急之用。其已经成造船只,似可拨给殷商驾驶,收其租价以为修理之费,庶免船无可用之处,又糜费库款修葺也。[①]

宋晋停造之议,当供世人参酌,虽然反复析论利害,而于轮船则缺乏深思,于当日中国处境尤见出苟安偷免之心,揣度洋情更形隔膜。自宜开示后人酌断,可以供评估之资。

宋晋上奏之后,当日即有廷寄分致两江官员曾国藩、张之万、何璟及闽浙官员文煜、王凯泰等,命其阅看宋晋奏折,酌量是否停造轮船。[②]

当上谕下达江闽五臣,曾国藩最先反应。在同治十一年(1872)正月下旬有信致书总署王大臣,从行文用词,可确信是以恭亲王为首。其信专为轮船立言,兹可引据其信后半,是清楚面对上谕表达意见,并

---

① 《洋务运动文献汇编》第5册,台北世界书局1973年,第105—106页。
② 《洋务运动文献汇编》第106—107页。

附告即将专折奏复。内容充分可见曾国藩承担重任谋求自强立场：

> 近奉十二月十四日寄谕一道，因宋雪帆阁学片奏请停轮船
> 局，饬闽、苏两省各将应否停止情形议奏。窃思铁厂之开，创于少
> 荃。轮船之造，始于季皋。沪局造船，则由国藩推而行之。非不
> 知需费之巨，成事之难。特以中国欲图自强，不得不于船只炮械
> 练兵演阵等处入手。初非漫然一试也。刻下只宜自咎成船之未
> 精，似不能谓造船之失计；只宜因费多而筹省，似不能因费绌而中
> 止。泰西各国轮船，多而且精固已。日本僻在东隅，新办轮船，闻
> 亦不少。彼岂不惜经费？抑亦谋国者有所不得已也。鄙意兵船
> 除现造二号外，拟再造一二号，专操水战；商船除已成四号外，拟
> 再造四五号。平日则租与商人装货，有事则装载陆兵救援他省。
> 民间不愿租赁官轮，固由商人不乐与官交涉，然亦必就巨商反复
> 筹商，令其试租一二次，使彼有利可图，而吾但求微省豢养之费，
> 初不重索租雇之价，则亦未必终无愿租者也。果有熟悉商情、公
> 廉明干之员，不必处以官位，绳以官法，但令与华商交接，有言
> 必信，有利必让，使商人晓然知官场之不骗我也，或者愿租官船
> 亦未可知。但此等为商贾所深信之员，急当物色之，目前恐难
> 骤得耳。已抄函札饬上海冯道、吴道等遵照函示事理，详细酌
> 议，妥筹章程。俟其复到，再行复候核定。其船局不宜停止，容
> 当恭折复奏，趁此内地军务将竣之际，急谋备御外侮，非好动
> 也。仇不可忘，气不可馁，必常常有设备之实，而后一朝决裂，
> 不至仓黄失措。①

曾国藩此信系正月二十八日到达总理衙门。发信由驿邮递，当在三日

---

① 《海防档》乙编，福州船厂，第 326 页，南洋大臣曾国藩函。

之前。不过曾氏已来不及照信中所述专折奏复了，曾氏数日后于二月初四日病逝江宁任所。此信即代表其自强新政的最后遗墨了。而其对于制造轮船，仍是表现立场明确坚定。

在闽、浙方面，文煜、王凯泰奉到上谕之后，于同年二月初九回奏停造轮船之议，主张即刻停止制造，以节国帑①。

此时朝廷尚以恭亲王参预政务，能取得太后倚信，而谋求自强，亦仍为致力目标。同治十一年二月初曾国藩既已病逝。两江初易新督何璟，则江南复奏已不易合于曾氏主见。此时闽浙复奏则主张停造轮船，朝廷不能贸然决定停造，由此考虑，遂又于二月三十日再由军机处以五百里密诏，指命李鸿章、左宗棠、沈葆桢三人，对宋晋停造轮之议，详加辩析，复奏朝廷。其上谕亦作慎重考虑筹计。代表主持中枢并未轻率将事②。

除了最早正月二十八日曾国藩在世时有对建造轮船坚持不摇的复函之外，而李、左、沈三人，承二月三十日密诏征询停造轮船之议，则以左宗棠于三月二十五日首先有复奏达于天听。可引据其奏中重要三段，以为研析依据。首段极言自强新政之所当行：

> 窃维制造轮船，实中国自强要着，臣于闽浙总督任内请易购雇为制造，实以西洋各国恃其船炮横行海上，每以其所有傲我所无，不得不师其长以制之。其时英人威妥玛、赫德有借新法自强之说，思藉购雇而专其利。美里登（Baron de Méritens）、有雅芝（A. R. Hewlett）等亦扬言制造耗费，购雇省事，冀以阻挠成议。幸赖圣明洞鉴，允于福建设立船局，特命沈葆桢总理船政，而后群喙

---

① 《同治朝筹办夷务始末》卷85，第35—37页。
② 同上，卷85，第38—39页。

息而公论明。①

左氏奏折中段评断闽厂造船日增,技术日熟,出船顺利,行驶出洋俱有历练,而所开学堂,生徒亦大有精进,学生之中已有可成器之材。(当指已能驾船之张成、吕翰,学术精进之刘步蟾、林泰曾、蒋超英。法文学堂之学制造者有魏瀚、陈兆翱、陈季同等)实于造船成就与人才培养,均具乐观信持:

> 试造之始,本拟由浅入深。近来船式愈造愈精,原拟配炮三尊者今可配炮八尊,续造二百五十四马力轮船竟配新式大洋炮十三尊,此成效之可考者也。据夏献纶禀各厂匠作踊跃精进,西洋师匠所能者均已能之,而艺局学徒一百四十余名,既通英、法语言文字,于泰西诸学尤易研求。臣前据闽局缄报,天文、算学、画图、管轮、驾驶诸艺童有学得七八分者,有学得五六分者,屡请英、法教师考校,列上等者约七八十名,次亦三四十名,将来进诣尚未可量。如果优其廪饩,宽以时日,严其程督,加以鼓舞,则以机器造机器,以华人学华人,以新法变新法,似制造、驾驶之才固不可胜用也。前闻西人议论,每叹华人质地聪颖犹胜泰西诸邦,未之能信;观近时艺童能事渐多、所学日进,参之西人羡者妒者之口,观其消沮敛退之形状,似非无因。此人事之可考者也。②

左氏最后披肝沥胆,沉重表达谋国忠荩,坚拒停造轮船:

> 窃维此举为沿海断不容已之举,此事实国家断不可少之事。若如言者所云,即行停止,无论停止制造,彼族得据购雇之永利,

---

① 《洋务运动文献汇编》第 5 册,第 110 页,同治十一年三月二十五日,左宗棠折。

② 同上,第 110—111 页,左宗棠折。

国家旋失自强之远图，黩军实而长寇雠，殊为失算。且即原奏因节费起见言之，停止制造，已用之三百余万能复追乎？定买之三十余万及洋员、洋匠薪工等项能复扣乎？所谓节者又安在也？臣于同治五年奏请试造轮船时，即豫陈非常之举，谤议易兴，事败垂成，公私两害，所虑在此。兹幸朝廷洞瞩情形，密交疆臣察议。成效渐著，公论尚存，微臣得于钦承垂询之余，稍申惓惓不尽之意。否则，微臣虽矢以身家性命殉之，究于国事奚所裨益？兴念及此，实可寒心！所有福建轮船局务必可有成，有利无害，不可停止实在情形，谨披沥直陈。①

以上三段引文，不及左氏原奏之半，盖当据一隅以见全局。

稍后数日，四月初一日沈葆桢的奏复，递到朝廷，最清楚表达对宋晋所议的辩驳，其奏详细更超出左宗棠之奏一倍，为使世人清晰掌握，不免多加引括：

伏维自强之道与好大喜功不同，即使中国船炮远胜西国，我皇上断不肯劳师异域，为汉武、唐宋(宗)之所为。至自固藩篱，为民御灾捍患，非惟声势所不容已，抑亦覆帱所不可遗。

查宋晋原奏称"此次轮船将谓以之制夷，则早经议和，不必为此猜嫌之举"。果如所言，则道光年间已议和矣，此数十年来列圣所宵旰焦劳者何事？天下臣民所痛心疾首不忍言者何事？耗数千万金于无底之壑，公私交困者何事？夫恣其要挟，为抱薪救火之计者非也；激于义愤，为孤注一掷之计者，亦非也。所恃者未雨绸缪，有莫敢侮予之一日耳。若以此为猜嫌，自碍和议，是必尽撤藩篱，并水陆各营而去之而后可也。

---

① 《洋务运动文献汇编》第 5 册，第 113 页，左宗棠折。

原奏称"用之外洋交锋,断不能如各国轮船之利,名为谋远,实同虚耗"。夫以数年草创伊始之船,比诸百数十年孜孜汲汲精益求精之船,是诚不待较量可悬揣而断其不逮。旋亦思彼之擅是利者果安坐而得之也? 抑亦苦心孤诣不胜糜费而得之耶? 譬诸读书,读至数年,谓弟子当胜于师者妄也;谓弟子即不如师矣,莫若废书不读,不益妄乎? 且各国轮船亦有利有不利,其创之也各有后先,其成之也互相师法,久于其道,熟能生巧者则利,卤莽从事浅尝辄止者则不利;加意讲求竞之惟恐失之者则利,恃其精巧疏于防范者则不利。此中人事居其半,天事亦居其半。即如厂中新造之"万年清"、"伏波"轮机购诸外国者也,"安澜"轮机成诸本厂者也。"万年清"船工屡作屡改,"伏波"、"安澜"渐少更张,而试诸海邦则"伏波"稳于"万年清","安澜"稳于"伏波",前者生,后者熟也。新造诸船,俱用华人驾驶。夫华人驾驶之技,逊于洋人,昭昭也。去岁海上台飓辄作,坏夹板船百余号,轮船二十余号,而闽、沪两局华人驾驶之船,幸保无事。[1]

由于沈氏直接亲身经理造船,所复奏多举各项细节与各项门类,无稍遗漏,在此无须备举。

当日中国开始启步,追摹西洋工艺,包括曾国藩、李鸿章、左宗棠以及沈葆桢,一直定计学习西方技术,培育幼童成材。此在今所谓技术转移,当日诸人作为,无不以此为重点。因是沪局开建,即附设译书之所,专译西方工艺之书,闽厂开办,亦先招收生徒六十名,入英国学堂习驾驶,入法国学堂习制造。具见自强领袖之筹谋久远,使西人长技为中土拥有。此期沈氏复奏,特加陈叙:

---

① 《同治朝筹办夷务始末》卷86,第17—18页。

御侮有道,循已成之法而益精之耳。洋人来中国教习未必非上上之技。去年曾国藩有募幼童赴英国学艺之举,闽中欲踵而行之,以艰于筹费而止。拟限满后,选通晓制造驾驶之艺童,辅以年少技优之工匠,移洋人薪水为之经费,以中国已成之技求外国益精之学,较诸平地为山者又事半功倍矣。

西洋虽千头万绪,要权舆于算学,中法与西法派虽别而源则同。臣尝会同前督臣英桂有请设算学科之奏,部臣因无人可以阅卷议驳。然闻京师同文馆教习李善兰通西学者也,前任山西河东道杨宝臣通中学者也,倘废无用之武科以励必需之算学,导之先路,十数年后人才蒸蒸日上,无求于西人矣。①

沈葆桢复奏甚长,仅择举十之二三。然其所抱宏图远识,乃视造轮之业将与国运永续亿万年而不朽者也。当引以为言证:

且当日左宗棠与洋将坚明约束,各国周知。今无故而废之,一则谓中国办事毫无把握,益启其轻视之心;一则谓中国帑项不支,益张其要求之焰。此微臣所以反复思之,窃以为不特不能即时裁撤,即五年后亦无可停,所当与我国家亿万年有道之长永垂不朽者也。②

同治十年十一年之交,因宋晋奏请停造轮船而随声反应,致书总署恭亲王者,自以曾国藩正月二十八日之函为最先,若除去四五日邮程,曾氏之函当发寄于正月二十三四日。然几乎同时有所反应者,则为李鸿章在正月二十六日所写致曾国藩之函,表达通盘思考筹计与全面了解。所论至为精辟核要中肯:

---

① 《同治朝筹办夷务始末》卷86,第21页。
② 同上,卷86,第20—21页。

兴造轮船兵船，实自强之一策。惟中国政体，官与民，内与外，均难合一。虑其始必不能善于后。是以鸿章于同治四五年创议铁厂时，左公（宗棠）已先议造船，鄙意未敢附和。但主仿造枪炮军火，谓可自我发而收之也。即不备于水，而尚有备于陆也。兹闽沪造船已六载，成器成效不过如此。前兴之而后毁之；此信之而彼疑之。及今吾师与左公尚存，异议已多，再数年十数年后，更当何如？财欲其费，效欲其缓，百年或有与洋制争胜之日。今世不欲多费财，又不欲缓收效，士大夫恒情皆然，岂独雪帆（宋晋）？雪翁此奏，亦采中外众论而出之也。仲仙（吴棠）之去，芗岩（英桂）之告，幼丹（沈葆桢）之辞，皆为船局。补帆（王凯泰）又屡来书，询官轮处置之法，急急求去之。即易疆吏百，而所见则一人。孰不视官为传舍？有忧国如家视远如近者乎！可悲也。师门本创议造船之人，自须力持定见。但有贝之财，无贝之才，不独远逊西洋，抑实不如日本。日本盖自其君主持，而臣民一心并力，则财与才日生而不穷。中土则一二外臣持之，朝议夕迁，早作晚辍，固不敢量其所终极也。①

惟李氏此函曾氏当能在正二月之交收到，但遍查曾氏日记，毫无记载，而曾氏于二月初四日逝世，似并未见及李氏来书，难作肯定载录。

朝廷于二月谕令李、左、沈三位大臣奏复停造轮船之议。李鸿章出奏最晚，于同年五月十五日上奏，比沈奏更为加长一倍，视野加广，思考加深，内涵丰赡，意趣恢宏，有多方创见创说，实为史家引为自强思想代表文献。李氏生平提示中国遭遇大变局不下十次，此非首次，但世人以此奏所言作为代表。兹亦分择数段举证：

---

① 《李文忠公朋僚函稿》卷12，第3—4页。

　　臣窃维欧洲诸国,百十年来由印度而南洋,由南洋而东北,闯入中国边界腹地,凡前史之所未载,亘古之所未通,无不款关而求互市;我皇上如天之度,概与立约通商以牢笼之,合地球东西南朔九万里之遥,胥聚于中国,此三千余年一大变局也。西人专恃其枪炮、轮船之精利,故能横行于中土;中国向用之弓矛、小枪、土炮不敌彼后门进子来复枪炮;向用之帆篷舟楫、艇船、炮划不敌彼轮机兵船,是以受制于西人。居今日而曰攘夷,曰驱逐出境,固虚妄之论;即欲保和局、守疆土,亦非无具而能保守之也。彼方日出其技与我争雄竞胜,絜长较短以相角而相陵,则我岂可一日无之哉?①

亦正如前举曾国藩、左宗棠、沈葆桢之主张,谋求自强,实为兴造轮船的前提,李氏奏陈自表现立场之一致:

　　自强之道在乎师其所能,夺其所恃耳。况彼之有是枪炮、轮船也,亦不过创制于百数十年间,而侵被于中国已如是之速。若我果深通其法,愈学愈精,愈推愈广,安见百数十年后不能攘夷而自立耶?日本小国耳,近与西洋通商,添设铁厂,多造轮船,变用西洋军器,彼岂有图西国之志,盖为自保计也。日本方欲自保而逼视我中国,中国可不自为计乎?士大夫囿于章句之学,而昧于数千年来一大变局;狃于目前苟安,而遂忘前二三十年之何以创巨而痛深,后千百年之何以安内而制外,此停止轮船之议所由起也。臣愚以谓国家诸费皆可省,惟养兵设防、练习枪炮、制造兵轮船之费万不可省。求省费则必屏除一切,国无与立,终不得强矣。②

---

① 《李文忠公奏稿》,第40—45页。
② 同上,卷19,第45页。

至李鸿章议复制造轮船,同样表达坚阻裁停:

> 左宗棠创造闽省轮船,曾国藩饬造沪局轮船,皆为国家筹久远之计,岂不知费巨而效迟哉? 惟以有开必先不敢惜目前之费,以贻日后之悔。该局至今已成不可弃置之势,苟或停止,则前功尽弃,后效难图,而所费之项转成虚糜,不独贻笑外人,亦且浸长寇志。由是言之,其不应裁撤也明矣。①

在此同一件奏折之中,李鸿章已积极提出中土以洋法洋器采煤炼铁,方之英国、日本,为富国强兵之正途。为鼓励国人敢于开发、勇于投资。为此而提出一个开新主张,是即在奏中提出"官督商办"一个开发煤、铁的政策:

> 抑臣更有进者,船炮、机器之用非铁不成,非煤不济,英国所以雄强于西土者,惟借此二端耳。闽、沪各厂,日需外洋煤铁极夥,中土所产多不合用,即洋船来各口者亦须运用洋煤。设有闭关绝市之时,不但各铁厂废工坐困,即已成轮船无煤则寸步不行,可忧孰甚。南省如湖南、江西、镇江、台湾等处,率多产煤,特无抽水机器,仅能挖取上层次等之煤,至下层佳煤为水浸灌,无从汲净,不能施工。诚使遴派妥员,招觅商人购买机器开采,价值必视洋煤轻减,通商各口皆可就近广为运售,而洋煤不阻自绝,船厂亦应用不穷。至楚、粤铁商,咸丰年前销售甚旺,近则外洋铁价较贱,中土铁价较昂,又粗硬不适于用,以致内地铁商十散其九。西洋炼铁、炼钢及碾卷铁板、铁条等项无一不用机器,开办之始,置买器具,用本虽多,而炼工极省,炼法极精,大小方圆,色色俱备,以造船械、军器,土铁贵而费工,洋铁贱而得用,无怪洋铁销售日

---

① 《李文忠公奏稿》,第45页。

盛,土铁营运渐稀也。近来西人屡以内地煤铁为请,谓中土自有之利而不能自取,深为叹惜。闻日本现用西洋开煤铁之矿以兴大利,亦因与船器相为表里。曾国藩初回江南,有试采煤窑之议,而未果行。诚能设法劝导,官督商办,但用洋器洋法而不准洋人代办,此等日用必需之物,采炼得法,销路必畅,利源自开。榷其余利,且可养船、练兵,于富国强兵之计,殊有关系。此因制造船械而推广及之,其利又不仅在船械也。①

李氏全本奏章,重要意见甚多。惟其最后之佳言,表达富强关键在煤铁,为当年最早见之近代化工业化政策性建议,而造船制炮,尚当借此为根本。至于如何鼓励官民投资开煤炼铁,李氏亦提出政策性的推动筹谋,是即奏中所谓的"官督商办"。故自强运动领袖之中,曾、李、左、沈四人,惟以李氏最重当前所应推行之富强大略,有全局估断,通盘考虑。并不局限于武力之造船制炮。首先提出官督商办策略,正代表其人手之选择。

"官督商办"一个晚清现代化运动中致富强之思想与政策,当代学者多人重视而加以探究。一时名家有费维铠(Albert Feuerwerker)(1958)、刘世海(1955)、李国祁(1962)、吕实强(1962)、姜铎(1962)、汪熙(1963)、邵循正(1964)、黄逸平(1964)、全汉昇(1975)、张国辉(1976)等②。对此持肯定观点者有李国祁、吕实强、全汉昇及鄙人。我愿负学术责任,毫不推拖。

李鸿章奏复到达朝廷,五月十七日立即有上谕下给总理各国事务衙门,令其就左宗棠、沈葆桢、李鸿章三人奏折,一并汇合研议覆奏。③

---

① 《李文忠公奏稿》卷19,第49—50页。
② 王尔敏《官督商办观念之形成及其意义》,《香港中文大学中国文化研究所学报》卷13,1982年,第19—43页。
③ 《同治朝筹办夷务始末》卷86,第34页,谕军机大臣。

事隔一个月之后,同年六月二十八日(1872 年 8 月 2 日)恭亲王领衔,以总署名义奏复左、沈、李三折。代表当时朝廷处置停造续造轮船的最后决策,自具时代重要性,当引据以备后世参考:

> 臣等溯查同治五年六月,左宗棠首建设局造船之议,前两江督臣曾国藩、直隶督臣李鸿章等亦均以力图自强非讲求机器、制造轮船不可,臣等意见亦复相同,是以先后议准,期于事之必成。朝廷行政用人,自强之要固自有在,然武备亦不可不讲,制于人而不思制人之法与御寇之方,尤非谋国之道。虽将来能否临敌制胜未敢豫期,惟时际艰难,只有弃我之短,取彼之长,精益求精,以冀渐有进境,不可惑于浮言,浅尝辄止。臣等于船厂未经亲历,实不知其详。惟李鸿章、左宗棠、沈葆桢诸臣,虑事周详,任事果毅,意见现已相同,持论各有定识;且皆身在局中,力任其难,自必确有把握。其间造船以资华商雇领一节,李鸿章、沈葆桢俱以为可行,应由该督抚随时查看情形,妥筹办理。

> 至李鸿章筹及嗣后添造兵船无可分拨,拟请裁撤各省内外洋红单、拖缯艇船而配以自造兵船,即以各船修造养兵之费抵给轮船月费等语,应由各该省督抚另行奏请谕旨,饬部核议。①

恭亲王在朝内中立,亦以自强为谋国要图,所持论自是赞成继续造船,支持左、沈、李三人主张。只李鸿章大胆建议将海防水师旧有红单船、拖缯艇船革除不用,一改西洋兵轮炮艇,本是当日应走强化海防之道。恭亲王等则无此胆识,不加支持。是以迁延犹豫,难下决心。终于数年之后,1874 年日军以雇美国轮出兵侵台。乃使清廷惊诧不知所措。

---

① 《洋务运动文献汇编》第 5 册,第 127—128 页。

五、结　论

古今来史事复杂,明暗互乘,起伏莫测,内外激荡,利害纠结,不能以表面看,不可以直观论。时势环境,原不毕同,取舍抑拒,全无定则。是以无法骤定是非,亦难于轻论成败。史家固多详追实迹,且须洞悉时代世情之实境。本文立足此等知见基础,研探自强运动之一项造轮船行动,其领袖人物之志节眼光,精神毅力,以当其身临之政治环境,世习向背,资财之依靠,人事之配合。于此案例,提供后世回观与参证,自能表现心平意正对待历史,而不至有所误导。

研究历史,重在知人知世,提出实据,传示后人。在近代之自强运动论题,当知是展开近代化的起步。因是重在判析自强运动领袖之识断、志节、举措与毅力。时代根本动力基础,创自于鸦片战后,林则徐、魏源的“师夷之长技以制夷”。而第二次鸦片战争后,冯桂芬、曾国藩、李鸿章、左宗棠、沈葆桢等亦同样具此识力。有谓“师其所长,夺其所恃”,正是此义。

以思想宗旨用心指标而言,本文所举,自恭亲王、文祥,以至曾、李、左、沈,均抱定自强宗旨,申说甚明,可为自强运动脚注。

以举措而言,其入手原在造船制炮,强化军伍。惟独有李鸿章主动建议彻底改革军器军制。陆军革除绿营分汛之制,全易枪炮队伍,合而不分,海上则革去水师战船(红单、拖缯、长龙、同安梭等式)各省水师,一律改用轮船,乃是自强根本之道。可惜恭亲王并不支持。

须知所有开创闽厂、沪局,俱在 1865 年以后,其时太平天国已被平定。自全无对内宗旨,一切目标俱为对外,亦即御敌防侵。乃为立国之本,所为自强,用心多在于此。于此自可较为明了自强运动之意涵与功用。乃是一个反映时代醒觉的共趋动向。

虽然这样可观,却须环顾当年的朝政环境与人心世习的固结实力。乃在晚清朝政之安固守常,坚僻自是,甚而醉心盛世,文酣武嬉,不知所当世变日乘,列强眈眈环伺。此则形成阻力,足以败坏全局。若宋晋之类的亡国大夫,满朝充斥,虽是饱富学问,而抱残守阙,昧于时事,所陈之见,所抒之论,狭而迂阔,琐而荒谬,惟其影响至深。左、沈、李奏复,固已详加批驳。恭亲王且亦强力支持。然造船之举,由是而滞,终至衰竭不行,遂不得不有开新转向,改行官督商办之航运事业。此一转折甚大,充分表现自强新政之严重受挫。在同一年中,李鸿章终于大力经营而开创轮船招商局①。

　　附记:本文提要系承门人郑宗义博士译为英文,特申感谢。

2004 年 11 月 5 日写于

新大陆之柳谷草堂

---

① 吕实强《中国早期的轮船经营》,第 225—271 页。

刚毅南巡与轮电两局报效案

晚清何以衰敝？必有一定形成背景。虽已早有若干时评时论，然非出以严肃研究，只可代表一种舆情，尚未足视为历史定论。民国以来谈论历史人物，以清廷权贵而言，实以慈禧太后最受人注目。惟晚清满族亲贵、王公、大臣等，曾有被论及者则有琦善、耆英、端华、载垣、肃顺、胜保、僧格林沁（蒙人）、恭亲王、醇亲王、文祥、庆亲王、崇厚、荣禄等。俱可谓透过严肃研考而作，自应予以重视，具参考价值。

光绪二十四年（1898）八月政变，推翻了光绪帝变法新政，清廷自上而下推行之维新生机，完全遭到扼杀。此时期举朝已成拥太后党，一批满人官僚得势。旧官僚拒斥变法，自然上下一心，一切率由旧章。史家固当于戊戌八月政变后以至庚子五月拳变蜂起前，其间不足两年时间之清廷朝野政风作一考察，即可确知后党当权后在历史上会造成何等世局。

本文不研究戊戌变法，亦不探讨庚子拳变。但愿于戊戌、己亥、庚子之两三年间，选择一个满人权贵作为考察对象，若提出刚毅来论，应该是很具代表性。刚毅自光绪二十年入军机,直至光绪二十六年死后革职,一直是清廷中枢政要,军机大臣在清代虽非一人擅专,而在人臣中实居国家最高地位,已在领导核心。刚毅先后任工部、刑部、吏部各尚书,又是协办大学士。亦皆亲笔国政实权,惟本文无意全面研究。仅就一细小关节,探讨光绪二十五年(1899)刚毅南巡故事,以见近代工商业所遭遇之困难环境,虽是微小事项,正以见出多重意义,颇值追考玩味。

三十年前阅读李伯元(名宝嘉)所作《官场现形记》(全六十回),其中记述有刚毅南巡故事,化名童子良。占据四十六、四十七两回主角,并于四十八、四十九两回尚见及童子良名字,并不重要。凡此一部小说,每回皆达万字篇幅。我人固知刚毅字子良,人物相符,惟除刚毅南巡行动本为当时市民共知大事,于此书中列为主题外,其余一切内容,全属虚构,完全子虚乌有①。小说家自有文学创造发挥想象之自由,而史家恪守求真精神,亦须丝毫不苟,一般小说资材,十九杜撰,殊不可引据。

刚毅与江南渊源关系,系在光绪十四年至十八年任江苏巡抚,与广东渊源关系,系在光绪十八年至二十年任广东巡抚②。随即入值,任军机大臣。其于江苏、广东二地于吏治民情,向称熟稔。故而二十五年的南巡,即以此二地为范围。

刚毅熟悉江南地方政务,而江苏人民与江苏京官均对刚毅印象恶劣。刚毅在江苏风评庸下,为士人讥嘲传言甚多。李伯元多收入其

---

① 李宝嘉(字伯元)《官场现形记》下册,第46至第49回,台北世界书局1956年。
② 魏秀梅《清季职官表附人物录》下册,台北中研院近代史所1978年,第599、642页。

《南亭笔记》，无须加以引论①。惟刚毅对于同在苏州的官绅亦多不惬于心，盛宣怀即其中之一。

盛宣怀之遭受刚毅所忌，基本上是以办理轮船、电报洋务企业起家，决不容于刚毅排斥外洋心理。光绪二十二三年之间，盛宣怀连续承命接办汉阳铁厂，开办中国商业银行，并又借洋债筹办芦汉铁路，可以说备受朝野重视，已是国家不可缺的洋务企业重臣。惟盛宣怀在李鸿章失势后，于上仰托张之洞、王文韶两总督荫庇，又与户部尚书翁同龢极力拉拢，凡事俱上承张、王两总督联衔入奏，使刚毅尚要顾虑投鼠忌器。

事机之转折，始于光绪二十四年四月二十七日（1898 年 6 月 15 日）光绪下诏谕罢斥翁同龢，旨命“开缺回籍，以示保全”。完全免去军机大臣、总理衙门大臣、户部尚书等官职。此篇诏谕为戊戌变法史重要文献，史家耳熟能详。然与本文只是间接关系。主要罢斥翁同龢同一天，光绪帝已在另一上谕诏令王文韶交卸直隶总督北洋大臣，由荣禄暂署，并即迅速晋京陛见，实在用意虽未明言，以王代翁，已可明见②。

事实果然在预期中进行，王文韶于五月初四日到京，立被皇帝召见，而初五日一连三道上谕，授王文韶为户部尚书，并命在军机大臣上行走、在总理各国事务衙门行走。适完全接替翁同龢所遗各缺③。

王文韶入军机处，可使盛宣怀在朝廷有一内主，可以缓冲刚毅在军机议事中对盛宣怀的诸多挑剔。果然在王文韶方受新命，谢恩未及三日，已有上谕在五月初八日（1898 年 6 月 26 日）发下，责命盛宣怀

---

① 李伯元《南亭笔记》卷 2，上海：大东书局 1926 年，第 10—11 页。收载刚毅鄙陋行事十二则。

② 《谕折汇存》第 5 册，台北文海出版社影印，第 3541 页。

③ 《谕折汇存》第 6 册，第 3852—3853 页。

赶办芦汉铁路,催迫疾促,措词严苛。兹附列以备分析:

> 上谕:前因芦汉开办铁路,设立招商公司,特派盛宣怀督办,
> 计时将及两年,所有勘路购地各事宜,应已办有端绪。此项铁路,
> 关系紧要,岂容观望迁延。现在业已筹有的款,著盛宣怀克日兴
> 工赶办,并将办理情形先行具奏。倘再延不开办,玩误要工,责有
> 攸归。盛宣怀岂能当此重咎耶。此外粤汉、宁沪各路,并著承办
> 各员,一体迅速开办,毋得任意迟缓。钦此。①

光绪皇帝上谕,当是断自宸衷。不过军机大臣会议其前,所出诏
谕俱经军机草拟。其时王文韶刚入军机三日,尚无入值机会插手拟
旨。当时江浙京官,推测是刚毅在中间施放暗箭。此则可以见及光绪
二十四年五月十五日(1898 年 7 月 3 日)吴承潞致盛宣怀函:

> 寿帅(裕禄,字寿泉,时为四川总督,奉召入京)在沪,公与晤
> 谈几次? 臭味尚相投否? 此行必入赞无疑。能与仁和(指王文
> 韶)笙磬同音,斯为大妙。若任听近仁(指刚毅)横出主意,天下
> 事尚可问乎?②

此一信函,具有关键性参考价值。主要裕禄以疆吏奉召入京陛见,是
京中官吏所首先探知,并推测可能动向以为因应。裕禄行程到上海稍
作勾留,盛宣怀当即会晤,并函告吴承潞。吴氏回信,早在裕禄到京之
前五日,可知京中官员密切注意。裕禄在五月十九日方始到京陛见问
安。至五月二十三日(1898 年 7 月 11 日)方有皇帝诏谕授命裕禄在
军机大臣上行走③。岂料吴氏五月十五日之信,早已在八天以前事先

① 《谕折汇存》第 6 册,第 3884 页。
② 王尔敏、吴伦霓霞合编《盛宣怀实业朋僚函稿》下册,香港中文大学中国文化
  研究所,1997 年,吴承潞第 42 函。
③ 《谕折汇存》第 6 册,第 4207、4323 页。

预言。正可见出京中官僚随事精密考察之功夫。故对于刚毅一年后之南巡背景,应在此间略作交代,以免突然引入刚毅南巡故事。

至在史乘上言,刚毅南巡,是清廷朝旨所命,原以钦差大臣地位前赴江南整顿政务。授命之日,系在光绪二十五年四月十二日(1899年5月21日)由内阁出以明发上谕。宗旨原非专对招商局、电报局,而应是广泛江南财政收入及官员舞弊问题①。虽是明发上谕,刚毅真正使命并未见之诏旨。其时正值意大利要求租借浙江三门湾未能得允许,乃有海军兵舰在中国沿海游弋寻衅之事,朝廷亦已命浙江巡抚刘树棠集军防范,颇具开战危机。故有人作此推想。如顾铜井致盛宣怀书有谓:

> 顷阅报章,十二日电旨派刚相江南一带查办事件,不知何事?想尊处必微有所闻。尚祈密示一二,至盼至盼。虽此等故事,向来指东画西,不必定江南,然请教如此大名公则其事必非泛泛。若上意主战,而荣、刚议合,一筹划于内,一督责于外,则隐忧方大。②

我人据一月后之密寄上谕(谕军机大臣),可确知刚毅南巡使命,与对抗意大利来犯之事无关。主要是命之会同南洋大臣刘坤一整顿吏治财政③。直至此时,刚毅实未受到特别指示,命其查察轮船、电报

---

① 《清实录》第 57 册,第 824 页;《德宗景皇帝实录》卷 442,光绪二十五年四月己丑,中华书局 1987 年。

② 《盛宣怀实业朋僚函稿》中册,第 710 页。

③ 《清实录》第 57 册,第 859 页;《德宗景皇帝实录》卷 445,光绪二十五年五月十六日(壬戌)上谕:江南地方紧要,刘坤一在任有年,尚无贻误。惟近来外省办事瞻徇敷衍,积弊相沿。非破除情面不足以力湔旧习。朝廷眷念海疆,特派刚毅驰往江南,将地方一切事宜,悉心咨访,妥筹整顿。现据该大臣将查访筹办各节分晰具奏。业已谕令会商该督抚认真办理。刘坤一职任兼圻,久资倚畀,既有分任劳怨之人,自应益加策励,遇事和衷商榷,将向来具文积习一扫而空,勿稍回护。至用人尤当今要务,并与刚毅会商考核,秉公激扬,以期各当其任。

两局。

我人可以肯定知道推动刚毅查办轮电两局,发难主动出于大学士徐桐的奏劾。为时已至同年六月初四日(1899 年 7 月 11 日),上谕根据徐桐指摘,命大理寺少卿盛宣怀限于三个月内详开清单,复奏明白①。依照时间推算,盛宣怀须于九月初旬以前,向朝廷具奏轮电两局历年经营情形,并须清楚交代历年收支帐项。

至刚毅之查办轮电两局,虽未见六月初四日之上谕,清廷实有寄谕命刚毅会同盛宣怀彻底查察。惟既有朝命提出轮电两局遭人指摘,刚毅自有责任在其查案专使权限,可以执行任务。原来刚毅早已不惬于盛宣怀,自四月授命巡阅江南,但凡经营洋务官员已多受其参劾落职,如沈敦和、王存善均遭革职处分,俱刚毅查办所出奏案为依据②。

盛宣怀友人吴承潞颇为之忧心,因知已有查办轮电两局谕旨,吴氏乃特函告盛氏小心因应,以免为刚毅所陷害。其致函委婉,颇具参考价值。兹引据其相当语句:

> 近仁曩时颇示慊于公,今得所藉手,不复问事之是否,必令掣肘而后已。幸有右军共事,当可渐次消弭。公复疏宜心平气和,凡事自有公论也。③

---

① 《清实录》第 57 册,第 877 页;《德宗景皇帝实录》卷 446,光绪二十五年六月初四日庚辰,谕内阁:如徐桐所奏,轮船招商局、电报局及开平矿务局,近年获利不赀,而赢余利息如何酌提归公,未经议及。是徒有收回利权之名,并无裨益公家之实。著责成办理轮船电线事大理寺少卿盛宣怀,督饬在事官商人等,迅将经管各项近年收支数目,亦限三个月分晰开具清单,酌定余利归公章程。专案奏明,请旨定夺。

② 《清实录》第 57 册,第 894—895 页;《德宗景皇帝实录》卷 447,光绪二十五年六月二十三日己亥。内阁明发上谕。

③ 《盛宣怀实业朋僚函稿》下册,吴承潞第 32 函。

此函语句须略作疏解。刚毅字子良,当时公私谈论,明言至多称刚相。若涉忌讳,则用他法明之。函中"近仁"即指刚毅,其典出《论语》句:"刚毅木讷近仁。"其时士大夫习惯如此。"近仁"即指刚毅,当无可疑。至函中言与"右军"共事,右军即指王文韶,盖借右军将军射王文韶,此时两人同为军机大臣,故言共事。由于王文韶与盛宣怀父子两代深交,宣怀以师门之礼崇敬王氏,故自光绪后半期,久为宣怀内主。信中所言,以其可以化解刚毅之猜忌也。

我人接续查考光绪二十五年六月二十四日(1899 年 7 月 31 日)给军机大臣上谕,一则可见刚毅受命之法源,二则可见刚毅奏明自江宁出发赴苏州专门查办轮电两局之行动。此一上谕,清楚交代,可为重要史据:

> 谕军机大臣等:有人奏,敬陈管见以裕利源一折。据称轮船招商局电报局督办之员,盘踞把持,积弊多端,请派大员彻底详查等语。招商电报两局,前经明降谕旨,饬令盛宣怀督饬在事官商人等,迅将经管各项递年收支数目,限三个月分晰开具清单,酌定余利归公章程。专案奏报。并寄谕刚毅,饬令督同盛宣怀一并彻查。原以轮船招商局务系官督商办,其各分局各轮船如有弊窦,应由该局随时自行整顿也。昨据刚毅奏,由宁启程赴苏,查核招商电报两局款项。著即懔遵前旨,督饬盛宣怀,迅将酌提余利归公章程拟定成数,奏明办理。当此时局孔艰,该大臣必能不避嫌怨,实事求是。万不至任听在事各员多方掩饰,置公家利益于不顾也。原折著抄给阅看,将此谕令知之。①

事实上,大学士徐桐奏陈,不晚过同年(二十五年)五月中旬,因军

---

① 《清实录》第 57 册,第 896—897 页;《德宗景皇帝实录》卷 447,光绪二十五年六月二十四日,庚子上谕。

机处廷臣会议,已于五月二十六日前议妥处置办法。与次月初四日上谕完全相同。李鸿章虽未参与军机处会议,实亦充分了解处置内容,并于五月二十六日电知盛宣怀。颇可引来对照八日后上谕。如电告云:

> 徐相奏。商局规模日拓,电线布满二十一行省,获利不资,盈余未曾归公,每年收支亦未报部。现经廷臣会议,请旨严饬执事,迅将经管各项逐年收支数目,限两个月开具清单,报明户部备核。并酌定余利归公章程,专案奏明,嗣后按年提存候拨,日内入奏,必蒙俞允。弟须预筹办法,两局皆商股集成,股利不可短欠。公积能否酌提报效,希酌。①

李鸿章荫庇盛宣怀,无时不代为设想,而关顾新兴实业,亦可谓无微不至。惟其时盛宣怀同日回电,亦表明闻知交刚毅查办,可见其京中消息,十分灵通正确,故就外力竞争煎迫,以期上告当轴②。同时盛氏更于五月二十八日电告军机大臣王文韶,求其在廷议时力持径自责成盛宣怀筹复。用意在避免交刚毅过问,但是并未成功。其电文甚值参考,请核对如下:

> 近仁不达商务,恐大张旗鼓,败坏两局。德国现将造青岛海线,以通津沪各海口。正拟与大东北商阻。怡太轮船合同来年满期,华商力薄,易散难聚。廷议入告时务求严饬敝处筹复,免得另

---

① 盛宣怀著:《愚斋存稿》卷34,第20页,常州思补楼校刻本,1939年。台北文海出版社影印。

② 《愚斋存稿》卷34,第21页,光绪二十五年五月二十六日致李鸿章电:"两局事如廷议专交宣处筹复,国计商情必能兼顾。传闻交刚相会查,股票忽大落。德国、日本皆设轮船公司来华,明年怡太合同期满,难保不有争斗。又闻德造胶州海线,欲通津沪。正在设法抵御,此中艰危情状,乞与当轴透切言之。"

生枝节，国计商情，方可兼顾。①

刚毅巡阅江南，对于轮电两局，既有朝廷授命，又当查案权属，盛宣怀自须冷静面对，力求因应得宜。六月初四日上谕既下，初八日（1899 年 7 月 15 日）即有刚毅电报自江宁发来，盛宣怀立即于初九日回电表明配合查案，准备两局全部账册，以备检阅。其复电可见盛氏委婉循依之情：

> 江宁刚中堂：庚电敬悉。昨奉明诏，并接大咨，时局艰难，自应劝谕众商，竭力报效。现已转行两局员董，集商筹议，一俟禀复到日，即行呈请酌定，并将历年账册送请查核。宣本拟来宁，适值美国派律师在沪议订粤汉详细路约，总署来电，美使催办甚急，画押后即当到宁面陈一切。闻节旄将赴苏，约何日过沪，乞钧示。②

清廷上谕，意旨明确，清楚查办轮电两局积弊。惟刚毅初八日电咨盛宣怀，已无从考见内容文字。然我人可在盛氏其它电牍中，见到刚毅实已向盛氏表明意旨。正是直截了当要两局向政府报效银两，抑且意在拿到现金。其事可见之于六月十四日（1899 年 7 月 21 日）盛宣怀致电北京户部尚书王文韶：

> 明降及刚咨已行两局会议，拟官利外，照矿务章程提二成半充公，每年将刊印众商公核之帐略呈送，不造报销。部文到即奏复。近仁意在现款，拟预缴十万。北洋二十九一奏是否行散处并复？官报免费，恐启影射，势难遵办。如有传谕，可嘱冯（志先）告。③

① 《愚斋存稿》卷 34，第 21 页。
② 吴伦霓霞、王尔敏合编《盛宣怀实业函电稿》上册，香港中文大学 1993 年，第 190—191 页。
③ 《盛宣怀实业函电稿》上册，第 191 页。

王文韶为盛宣怀朝内所依恃的支柱,凡事必先通知王氏,求其能在朝廷化解危难。然电文虽未指名,"近仁"即指刚毅无疑。明白言刚毅既要查办,宗旨即在于拿到现金,方肯向朝廷销案。数字亦意在于十万两现银。真可谓是查办有效。

刚毅奏明亲自江宁进驻苏州,当必剑及履及,拜折后即行。大约当在六月十五日至二十日之间,因其与盛宣怀在苏州会晤应在六月二十日以前。盛氏于二十一日电致上海招商局、电报局,说明二人相见情形,重点俱为轮电两局之会商。内容情形,可见六月二十一日盛宣怀电报所述:

> 沪轮船商局总办、总董,电报商局总董:刚相面商,两局公禀二成报效,若无定数,户部碍难拨用。现在江南所筹各款,皆有实数可指,谆嘱散处劝谕轮电股商,裁节糜费,自本年起每年报效若干,除南北洋学堂捐款之外,另捐若干,须定实数,不必拘定提成。相意深恤商情,亦知两局添船添线尚须商人筹款,断难中飏。惟君父有急需,子民岂容漠视?必宜仰体捐输,多多益善,不得稍有推诿。希将议定实捐数目迅速会禀,以凭咨办。①

我人须知,轮船、电报两局是官督商办,原来官为提倡出借官款,以便吸引商民投资,两局资金主体仍乃由各局征招商民股金构成。多年来早已还清官款,此时两局俱是商股,并非官办,如何向商民予取予求?所谓报效,只是剥削商民名目。股商各招商股,所图在于每月有固定股息。其时两局股票已多分散于南北官绅,亦有京官持有股票,是以盛宣怀承此政府属命,势须与两局商董商量估算,自不易个人擅作主张。故将刚毅索求电告上海两局商董。

---

① 《盛宣传实业函电稿》上册,第191页。

经文献可见，确知因应刚毅查办轮电两局之绅董，俱以当时在上海者为主体。计为顾肇熙（缉庭）、郑观应（陶斋）、严潆（芝湄）、杨廷杲（子萱）、唐德熙（凤墀）、陈猷（辉庭）等人。众人得盛宣怀六月二十一日来电，经会商之后乃由顾肇熙先于二十二日（1899 年 7 月 29 日）复函苏州盛氏，又于二十三日以漾电回复盛氏。二十二日之函乃供盛氏个人察阅参考。二十三日之漾电则代表两局绅董公电，备盛氏提供刚毅备查。此两件均具重要意义。特须引据，以见商家委曲求全之用意：六月二十二日顾肇熙复盛宣怀函：

> 相意必欲认定实数，不以提成为然，不过为自己交卷文章一律，而两局抱定提成，自是遵旨办法，即以此拒其提现款，亦是一法。今拟复电，以船局十万两、电局十万元立论，暗合二成光景，而留出地步请公以十万两转弯，船六电四亦合二成五光景，与京城意思亦不谋而合。如良相再用生意经，惟祈公以商情不协恐碍商务大局，亦非朝廷恤商之本意等词剀切言之。该河提成太多，收数顿少，此迫令证据也。（以此拒其提五成，若然如此，商情大拂，生意难做矣。）预缴一层，如不提及最好，万一提及，亦必须提明添船添线，正在筹借，万不能爽快答应。如何腾挪分期之处，想公必随机应对，无待鳃鳃。电稿附呈，复电今晚拟就，有在沪股商会议，不能从速，明早即发漾电也。①

六月二十三日（1899 年 7 月 30 日）顾肇熙复盛宣怀漾电，作为对答政府之公电：

> 电复苏州盛大人：个电敬悉，蒙刚相深恤商情同感，遂邀集两局在沪股商会议，皆称生意盈亏无常，实难指定报效之数，况近日

---

① 《盛宣怀实业朋僚函稿》中册，第 703 页。

商情已甚摇动,股票价跌,皆欲出售,只好仍遵旨按余利提成,以二成为度,董等因其人多口杂,只能力劝,势难抑勒。现议仰体相意,每年连向北洋捐款在内,船局捐银十万两,电局捐洋十万元。除学堂捐外,按年照数补缴。倘遇亏折,商股官利不能发足之年,则报效亦应求免一年。劝至此,股商勉强允议,并云股商之中颇有靠此股利赡家者,如每年少发股利一二厘,便形竭蹶,嘱请宪台力求刚相再格外体恤等语。①

由于两局商董陈诉艰难维持,刚毅无法多肆要索。经盛宣怀与其多次磋商,大致获致一个协同方式。计自光绪二十五年起,船局原捐银每年十万两,电报局原捐银十万元(约合七万两),嗣后两局每年合计加捐银十万两,按船六电四分担。于此取得刚毅同意。盛宣怀在六月二十三日与刚毅商定,立即在同日电告上海两局绅董,命其尽速禀复,以便盛氏据以奏报朝廷。此电于两局收入有所评估,同时代表正式协议,兹当引据于次:

> 沪船局总办、总董,电局总董:漾电已面商刚相,所拟船局捐银十万两、电局捐洋十万元,除学堂捐外,补缴止各二万,在商人总计则已多,在官分收则太少。拟令自光绪二十五年起,改为船电两局每年加捐银十万两,船六电四,连前学堂合计,船局岁捐银十四万两,电局岁捐银八万两又洋二万元。若按二成核计,船局须有余利七十万两,电局须有余利四十七万两,如值余利加多之年,仍可按照成数加捐,但不得再有短解。倘遇亏折,商股官利不能发足之年,则此项报效自应求免一年,或令下年分摊补缴,以恤商艰。此系本督办与刚相再三斟酌定议,该商董应体时艰,再行

---

① 《盛宣怀实业朋僚函稿》中册,第704页。

力劝股商遵照,立候电复咨奏,幸勿观望。①

盛宣怀接着轮电两局绅董禀复,即于同年七月,递出奏复,以报命于六月初四日之上谕,亦代表轮电两局报效银款之确立,兹可引据其奏章所陈诉,盛氏亦极尽其任劳任怨委曲担当之经营苦况,宜其百世以下而明见其心迹:

> 两局捐办南北洋两公学,一则专教政学,一则兼教艺学。商政之交际,机器制造之精微,十年之内,必有才者上备国家之任使,下为两局所取资。然商学无本,则商战不易折冲。驾驶乏材,故行船必借异族。此两学堂者,又两局有志未逮之事。况电报线路日长,电学堂成就尚隘,博学深造,资费方繁。此船电两局之不容已于推扩者。至于在公在私,裨益多寡,圣明在上,毋待渎陈。此次酌定报效之数,未必餍纷纷责望之心。若忘前者之艰难,禁来者之推扩。船栈不折旧,杆线不大修,原可束缚取盈,第虑丛渊日廓,局商之力驯至于尽,两局之势必不能支。自船局与怡和、太古定立合同,电局与大东、大北定立合同,事归商董,皆守公司法度。官为督率,本已徒拥其名。众商以臣为荜路蓝缕,昔共艰苦之人。且臣兼管之华盛纺织厂、汉阳铁厂、萍乡煤矿,均值危难,未收成效。而所集商股,即皆船电两局之商。盈虚酌剂,一气钩连,勉与维持。迫于公谊,忍辱负重,日惧颠跻。仰恃朝廷洞察下情,顾全商力,一身匪惜,肩荷终宽。大局之幸,尤微臣之幸也。②

盛宣怀此一奏复,附有招商局、电报局历年收支帐目表,使攻讦者无所藉手,抑且先行缴交刚毅报效银十万两,使之亦无所加其倾挤。

---

① 《盛宣怀实业函电稿》上册,第192页。
② 《愚斋存稿》卷3,第10页。

朝廷在七月二十七日(1899年9月1日)交下皇太后、皇上朱批:"览奏已悉。该衙门知道。单二件并发。钦此。"①该衙门所指的是户部,单二件即是轮电两局收支帐略。报效案于是至此达成,刚毅查案亦完满落幕。

刚毅自是一个反面教材。而小说家李伯元仅据当日名人行踪消息,叙入其《官场现形记》,不及史事真实之百一,不过凭常识杜撰几个章回,志在讥讽官僚,丑诋贪渎。然无一毫史迹可据,文家有其艺术想象价值,史家本自道不同谋,固当另有清楚真实之交代。此即本文撰著之第一个意义。

大臣巡阅江南,原不自刚毅始,早有彭玉麟之一个前例,原来出自军事目的,以靖伏莽,防止地方暴乱。刚毅使命,本在整顿吏治防制贪渎。而其作为则尽全力搜刮厘金财税。虽有成绩,此行全部所得只不过戋戋二百数十万两。正见四海困穷,民不聊生。朝廷且视为大有斩获。次年(光绪二十六年)又派遣李秉衡南巡长江,可见得意再往。如此清廷政府作为,可概见朝野无人,去亡不远。此即本文探讨的第二个意义。

19世纪西方势力除军事侵略外,平时对华俱在于商业口岸特权利益扩张,晚清数十年来,朝廷只有李鸿章一人尽力开拓新兴工商组织,志在挽回利权。不得不由官家提倡,招商投资,自亦加意维持,多方协助。而朝野满汉官僚,健羡妒忌,恨人成功,笑人败落。盛宣怀之脱颖而出,本据一定背景,一定才干,一切新开事业,皆前无因袭,近无经历。以全力经营轮船电报,极其艰巨。官场不问其屡仆屡起,辛苦备尝,一意打压倾挤。幸有李鸿章多方护持,尚能继续经营,免于颠蹶。及至李鸿章失势,又加戊戌变法失败,若载勋、载漪、载澜、启秀、毓贤、

① 《愚斋存稿》卷3,第11页。

徐桐、刚毅、赵舒翘、李秉衡等人纷纷登场。正怨轮电两局为盛宣怀把持，不免出而干预，使经营者穷于应付。失去李鸿章的护持，盛宣怀自不免暴露在外，早晚为他人排挤出局，此种官场特色，正为本文研究的第三个意义。

清朝统治者自救其政权，惟一机会在戊戌变法能真实推行。但毁于八月政变。若看清廷国运，一时登场人物，名公巨卿之作为，俱可概见。衮衮诸公得意未及二年，即召来八国联军的入侵。刚毅是洋人指名肇祸首凶，必须治以死罪，所幸刚毅禄命早终（随慈禧西逃时，以病重于途中落后，死于山西闻喜）①，省却朝廷处死。然其误国之罪，岂在一死？此即本文研究追述史迹之第四个意义。

中国近代实业创始生机，国家政府当大力鼓励提倡，悉心维护，尚不易与外洋商贸竞争。清廷大吏，智不出此，一味忌其兴旺，以为赢利不赀，未能上缴部库。勒其报效，困其扩展。得小失大，谋国政要如此作为，如何跻国家于世界工商竞争之世？此亦本文寻绎思考的第五个意义。

　　　　　丁丑仲春清明节写于台北之掸泥挥雨轩

---

① 孔祥吉《刚毅传》，《清代人物传稿》下编第 4 卷，沈阳：辽宁人民出版社 1988年，第 166—174 页。

近代科技先驱徐朝俊之《高厚蒙求》

一、绪　言

　　徐朝俊字恕堂,江苏华亭人,为明崇祯间礼部尚书徐文定公光启之四世后裔(徐朝俊自言合先世至其本人,五世研治中西历算)。生于清乾隆间,为诸生,而乾嘉之间,已有诸多著作而未能刊布。惟其原于嘉庆元年(1796)所研制《中星表》并所造作之《仪器图说》二种,为乡前辈吴稷堂于嘉庆十二年(1807)将之收刊于《艺海珠尘》丛书之中,由是声名著闻于士林。其他著作之积稿,乃得以相继刊刻问世,而能合辑为《高厚蒙求》一书,盖乃一科技专门之属也。

　　《高厚蒙求》之作,为徐朝俊生平传世之书,全书分四集,相继刊刻于嘉庆十二年至二十年(1815)。实为近代早期最重要之科技知识著作。后人鲜能重视,尤少人引用,其能为学者征引者,仅有道光后期粤东师儒梁廷枏颇有参阅,此外少见学者引申。

　　徐朝俊撰著《高厚蒙求》,取义于"天高地厚",蒙求者,通俗化世人易读易晓之作也。

《高厚蒙求》一书共分四集,然可略分为五个重心:其一,谈天。其二,论地。其三,中星表。其四,日晷仪。其五,自鸣钟。俱足表现近代早期之科技知识。以时代而言,多出于清嘉庆自元年至二十年(1796—1815)一段时期,其书叙谈,屡屡说出当年时序。并标明版记,列出嘉庆十二年开雕及二十年刊板之题示,十分确定。如此可断徐氏之科技知识,早于欧洲新教(Protestantism)教士们来华之前,自完全与后来华之西洋教士无任何瓜葛。可以清楚代表近代前期之华人科学家之知识学问,尤其就中西科学文化知识领域立场言,徐朝俊之近代先驱地位是无可争议者,故其时代代表性最值得为后世当作典型之标帜。鄙人以为有责任撰文,予以暴表。

二、谈　天

中国古代早创生天体说有三派传世,其一为盖天说,其二为浑天说,其三为宣夜说。欲知其概,可一参阅《尔雅》释天之注疏,较为简明易记,不具于此引述。惟其中盖天说创生最早,出于神话传说时代,后世信之者众。然浑天说亦必出于先秦,汉人淮南子、扬雄、桓谭、张衡、蔡邕、王肃、陆绩、郑玄等人所信从。而宣夜说相传出于殷代,却少有人知其概①。及至徐朝俊会通中西天文之学,声明笃信浑天说。故徐氏谈天,即近代之浑天说也。不过徐氏思辨,则是会通中西天文学说,且自具说理体系,乃近代新创一家之浑天说也。

徐氏谈天,驾驭中国固有天文知识,十分纯熟,其书所论多与中国古籍有所承接,惟因自明季以降,来华耶稣会士所引进之西洋天文舆地以及历算知识,亦为徐氏吸收,遂不免增添前所未见之专门字汇语词,以至于前所未闻之天体新说。由是自可见到徐氏论述之特点,当

---

① 《尔雅注疏》,十三经注疏本,清嘉庆二十年江西南昌府学刊本,卷6,"释天"。

引示其说,以供考校:

> 天体浑圆,包乎地外,周旋无端,其形浑浑。故曰浑天。元气
> 充塞,围注地心,而地乃得悬空而不偏坠。西人航海,尝以远镜察
> 天体,则见棱层凹凸,坚而且轻。又如葱头之皮,明而无色,层层
> 通透,光似琉璃,日月五星,皆逐层附丽而动。地最上一层为宗动
> 天。则自东而西,其下八重,则自西而东,四为宗动所带动。故人
> 见日月五星,皆若自东而西,其实八重天皆向东,而各动其所本动
> 也。惟其各有本动而后四时寒暑,积闰岁差,皆从此出。①

徐朝俊开讲天体,充分表现新义,旧有词汇,仅提日月五星。虽言
浑天,则俱在于天体运行。提出宗动天及九重天之新说,自是依循西
洋天文知识。徐氏所谓之宗动与本动,盖言诸星在天之运行,后世所
谓之公转与自转是也。惟九重天之论,则与天体实际并不符合。惟论
地球空悬不坠,则颇合同于古时之宣夜说,亦即今日共喻之太空实象。

徐氏自然亦于中国固有天文成说而作浅白申述,并十分简要明
确,足以供世人得正确认识,可引举其言为例:

> 夫天本无度,以日行为度。天本无黄赤两道。测天者就南北
> 极中分之,因画南北半天之腰为赤道。又就日躔所经赤道,内外
> 各二十三度半,强斜交于赤道南北者为黄道。天本无十二宫次,
> 以日月所宿之次为次。此皆古圣人因天以定历而各立主名,为推
> 步张本。仰观者第以二十八宿之运动为宗,而诸重天之迟速皆可
> 得而定焉。②

徐氏简短数言,交代许多固有天文知识。相信今人读之亦能立即

---

① 徐朝俊《高厚蒙求》,嘉庆二十年松江刊本,初集,天学入门,第1页。
② 徐朝俊《高厚蒙求》,初集,天学入门,第1页。

解悟。

天象自然而永恒，是所有人类启发根本知识之客体。惟在中国自远古以来创生神话与智慧理解之原始资材与教材。举目向天，即能造生原始之天文知识。自然诱发思想上组合各样理说以至铸造奇异故事。其在中国上古，包括幻想之神话故事，以及循理追求之星象隐现道理，自同时并存，古书所记，俱可比观。神话无须置论，而推演道理，是即天文学之滥觞。

徐朝俊天学历算知识虽受西洋耶稣会士影响，惟其谈天，仍是本之于中国固有之天文知识。本是熟悉，俱莫不提出浅近解说，助人通晓其名目、躔度、运行、舍次以至天体全貌。其书实具参考价值。

徐氏虽数度反复提论日、月五星，而用心深重者则特着重于二十八宿，其书谈天，熟论二十八宿，前后各集，反复详论不下四次，尤其创中星表（将叙于本文第四节）占全面最大篇幅。但在本节中，其说虽详亦不能多加引叙。

中国普通常识，最熟乃是七政，亦即是七曜。指日、月、水、火、木、金、土是也。徐氏书中有简述，有细解，然已充分依据西方说法，自较新颖，但亦与晚近不符。徐氏七曜解说，实于我国近代为天文学开先之前驱，兹引举其简说，以供比观：

> 日轮之大，大于地球一百六十五倍八之三。西人以远镜测之，见其于出没时，体不甚圆，形如鸡卵。其边则如锯齿，其面有浮游黑点。大小不一，隐见随从。每阅十四日，则周日面之径，前点出，后点入。不能解其何物何故。月轮则小于地球三十三倍又三之一，其体面凹凸不平，其明处如山之高处，得日而明；暗处如山之卑处，不得日而暗。（亦本远镜说）以日较月，则日大于月六千五百三十八倍又五之一。而视之若不甚大小者，则以人目所

睹，物近则虽小亦大，物远则虽大亦小故也。土星之大，大于地九十倍又八之一。其形体则两旁有二小星，经久则渐近土，后或合而为一。如卵两头，又如鼓之有两耳。木星之大，大于地九十四倍半。近木别有四小星，左右随从。有规则有定期，又有蚀时。火星之大，大于地半倍。金星则小于地三十六倍二十七之一。其形体如月之有盈为（当为亏字）。有上下弦，其变易于一年之间，亦如月之变易于一月之内。凡居太阳之上则光满，居太阳之下则光虚。其忽大忽小，恒以居太阳左右上下而别焉。水星亦小于地二万一千九百五十一倍。与火星形体远镜中别无所见，与人目所睹略同。①

上举徐朝俊之七曜简说，很是清楚明白。惟其所列数据，已远不及后世之精密正确。但所展现新解如说明太阳黑子现象，土星及木星之有附属小星（即卫星），均据西人望远镜观察而得，自是切合实情。徐氏之一个原注，亦表示参据《远镜说》乃得自耶稣会士之著作。正见其依循西洋天文知识之证。

此处引举徐氏之七曜诸星简说，固自简约，而徐氏实于日、月、五星尚有详细解述。如日食月食之发生，提出二者之朔望相遇合，俱作其二者运行之所循日躔月躔路，俱可以数字推算，必能先事掌握，在此无法详引七曜运行躔度细节。盖皆天文历算专门。是天文学家所承之职司。在《高厚蒙求》书中，徐氏专辟有"七曜行度"及"五星总说"两节，所论甚详，不及备举。

徐朝俊谈天重点，自是更用心于天文学上主体学问，在中国传统沿称，即是三垣、二十八宿。中国上古天文知识，自认识七政而逐渐注意到二十八宿。可靠记载，可见公元前 533 年埋葬在曾侯乙墓中之漆

---

① 徐朝俊《高厚蒙求》，初集，第9—10页。

盒盖，上有彩绘二十八宿全部星图。可信古代至公元前 6 世纪以前，中国人已习知二十八宿全貌。当代考古学家夏鼐肯定推断，在纪元前 7 世纪，国人已熟知二十八宿。

大陆当代古学名家陈邦怀，据殷商金文上注录，能见商代已记载若干二十八宿星名，计东方七宿中之角宿、亢宿、房宿、心宿、尾宿共五座。南方七宿中之井宿、轸宿二座。西方七宿中之奎宿、胃宿、昴宿、觜宿，凡四座，北方七宿中只有女宿一座。此虽未及其半，然金文缺载，必有遗漏可知。惟尚可采信古人之看重测观二十八宿①。

中国古人之逐渐累积经验，发展一套独具之天文体系二十八宿，根本知慧本于实测，全出于实用动机。原是为了农业经营倚赖时序变化，随其季节之特有气候环境，而作耕耘种植，以至收获存藏之因应，乃自然本于看天吃饭。一年季节变化，表现出精确之规律标准者，须恃天上星宿运行，做判断季节标准。此即中国人最早发展天文学之动因。基本即是来自切身生活需要。最早文献《尚书》尧典记载，正是表现农业生活时代而将测量作为共主时代尧之政府官员，受命测量以定四季，所记十分明确。兹举证之：

> 乃命羲和，钦若昊天；历象日、月、星辰，敬授人时。分命羲仲，宅嵎夷，曰旸谷。寅宾出日，平秩东作；日中、星鸟，以殷仲春。厥民析，鸟兽孳尾。

> 申命羲叔，宅南交，平秩南讹，敬致。日永、星火，以正仲夏。厥民因，鸟兽希革。

> 分命和仲，宅西，曰昧谷。寅饯纳日，平秩西成；宵中、星虚，以殷仲秋；厥民夷。鸟兽毛毨。申命和叔，宅朔方，曰幽都。平在

---

① 《商代金文中所见的星宿》陈邦怀《一得集》，济南：齐鲁书社，1989 年，第 54—63 页。

朔易，日短、星昴，以正仲冬。厥民隩。鸟兽氄毛。①

此段文字，古史官追纪尧任共主之时，选四位官员，到东、南、西、北四地测星，以定仲春、仲夏、仲秋、仲冬之时序。一般史家相信是述古之作。但必据前代尧以来之文献。其采用测量基准，乃是看准鸟星（即七星）在南方，火星（非指七曜之火星，而名大火，即心星）、虚星、及昴星四者为标。而此四星自亦同属于二十八宿之内。当知中国古代之重视二十八宿。其创始必当早于有历史记载时代。可表现上古先民之智慧。

《高厚蒙求》之谈天重心，亦用巨量篇幅，介绍中西两方之天学说。并引述中国自隋丹元子所作"步天歌"供当世参考。随之又引述泰西利玛窦（Matteo Ricci）所作《经天说》，在其书将此中西天文文献详加载述。（占书中 13 页至 29 页）二十八宿自是一并详叙。当时徐氏书之为经星，而全书中即以经星代表今世习称之恒星（书中未言恒星二字）。在此可以交代，所谓经星即指恒星而言。② 下面尚须加以引叙。

依照前举文献之《尚书》尧典，已知中国有史书之前，尧时已是据二十八宿中之四个星宿，定为基准而测定一年四季之仲月。定下仲月，而孟月、季月亦随之而定，一年四季亦分判明确，正见中国上古先民，早已利用恒定之二十八宿作为年历基准。盖因古之史官，而录存上古文献。近世学者保守估计，认定二十八宿全部被古人发现，应当在纪元前 7 世纪（夏鼐说）不免太过拘泥谨慎。一概据旧有百不存一之商周金文甲骨以及书契文献，势必遗漏不少重要记载，实无人敢于推断，只就能问世遗物作准，只好姑妄从之。

近世考古实绩，自是辉煌，无史实俱串不起古代实象。据仰韶文

① 屈万里编《尚书释义》，台北中华文化出版社，1966 年，第 4—5 页，尧典。
② 徐朝俊《高厚蒙求》，初集，第 13—29 页。

化、龙山文化俱有彩陶、黑陶之制作。亦考定为二万年前,如此一个长期陶器时代,正是古人智慧发展文化走上农事活动之一个酝酿阶段。但有谁敢断定在河姆渡发现稻种之前已有农业生产? 学者慎重可信持七千多年前已能种稻。如农知有农耕,首先即能得知道何时耕种何时收获。因是古人必然能在一年周期中分定出春、秋两季,靠何样知识可以看准春秋二季之分划,亦必自然靠观察天上星宿之出没而能有效掌握。此即上古火历之必定创生,一定维持一个长久时期,全是看天上大火之星宿而决定农作耕种。火历自必为古人治农事之重要依据。此火星即是二十八宿中东方之心星。看来上古人民进入农作生活时代,一早即须观察大火出没而定其作息。今人学者庞朴深入研究,写出《火历钩沉》大作,陈说古人发明观星以定春秋二季之史事①。

再看上古之成书文献,所载天上恒星,多是二十八宿中之星名。自《尚书》尧典,《夏小正》、《逸周书》之月令、周月,《吕氏春秋》之十二纪,以及《淮南子》天文训。俱必据二十八宿各星而定一年四季十二月之基准。此中国文化上重大而悠久之独特遗产。故徐朝俊谈天,自亦特重二十八宿,称为经星。在《高厚蒙求》中,特辟"经星主占"一节,详解各星宿。所当注意者,乃是徐氏虽已会观西洋天文学说,而于其演述"经星主占",则充分本之于古代成说以为展叙。此节题称即为"三垣二十八宿经星占",所连篇幅超过初集之三分之一。

中国故有天文学之三垣二十八宿之大要,当以纪元前二世纪《淮南子》天文训所列最为简约清楚,可供我人获一概念:

> 天有九野,九千九百九十九隅,去地五亿万里。五星、八风、

---

① 庞朴《火历钩沉》,收载《中国文化》,香港 1989 年,附记。本人 1995 年写成拙书《明清时代庶民文化生活》,曾征引庞先生大作,心下钦服,于今已十五年矣。

二十八宿、五官、六府、紫宫、太微、轩辕、咸池、四守、天阿。何谓
九野？中央曰钧天，其星角、亢、氐。东方曰苍天，其星房、心、尾。
东北曰变天，其星箕、斗、牵牛。北方曰玄天，其星须女、虚、危、营
室。西北方曰幽天，其星东壁、奎、娄。西方曰颢天，其星胃、昴、
毕。西南方曰朱天，其星觜嶲、参、东井。南方曰炎天，其星舆鬼、
柳、七星。东南方曰阳天，其星张、翼、轸。①

中国古来所知之恒星，古人均命之曰经星。以下可举示徐氏之展述。

徐朝俊之演述天文之三垣二十八宿，特别是标"经星主占"，在今
时之讲究科学之史家，一向是看待为占星术，而非天文学，自然要摒拒
不理。事实上，徐氏解义，果然亦随处就星光明暗变化，言国家治乱，
人事吉凶。鄙人所取，乃在其所列各组星系及星名，因其原有沿承，并
非杜撰。须供后世察知三垣二十八宿自古以来，特别是隋代"步天歌"
以下天文家所共信之恒星系统，直到明清与西方天文知识交会之后，
所保持之体系。鄙人在此文中只列星名，决不引述任何治乱兴亡
之占。

其一，三垣星系

一、中元：此乃徐氏用词，原即天文家素称之"紫微垣"。

1. 北极五星（按：中国自古重视，素称紫微星座，自先秦即视为天
上宗主，汉代《淮南子》起命之为帝。徐氏只称中天，无详解，不及《淮
南子》，至《史记》天官书）。2. 四辅。3. 天乙。4. 太乙。5. 东藩、西
藩、十五星。6. 阴德。7. 尚书。8. 柱下史。9. 女史。10. 御女（有众
星八十一）。11. 天柱。12. 大理。13. 勾陈。徐氏曰："天帝之正
妃。"（于此可知徐氏亦视北极星为天帝）。14. 天皇大帝。15. 六甲。

---

① 刘安著，陈广忠译注《淮南子译注》，长春：吉林文史出版社，1990 年，第 107
页，天文训。

16. 五帝内座。17. 华盖。18. 传舍。19. 内阶。20. 天厨。21. 八谷。一稻、二黍、三大麦、四小麦、五大豆、六小豆、七粟、八麻子。22. 天棓。23. 天床。24. 内厨。25. 文昌。26. 三公。27. 太尊。28. 天牢。29. 太阳守。30. 势。31. 天戈。32. 天理。33. 北斗。徐氏曰：北斗七星，为七政枢机，阴阳元本。（按：徐氏亦记北斗各星之名，从略。）以上所列，即为紫微垣星系。

二、上元：徐氏曰：太微垣十星。为天子之宫庭，十二诸侯之府。东藩、西藩各四星，亦为四辅。

1. 谒者。2. 三公。3. 九卿。4. 内五诸侯。5. 五帝座。徐氏注明即指黄帝、苍帝、赤帝、白帝、黑帝五个星位。6. 幸臣。7. 太子。8. 从官。9. 郎将。10. 虎贲。11. 常陈。12. 郎位。13. 明堂。14. 灵台。15. 三台。以上所开，乃太微垣星系各星座名。

三、下元。徐朝俊并指称曰："天市垣，二十二星，国市也。为众民交易之所。主权衡，主聚众（迻），主斩戮之事。"1. 市楼。2. 车肆。3. 宗正。4. 宗人。5. 宗星。6. 帛度。7. 屠肆。8. 候。9. 帝座。徐氏曰："帝王位也。"10. 宦者。11. 列肆。12. 斗。13. 斛。14. 贯索。一曰天牢，共九星。15. 七公。16. 天纪。17. 女床。以上所示，即天市垣群星名①。

其二，二十八宿星系

二十八宿是国人常识中共喻知识。所有民间时宪通书（即俗称皇历），必定将二十八星座逐日轮值，列载某日某星当值，直至今时（今年）香港所刊通胜（即通书）各样板本亦必列载。前清时代官绅庶民通常习用，较今时为熟习。

二十八宿星是中国上古先民逐步发现而建构出一套天文星宿东、

---

① 徐朝俊《高厚蒙求》，初集，第29—34页。

南、西、北四方各据有固定之参考星座,乃是古人智慧结晶,20世纪以后,始不再受重视。然先此各代之传承,则仍继续被视为天文学上重大贡献。徐朝俊在嘉庆十二年(1807)出书,自是加意看重,予以演述。

徐朝俊演述二十八宿,占巨量篇幅(第35至第53页),详列附星,并申其天上职司。自可勿论,在此无须俱引,主要原因,乃是在本文第四节将介绍徐氏所制"中星表",其中必须将二十八宿附于图说,列载本文中。故在此只须照徐氏标目,仅开列世人尽知之星名,略具列宿分组形式可也。

一、东方七宿:角、亢、氐、房、心(大火)、尾、箕。为经星,各有附星。

二、北方七宿:斗、牵牛、须女、虚、危、营室、东壁。凡经星七,各有附星。

三、西方七宿:奎、娄、胃、昴、毕、觜觿、参,凡经星七,各有附星。

四、南方七宿:东井、舆鬼、柳、七星、张、翼、轸,凡经星七,各有附星①。

凡上所列举,世人熟知,乃常识所应有,至其附星殊多,乃天文家所需用,鄙人自承生平仅熟记二十八宿各星之名而已。皆为默记。

统观而言,三垣二十八宿,乃中国自创之天文学体系,早自帝尧时代创生,至西周"月令",已具规模。纪元前五世纪已用于漆盒图饰,其用当始于西周无疑。

三垣二十八宿在中国史上可见之重要用途,乃是明初(1403)永乐皇帝之建造北京城,将天上轮宇,降至中国之京城范模。其中心之紫禁城,即天上之紫微垣,北极星居中,孔子所谓:"为政以德,譬如北辰,居其所而众星共之。"永乐为帝,即自以紫微星座自待。其外之皇城,

---

① 徐朝俊《高厚蒙求》,初集,第35—53页。

即是天上之太微垣,供中枢统照大臣环居。其北京之内城,则为天上之天市垣,民居列肆,贸易交往,乃公共之财。而北京外城,则为天上之二十八宿,以之环拱天之四周。真是中国文化伟大标帜,世界上独一无二。试比西方建筑,一味向天争高,虽见豪雄,实难与天齐。而永乐帝思维,则使上天降至辇下,此真雄主伟识也。永乐何不向上争高?乃中国古之经典使然。《易》乾卦有云,"亢龙有悔",故凡帝只做九五,不做上九,此中国永不争高之义也。

三、论 地

地球本是天文论题之一部分,但在人类生息存活之所,遂必重地球而发展出地学论域,自具特色而内容丰富。

中国人自远古传说起,已于天地之形成有其自觉性认识,神话之中含有说理。自上古从人的自觉而再提升人至与天地同重,鄙人研究,视为中国自有之"人的发现"。决不同于西欧 16 世纪之"人的发现",有论文问世①。

从原始起,中国谈地必须先与天共举,至后世始见分途。古时无论是盖天说或浑天说,俱必相信天地共生。惟盖天说创生早,古人信而传述,沿承久而且广。今在此论地,势须交代古说。以见中国固有之成说。

古人要想自命为人类,首先自须创造神话,宗旨在向自己解释,人不同于禽兽,乃是人的来历天上神种来到地上,一开始就须谈天论地。相信此为中国文化上人的发现之一个动因。故只有中国人会大唱天地人三才。

---

① 王尔敏《中国古代天地人之齐等观念》,收载于王著《先民的智慧》,桂林:广西师范大学出版社,2008 年,第 71—112 页。

盖天说创生早,一直尚保存动人之神话。可举其说,以作比观:

《淮南子》天文训

昔者,共工与颛顼争为帝,怒而触不周之山。天柱折,地维绝。天倾西北,故日、月、星、辰移焉,地不满东南,故水潦尘埃归焉。①

在此神话传说中,足以见出,先民之推理构造,有两个关键词,即是天柱与地维。而说词形容,则表现中国独具之地理特征。而天柱与地维则是盖天说之本体。古人视天如圆盖,一切星辰日月全在此盖上运行。但此盖要靠一根天柱撑住。至于地则是一块四方大地,却要靠四根绳子系在四角,挂在天盖上。像这样一块大地为何要挂起来,主要是地下是深水,挂着就免于沉下水去。中国之特殊地段是西北高东南低。神话说出道理,是共工用头撞折天柱,又撞断东南角一根地维,于是而成为现见之中国土地形状。

我之所以举论上古盖天说,宗旨乃要表明中国自古以来俱是主张天圆地方。天圆地方之说亦可见于《淮南子》天文训,有词曰:

天道曰圆,地道曰方;方者主幽,圆者主明。明者吐气者也,是故火曰外景。幽者含气者也,是故水曰内景。吐气者施,含气者化;是故阳施阴化。②

我国古来俱相信天圆地方,自神话传说起,一直沿袭到明季西洋耶稣会士来华,带来西方天文新说,国人方有改变,早亦不能在 17 世纪以前。不过西人自介绍,而华士则绝少能提论其个人之天体说。自明季天启初年华士只有熊人霖刊布其《地纬》一书,吾门人洪健荣博士曾取

① 陈广忠译注《淮南子译注》,第 102 页。
② 《淮南子译注》,第 103 页。

之撰写其硕士论文。而在熊人霖之后二百年，始有徐朝俊所著《高厚蒙求》，19 世纪初（1807）刊布之，即已取西人地学观念而展述新地理知识。在中国之地理学而言，自足代表近代地理学开先之作。

专就中国之地学而言，徐朝俊之书，应是国人最先论述地乃圆球形之作。其说出自谈天文，盖因地球亦是天上万千星球之一。其中说地为球形，并作推证，兹引举如次：

> 若论形橅，则沙土山海，合成一个圆球。故谓地为方，语其德而非语其形也。何以见之？如人向北直行二百五十里，则见北极出地高一度，南极入地低一度。如向南直行二百五十里，则视北极远一度，视南极近一度。如人在极南，能见近南极诸星，而北极之星不见。人在极北，所见者反是。则地体之圜，可无疑矣。①

徐氏既经推证地球圆形，顺而认定地球上人物在上下两面乃是足底相对而行。并在其书中创为"对足底行说"，兹竟举其所证言：

> 苟欲明人有对足底行之理，当先知东西上下之称，皆据人现在所处之地言，而无定所。又须知地悬大气适中，其于天之上下四旁无偏着，亦无远近。故地球中心为离天最远之处，即为周围重性所趋之处。故山海人物皆无倾倒之虞。②

如此放言，正可见徐氏之自信，而能提出国人从未梦见之说词。总之，徐氏实可被定为国人地圆说之第一人，为时乃在 1807 年以前。

徐朝俊谈地球自然在落到地理学领域。因是乃在《高厚蒙求》之第二集专为地球本身造生之地学立说。

徐氏论地，自多采用西人之说，辟目命为"海域大观"并先撰自序。

---

① 徐朝俊《高厚蒙求》，初集，第 2 页。
② 徐朝俊《高厚蒙求》，初集，第 3 页。

在此序中,直言其地学知识采自《职方外纪》、《坤舆格致》及《台郡杂志》等书。本文所采,亦将以徐氏之新论为对象。以中国地理学而言,乃熊人霖之《地纬》以后之重要著作。要早于魏源、徐继畬、梁廷枏三人之地理书有近四十年之久。

徐氏立"地舆总说"开首先言地球面之五带,表现地理新说,当举示其所定地面之五带。

> 地舆总说
>
> 地球经度,自北而南,分为五带。其第一带在昼长昼短二圈之内;(此指天球之图而言)此带日轮常行顶上,为热带。第二、三带在北极圈与南极圈之内,日轮止照半年,为冷带。第四、五带,在北极昼长二圈之间,与南极昼短二圈之间,日轮不远不近,为温带。亦为正带。①

像此之申述地表五带,俱袭西人理趣。中国自来未尝具此识见,徐氏尚作人居各带之天象,昼夜长短,尤其南北极地之半年为昼半年为夜之说,自俱为我国地学新知。惟《高厚蒙求》二集之陈叙,主要在介绍当世地球人居之现势,提出地上五大州之说,一一展述,并分纪各州之邦国居民,以至物产风俗。自可谓乃当时世界地理概说。惟言五大州者,自有详略之不同,且亦不免夹杂荒诞怪异之传载,大有妄断不实之失。今且就其具参考性有地学价值者,一一引述之。

徐氏所提示之五大州,标示亚细亚州第一,欧罗巴州第二,利未亚州(即今之阿非利加州)第三,亚墨利加州第四,墨瓦蜡尼加州(即今澳大利亚州)第五,凡五大州。此五大州,占其书二集之绝大篇幅。但本文采择述论,则仅讨论欧罗巴州及亚墨利加州。盖亚州多旧地,史

---

① 徐朝俊《高厚蒙求》,第二集,第 1 页。

载俱详见,利未加州述古则不存,论今亦多变,虽为旧大陆,识论俱乖错,此二州,将不置论。至于墨瓦蜡尼加州,徐氏仅举名称,并明言叙议从缺,自亦不予置论。

其一,欧罗巴州

徐朝俊书介绍欧罗巴州,为国人中之少数,仅为熊人霖之续,惟以参考两人书之故,颇详明简要。兹为征实起见,将直引徐书,大占篇幅,尚祈识者宽谅:

> 欧逻巴州国主互为婚姻,世相和好,财用百物有无相通。其婚娶,男子大约三十,女子至二十外,临时议婚,不预聘,通国中一夫一妇,无敢二色者。土多肥饶,产五谷麦米为重。果实更繁,出五金,以金银铜铸钱为币。衣服,凡蚕丝者,有天鹅绒、织金段之属。凡羊绒者,有毯屬、锁哈剌之属。又有苧麻之类,名利诺者为布,绝细而坚,轻而滑。敝则捣为纸极坚韧。今西洋纸率此物。君臣冠服,各有差等。相见以免冠为礼,男子二十以上,概衣青色。兵士勿论。女人以金宝为饰。服御罗绮,佩带诸香。至四十及未四十而寡者,即屏去。衣素衣。酒悉以葡萄酿成。可积至数十年。当生子之年酿酒,至儿年三十娶妇用之。味愈美。无葡萄处,或用牟麦酿之。其膏油之类,味美者曰阿利袜。是树头之果,熟后即全为油。其生最繁。又易长,平地山冈,皆可栽种。国人以法制之,食之齿颊生津。在橄榄马金囊之上。其核又可为炭,滓可为鏮,叶可食牛羊。凡国人所称赀产,蓄大小麦第一,葡萄酒次之,阿利袜油又次之,蓄牛羊者为下。其国俗虽多酒,但会客不以劝饮为礼,犯醉者终身以为辱。饮食用金银玻璃及磁器。天下万国坐皆席地,惟中国及欧逻巴诸国知用椅桌。其屋有三等,最上者纯以石砌,其次砖为墙柱,木为栋梁。其下土为墙,木为梁

柱。石屋砖屋,筑基最深,可上累六七层,高至十余丈。地中亦石一层,既可窖藏,亦可除湿。瓦或用铅。或轻石板,或陶瓦,凡砖石屋,皆历千年不坏。墙厚而实,外气难通。冬不寒,夏不溽。其工作,如木工、石工、画工、塑工、绣工之类,皆知度数之学。制造备极精巧。凡为国工者皆考选用之。其驾车国王用八马,大臣六马,其次四马,或二马乘载。骡马驴互用,战马皆用牡。国王广设学校,一国一郡,有大学中学,一邑一乡,有小学。皆选学行最优之士为师。生徒多者至数万人。其小学曰文科有四种。一古贤名训,一各国史书,一各种诗文,一文章议论,学者自七八岁至十七八,学成而本学之师儒试之,优者进于中学。曰理科有三家,初年辨是非。察性理之道。二年察性理以上之学。学成而本学师儒又试之。优者进于大学,乃分为四科。而听人自择。曰医科,主疗疾病。曰治科,主习政事。曰教科,主守教法。曰道科,主兴教化。学成而师儒又严考阅之。凡试士之法:师儒群集于上,生徒北面于下,一师问难毕,又轮一师,果能对答如流,然后取中,便许任事。学道者,专务化民不与国事。治民者,秩满后,国王遣官察政绩,详访民间。凡所为听理词讼,劝课农桑,兴革利弊育养人民之类,皆审其功罪之实,以告于王而黜陟之。四科大学之外,又有度数之学。专究物形之度与数,度其完者以为几何大,数其截者以为几何多。二者或脱物而空论之,则数者立算法家度者立量法家。或体物而皆论之,则数者在音相济为和立律吕家。度者在天迭运为时立历法家。此学亦设学立师,但不以取士耳。①

实际,在华士之眼光中,通国之中具此识力者殊为罕见,且早在中英之鸦片战争前有三十余年之久,应可推重其开先之知。近代先知先觉之

① 徐朝俊《高厚蒙求》,二集,第15—18页。

士至可贵也,宜应收载史乘。

除上举之欧罗巴州总述之外,徐氏亦并分节列叙欧洲现时之邦国,并各叙其简略之国史状况。由于历有分合兼并,徐氏所记当不出18世纪现势。其所列述者有以下各节:1. 以西巴尼亚。2. 佛朗察。3. 意大里亚。4. 亚勒马尼亚。5. 法兰得斯。6. 波罗尼亚。7. 翁加里亚。8. 大泥亚。9. 诺而勿惹亚。10. 雪际亚。11. 鄂底亚。12. 厄勒祭亚。13. 莫斯哥未亚。14. 地中海诸岛。15. 西北海诸岛。16. 海中诸小岛。凡列邦分述,无异于后世之欧洲地理志,只是十分简略,则决非徒托空言,在当时而言,固亦难得之地理知识。

其二,亚墨利加州

亚墨利加州,分南北两大陆地,在史书共喻,俱知系1492年西班牙国王遣哥伦布(Christopher Columbus,1446—1506)航海发现之新大陆。在徐氏《高厚蒙求》中简略叙述,译其名称曰阁龙,此一常识传述,不须引举。惟在徐氏论地,较诸洲为新见,在中华尤罕闻,国人著书陈美州,其传载较明人熊人霖为详细,故19世纪鸦片战争后,学者梁廷枏著书《海国四说》,其中"合省国说"中,于南美北美多引据《高厚蒙求》。其作成于1844年(道光二十四年),亦适在美国遣使与中国建交通商之首年。故徐氏《高厚蒙求》所载美州事,自为国人所著先驱之作[1]。

徐氏介绍亚墨利加州,有简略申述,兹酌择举示于次:

> 亚墨利加州分南北,其地极广,平分天下之半。其土人不知航海,亦不知海外有人。初西土仅知有亚细亚、欧逻巴、利未亚三大州。于大地全体中止得什之三。余十之七,悉云是海。[2]

---

[1] 梁廷枏《海国四说》,北京:中华书局,1993年,第50—102页。
[2] 徐朝俊《高厚蒙求》,二集,第38—39页。

徐氏书中,自然陈叙美洲被欧人发现之简史,此乃普通常识,中小学生多已熟知,自无须引举。

西人发现新大陆,西史引为伟大贡献,可信其人才智眼光,勇于冒险。惟自 16 世纪起,西班牙人借文明优势,做强盗行为,大肆抢掠他人财物土地,屠戮美洲人民,灭绝其文化,奴役其人民,而使美洲人自创之玛雅(maya)文化归于毁灭。此乃美洲人惨绝人寰之恶运,亦为人类最丑恶之史实,凡为史家、学者,有良知者,岂能掩饰欧人之贪婪毒恶?人心趋向,无不鄙恶责难。此所以 1992 年哥伦布发现美洲五百年之纪念,无人敢于倡举,盖乃暴露欧洲人之丑恶而已。至于西史如何载述,岂能掩盖天下人耳目?肯定此是人类罪恶之史。灭人之国,侵人之土,已有数百年(包括亚洲、非洲),欧洲列国罪恶滔天,难逃历史挞伐。

亚美利加州,连系南北两大陆块,又有中间诸岛,古时以来,未能生成列国分立之势。而各民族则分踞一方。惟其已成之邦亦多为欧人翦灭,可以载述者,徐氏书亦各为申叙概略。但亦大半被欧邦西、葡、英、法瓜分。今兹随叙,略可举示南美二邦,北美一邦。展述于次,略具梗概。

1. 孛露(即秘鲁,Peru)

徐氏介绍孛露国,简明易晓,不须申释,当择其所记以举示如下:

> 孛露在南亚墨利加之西,广袤一万余里,中间平壤沃野,亦一万余里。地肥硗不一,肥者不烦耕治,布子自能生长。凡五谷百果草木,悉皆上品。其鸟兽之多,羽毛之丽,声音之美,亦天下第一。地出金矿,故金银最多。国王宫殿,皆以黄金为板饰之。独不产铁,兵器皆用烧木铦石。今贸易相通,渐知用铁。然至贵。余器物皆金银铜三种为之。有数国,从来无雨,地中自有湿性,或

资水泽。有树生脂膏,极香烈,名拔尔撒摩。傅诸伤损,一昼夜肌肉复合如故。涂痘不瘢,以涂尸千年不朽坏。有一种异羊,可当骡马。性甚倔强。有时倒卧,虽鞭至死不起。或以好言慰之,即起而走。食料甚少,可绝食三四日,肝生一物如卵,可疗诸病。海国甚贵之。天鹅、鹦鹉甚多,有一鸟名厄马,最大,生旷野中,长颈高足,翼领极美丽。通身无毛,不能飞,足若牛蹄,善奔走,马不能及。①

本文引据,非在搜奇,而在暴表19世纪前之孛露,其地物产牲灵,今已不能复见。必须前后比勘,方能见出其地所遭之掘铲朘削。金银自早被掠,禽兽并亦绝迹。书中所陈之奇树拔尔撒摩,其油脂奇香而名贵,亦早不复闻。此物之名贵,早在清雍正三年(1725)有意达里亚教化王(即教宗)向中国进贡,贡品多样,俱属珍奇。其中以鼻烟及鼻烟壶样式最多,更有巴尔萨吗油二盒。此油应即是孛露所产之拔尔撒摩油无疑②。昔时美洲奇树,于今竟无人知。外力入侵,造成严重物种消灭,真足令人震惊慨叹。

又雍正五年(1727)意达里亚国王又遣使进贡,其诸般贡品之中分列:圣多罗巴尔撒木油、璧露(即秘鲁)巴尔撒木油、伯肋西理(即巴西)巴尔撒木油等名品,盖当必来自南美洲③。凡此可证欧洲强盗国家之强取豪夺,终使天下至宝灭绝其种,今讲巴尔撒木油,几像杜造神话。

2. 伯西尔(即巴西 Brazil)

徐朝俊亦详记南美洲大国伯西尔,在此约举示所载山川大概,余

---

① 徐朝俊《高厚蒙求》,二集,第40页。
② 梁廷枏《海国四说》,二集,第225页。
③ 梁廷枏《海国四说》,二集,第227页。

则动物植物人物生活概不具引。

> 伯西尔在南亚墨利加东，其地天气融和，人寿绵长，亦无疾病，他方有病不能疗者，至此即瘳。地甚肥饶，多奇异鸟兽，江河为天下最大。有大山介字露者高甚，产白糖最多。嘉木不一，而苏木更多，亦称为苏木国。①

伯西尔国土广阔，物产丰富，主要承大西洋赤道洋流散发水气而造成水泽丰沛，树木密巨，乃世界著名雨林，故多产良木，奇禽异兽。应成为一大富国②。

3. 墨是可（即墨西哥，Mexico）

徐氏引举北美洲国家不少，而大多数合并而降为大国属土，或名小佛兰察，或为英之殖民地。其幸保土地国交者只有墨是可。兹列举其所记于次：

> 墨是可在北亚墨利加之南。境内有大湖，甘咸各一。俱不通海。咸者水消长若海潮，土人取以熬盐。其甘者多鳞介之属，湖四面皆环以山，山多积雪。人烟辐凑，集于山下旧都城。容三十万家。大率富饶安乐。毋用兵与他国相争，邻国则用兵十余万，其守都城，亦用三十万人。今所建都，周四十八里，不在地面，从大湖中创起，坚木为桩，密植湖中，上加板以承城郭宫室，其坚木

---

① 徐朝俊《高厚蒙求》，二集，第 42 页。

② 此处提及巴西之雨林，乃因洋流形成。世界三大洋为人类之母，凡赤道所临大洋，俱有著名洋流，称赤道洋流。一律自东向西急流，惟因太阳直射，而蒸发而成大气环流自东向西，遇陆地升高气流而降大雨，周年不息，故伯西尔承大西洋洋流而承受充沛水气。苏门答腊承受太平洋赤道洋流之充沛水气。马达加斯加承受印度洋洋流而有充沛水气，而此三国，俱因地面向东终年而成雨林，为林木最茂之地。

名则独鹿。能入水千年不朽。城内街衢屋室,宏敞精绝。①

大抵徐氏所记,瑕瑜互参,但皆本之前人记叙,基本立意醇正,态度公正谨严。乃举其书中较著之三个大国,备世人考究前代文献,略能作参考之资。

徐氏当其介绍五大州,开始简述五州,其中以叙议亚墨利加州特加表述大致领域与南北相连两大陆,为前史之所未及,颇为重要,今愿最后引举,以为总结:

> 亚墨利加,地分南北,中有一峡相连。峡之南起墨瓦蜡泥海峡南极出地五十二度,北至加纳达,北极出地十度半。西起二百八十六度,东至三百五十五度。峡之北,南起加纳达,南极出地十度半,北至宗海出地未详。西起一百八十度,东尽福岛三百六十度。又有西北诸蛮方,而岛则总名亚墨利加岛云。②

徐朝俊之书,在第二集中全谈地理,有总叙,并有分州分国叙议。重点只申论四州,而于所谓之墨瓦蜡泥加州,则全部从略,未作概叙。而其所言欧罗巴、亚墨利加二州,其中资材可信者多,因是择其若干重点加以引举,未敢自信为周全。其所论亚墨利加州,值得注意者在其引示加纳达(Canada)之地名。国人知有加纳达者。徐氏早于姚莹、梁廷枏、魏源、徐继畬等有三十年。

四、创制中星表

徐朝俊一生著作成就大体存于《高厚蒙求》之书。自足代表近代科技之学先驱徽帜。若以学术贡献而言,中星表之研制,更是近代天

---

① 徐朝俊《高厚蒙求》,二集,第44页。
② 徐朝俊《高厚蒙求》,二集,第2—3页。

文历算学上之重大贡献。

徐氏中星表于清嘉庆元年(1796)制成,同时即呈示业师祝德麟(浙江海宁人),祝氏即为其中星表作序,写于嘉庆二年(1797)九月,兹当举示以略见同时人之衡鉴。

> 观象家必本中星,自昔为昭,于今为烈。然而岁有差,中星自易。如"尧典"春分日在昴,"月令"在奎,今在室。则知改定中星,诚测天之要务矣。余尝览梅氏"更星录"。是以恒星定五更。又见泰西汤氏"出没表",是以恒星定昏旦。虽便一时览观,久而不能无失。岁差使然也。恕堂徐子,以制举业游我门,兼精钟表仪晷测量之技。其绍述有源,殆亦所性之近于是耳。近者学益进,讲艺余间,偶示我以手纂"中星表"一册。于嗣皇上(嘉庆)登极初元。校定列星躔度,并将四十五大星距时分刻逐一标明,以便时宪科随时校改,自有此表,只定一星而众星皆定。从兹因岁差定日躔,千百世可无差贷。是非空谈天官书者,徒为扪烛扣盘之语也。①

同期间,徐氏将中星表亦呈示华亭县教谕王芑孙(江苏长洲人,具学术诗文盛名,嘉庆元年任华亭县教谕),徐氏亦华亭人自事同邑教官为师,王芑孙遂为之作序,以为揄扬。其序亦值得引举,俾知中星表之重要性。

> 中星自"尧典""月令"至今四千一百有余年,而差五十余度。晋虞喜、宋何承天、隋刘焯、唐一行,推求聚讼,莫得所繇。我国家参用泰西之法,畴人子弟积阐其微,由是岁差之数始出。岁差出而中星可辨,古法以太阳宫退数换宿不换宫,今法以经星宫退数

---

① 徐朝俊《高厚蒙求》,第三集,"中星表"祝德麟序。

换宿兼换宫。盖不强无疆之运以就一定之程,而躔舍森列,粲如棋布矣。徐生恕堂,游心六艺,通会中西两家之学,以今皇帝建元(嘉庆)初载,标识度次分妙为表,既订昔讹,兼导后起。书虽一卷,简括赅孕。于测家可以觇昏旦,于占家可以谂吉凶。自古图谱之属,莫重于表。若生庶几所谓识体要者耶。抑郑夹漈氏有言。天下学术之大者十有六皆在图谱。有书无图而不可明者。天文其一,而星又其一耳。①

上举祝、王二序,所称嗣皇上登极,或皇帝建元,俱指嘉庆元年,肯定确知徐朝俊定中星实际宿座,即先以嘉庆元年为起准,乃是创制,且备为后世长久倚据推算,自是重大贡献。就《高厚蒙求》一书而言,中星表实是精华所在。

但凡稍具天文史知识者,祝氏、王氏之序所举古事以至历代天文学家,俱能了悟,不须交代。只是中国自古创发农业文化,自始俱须靠观天上星象,取为种植以至收获之最适当时机。遂亦逐渐发展出中国独有天算历法。而中星之测定,则是推算标准之一种重要技术。

中国上古先民知慧,最早知识即是看天地自然之变,而适应环境,谋生求活,考古家所掌握石器时代很绵长,长可推上数万年前。然其时必知用火,是进至人类之第一步。据考古家证明中国远古得见有仰韶文化与龙山文化,仰韶以彩陶为代表,龙山以黑陶为代表。推其为时是两万年前。盖知两万年前中国实有一段长期之陶器时代。此时期已进入熟食阶段,人之臼齿发达犬齿退化,腭骨扩大,臼齿增多,随之头顶上隆而脑容量加大,因而智能提高。俱与陶器长期使用有关,而史家未尝视为有一个陶器时代,一概列入石器时代,自不能得以推论陶器时代中国人之生活,亦不足判断是否进入农业时代。

----

① 徐朝俊《高厚蒙求》,第三集,中星表,王苣孙序。

　　自河姆渡发现稻种遗存，距今已七千年，相距史上有记载之黄帝时代尚早二千余年，既有稻种发现，自可断定是农耕时代。如此农耕技术，下种芸草以至成熟收割，势必要靠天候而入手作业，由是而推知早在七千年前，古人即已创生观星测天知识。看前举尧典可知，尧时已是十分成熟而充分掌握复杂而准确之测天技术。是以可信中国农业时代决不至晚到尧时代。

　　我辈虽非考古专家，惟就考古数据上看先民，一则知道陶器时代创始在二万年前，可以断定有长期陶器时代，中国古人已是熟食人民。一定脑容量发达，智能不低。又有七千年前之稻谷发现，亦当知已进入农业时代，比尧舜尚早三千年。因而知道后人估计保守，一味抱持支离之石器、陶器、稻谷等实物，而不敢推证古人究是如何生活。直到今人国学家庞朴提出其研究之《火历钩沉》，始把农业知识定下来，指出古人验天上大火（心星）之出现中天，即定之为春季下种农耕之时。而心星伏而不见，即是秋季收获之期。此一定调，确定了中国农业时期之起源，自是必靠观星而定年季，其说十分据理，有重大贡献①。我等于此可以恃为古人观星以备农事之推论，似较稳妥之判断。看来也应早过尧、舜时代有两三千年。其时尚只知有春秋二季，代表农业创生之期。

　　上举祝德麟、王芑孙两序，谈起中星，自涉天文，凡述天文必举"尧典"、"月令"，盖中国之论天文史者，必由"尧典"始，历法者亦然。本文第二节"谈天"亦加引举，自在有本。但"尧典"所载应是古代天文历算已达于精密成熟阶段，决非创始起源之简陋。故推尊庞朴之《火历钩沉》为探源溯始之作。今时寻绎徐朝俊之"中星表"，其能溯始者，当信古人观星定四季可取准于上古之火历，而其经久发展成

① 庞朴《火历钩沉》，收载《中国文化》创刊号，香港 1989 年。

熟，自仍推尧典为一年四季十二月，周年三百六十六日为最早倚据。足以定中星实为中国文化创造最古老、最重要、最持久之一大发明。

中星是中国天文历法上重要名词，除徐朝俊暂勿遑论，今代学者若竺可桢、曾运乾、金景芳俱从《尚书》"尧典"作分析阐释根据，有繁复详密之天文知识论述。其较简明清楚者可以参看曾运乾为"尧典"所作注释，亦十分迂曲周折①。

想来中国古人自"尧典"即重视中星，而今有徐朝俊之研制中星表。而何谓中星，势须向读者交代。在此可引举今人金景芳之界说展示以供参考。

> 甚么叫中星呢？陈师凯《书传旁通》："自北南面望之，则昏时某星正值管之南端，在南正午之地，故谓之中星。"陈说是。为甚么要在昏时出现？《书经传说汇纂》：恒星（按即二十八宿）在午（按午即正南方），自人视之，为天之中，故曰中星。盖因昼有日光而不见星，故于初昏测之。"测中星的意义是甚么？意义不在中星自身，而在通过中星测知太阳运行的踪迹。即所谓日躔。陈氏说："中星者，所以正四时日行之所在。"②

金氏解说真是浅显明白，自是人人俱晓，了然其旨。

天文学上最重要问题关键，由于有岁差现象，每定一中星，不久会因岁差累积，即自要更换另一星为中星。前代人自古无不熟知，非今代科学家所发现。一般学者亦具此项认识。故上举祝德麟之序，在十八世纪末（嘉庆二年）即说明仲春中星尧时在昴，及至西周"月令"之时，中星是奎，而后至 18 世纪末，则已是中星在营室。俱因岁差关系，

---

① 曾运乾《尚书正读》，台北宏业书局影印，1973 年，第 1—27 页，尧典、舜典。
② 金景芳、吕绍纲《尚书·虞夏书》新解，辽宁古籍出版社，1996 年，第 40 页，尧典。

中星即须改变。徐朝俊书中声言,自尧时以至清嘉庆元年,仲春中星已移越五十一度(按周天 365 1/4 度),因是徐据天文知识推算,创制"中星表",宗旨备为永久使用,便于历算家照表推知中星之所在。于此先将徐氏五十经星表举示。

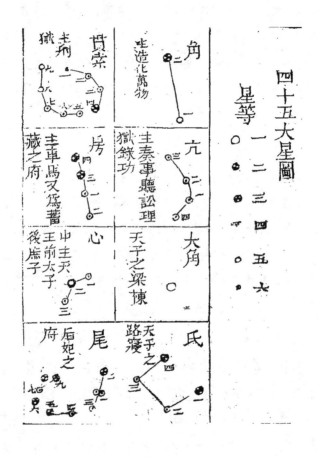

帝座 圭帝王之位

河鼓二 圭軍鼓鈇鉞

虚二 主廟堂祭祀及哭位死喪

高厚蒙求

箕 圭口舌

牛 圭犧牲叉主道路橋梁

危三 圭架屋祀祭

織女 圭果蓏絲綿珍寶

天津 圭津梁

北落師門

斗 圭壽 圭集政

女 圭布帛裁制縫要

壘壁 圭土功軍糧

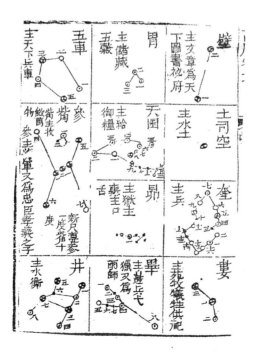

壁 圭文章為天下圖書祕府

胃 圭儲藏

五穀

五車 圭天下兵車

土司空 圭水土

天囷 圭給御糧

參 物數篇 牧畜生養菊 參宿星又為忠臣孝義之字

昴 圭獄主

奎 圭兵

婁 圭养牧犧牲供祀

畢 圭邊兵叉獵叉為雨師

井 圭水衡

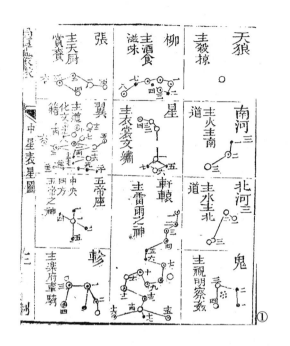

在上举五十经星(见徐表标明四十五大星)图表之外,主要徐氏研制有详细之查表之附表,前后二册(称前册、后册)篇幅甚多,无法引举。徐氏创中星表,为历算学重大贡献,故在嘉庆元年制成,即受到同代文家所看重,故而有祝德麟、王芑孙为之作序。惟徐氏中星表,其首前附有中星表用法二则,必须举示,以备查用。

中星表用法二则

一以星测夜时,假如遇立春节于夜间,见昴宿正中,则检后册立春节,横寻到昴宿以下一格,系酉正第一刻。如见天囷星正中,即知酉初二刻三分也。

一以日晷、钟表时刻求昼时中星。假如立春节内,在未正后,欲知此时适过午位者为何星,则检后册立春节,横查未正一格上,

---

① 徐朝俊《高厚蒙求》,第三集,第1—3页。

是壁宿，即知壁宿适中。壁为天下图书府。则为读书考古著作诸
事均吉。既知壁宿适中。而旋浑仪，或天图，使以壁当午，并可因
一星而得周天星象若何。云间徐朝俊纂。①

徐氏中星表，翻查星宿之当值出现时刻，乃经其推步演算而得。俱列
表于其书之前册、后册，供世人作查索之需，惟其篇幅过大，无法列引
于本文，尚祈读者鉴谅。其中星表在当时已为识家所重，故为其乡前
辈吴稷堂将"中星表"收载于《艺海珠尘》之丛书中，故而世人尚可能
易见《艺海珠尘》中参阅其"中星表"。亦当在嘉庆十二年付刊。再须
一提者，徐氏创制"中星表"，纯为中国科技之历算学一门，亦当作为中
国天文学之继承，而并非引借西洋天文学技艺方法。在"中星表"之最
后，徐氏亦绘有"中星仪图法"，乃将四十五经星全绘于圆天图上，列宿
部位俱现圆图之上。惟须对明各星之形状方可察考。故本文不予举
示。然其书雕镂讲究，刻成刊印殊不容易。参考《艺海珠尘》亦必能
见之。

五、仿造自鸣钟

关于西方之输入自鸣钟，无论常人以至饱学之士，以为由欧洲输
入应在明季，或误认为由利玛窦带来。其实 1581 年利氏到华，伽利略
（Gililei Galileo，1564—1642）年才十余岁，决未尝能创制自鸣钟。至
1600 年利玛窦到北京，其时尚无可能带来自鸣钟。此俱必待伽利略晚
年方可能有耶稣会士带自鸣钟到华，虽一般说会在明末（徐朝俊语）亦
当俱在 17 世纪。徐光启年岁大于伽利略二年，能见到自鸣钟，亦应是
其晚年之事。

另一个更大之常识性误解，无论常人，连学者俱亦相信，中国早期

① 徐朝俊《高厚蒙求》，第三集，第 1 页。

朝廷皇家最先拥有自鸣钟，相信是由外国进贡而来，好像各式珍奇谐趣之钟表俱是进贡而来。此乃完全错误。我敢肯定说，明代并无进贡钟表之国，清代最早有进贡自鸣钟已是康熙二十五年（1686），只登录自鸣钟一座。亦非特别奇巧装置①。嗣后即使有进贡自鸣钟者如乾隆五十八年（1793）英国进有自鸣钟，亦只是少量。有人或问，圆明园有一所构建之钟房，相传藏有自鸣钟四千个，究是如何进来，在此敢说不是由外国进贡来，而是中国人自造，而为地方大吏纷纷进贡来。此是史家必要应用之推理，非乱造也。究问中国何时仿造？何地仿造？在此不敢胡诌，按推理理解，可说始自清初，有三地是仿造之所，一为澳门，一为广州或佛山镇，一为上海。而能查到之史据，则只有上海，亦即徐朝俊之仿造自鸣钟。《高厚蒙求》即保存下一点重要线索。

自明季天启、崇祯之时礼部尚书徐光启已是引重西洋历法，为国家推算日月躔度以定年历，入清朝亦步趋以西法为宗之天文历算学，则知时势所趋，中国未尝不顺应以从。徐光启公后人，五代而至徐朝俊，实承家学陶冶，自幼习闻天文舆地历算机械之学，早生喜好，亦自养成科技工艺之智巧。徐氏在于乾隆之际，一面为科举制艺从师问学，一面亦自另于天文历算工艺科技之学深下功夫，嘉庆元年中星表之创制，已为师长乡长所鉴赏，而在嘉庆十四年（1809）在乡研制"龙尾车"供江南地区水田灌溉之用，遂至才名远播，并将徐氏之"龙尾车"图样刊布广传，其事载入《华亭县志》。龙尾车非徐氏发明，乃明季自西洋教士输入。惟中国向无喷水泉之技，自古灌溉未尝使用龙尾车，故至徐氏研制，使用方便，始为南方多水田之地广为利用。于此在推证徐朝俊喜运机械技巧，而其著书绘图，益足以证明徐氏于制造自鸣钟，具有深入精细知识。

---

① 梁廷枏《海国四说》，第209页。按：同书第204页，梁廷枏记载清顺治十二年荷兰国贡例，早已载有自鸣钟，时在1656年。似可上推至清初。

徐朝俊刊刻《高厚蒙求》，在第一集封面书题之上加刻横书四字，提示"定时仪器"，其实首集只在谈天，二集只在论地，须至第三集才正式绘图解说定时仪器。其所论之定时仪器，又分别谈日晷及自鸣钟两种仪器。在此先略引叙徐氏所掌握之日晷技艺。

徐朝俊对于日晷之知识，既得其父之指引，后能亲手图绘，所知有诸多种不同功用之晷仪，实具广泛而深入之体验。其于嘉庆十三年（1808）着成"日晷测时图法"一卷，有自序，如所云：

> 古人揆日定时之器，不下百有余种。种各不同，同归与天体之运行相印合。自后世数学之艺疏，而制器用器之人皆袭谬承讹，而莫知其失。即有一二好古之士，纷纷求八线割圆，究其实，卒不能以一线措诸实用。则莫若即案头日用测时之器，一探其源也。今世士大夫家所用日晷，大都徽制居多，其作牵线平晷，不知北极出地，随处不同，而线影之高下胶于一具，作登天梯晷。惧以节气为出地，无惑乎已正以前未正以后，诸时刻并与天运不同。盖作晷之法约有三端，其一以节气出地为本，其一以罗经出地为本，其一兼用罗经节气出地。而用罗经可不用节气，用节气可不用罗经。要未有不本北极出地而可随处得实在真时者也。昔先君子在时尝抚徽人所制之晷，爱其藻缋之极工，辄惜其师承之无本。爰口授余作种种晷法。一曰平晷。是作线于平面立表以测时。一曰竖晷，是作线于正南北墙壁之上，亦立表以测时。一曰百游公晷，用度柱以测时。盖作晷正轨已尽于是。他如百游空晷、百游柱晷、百游十字晷、四正晷、四偏晷、轮晷、盘晷、柱晷、东西晷、偏东偏西晷、偏上偏下晷、圆中晷。要皆以线法驭天互较焉。而毫发不爽。①

---

① 徐朝俊《高厚蒙求》，四集之一，"日晷测时图法序"。

据徐氏之言,当知其于日晷测时之法,以至各式日晷所据事理有充分了解。并实熟见当时出产日晷之良窳。徐氏特亦申叙所受父亲昔年之亲授指画,终能善治此器,以供世之取用。始其言:

> 余私幸自幼得窥堂奥,读其书而能得其意所欲言。脱秘而不宣,恐非一先君子曩年口讲指画之遗意也。爰辑所见刊本钞本薙其冗繁,补其意义,聊举线法之一隅。以谂当世之制此器者勿徒事丹漆雕镂之巧。①

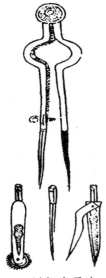

一代 规②

徐朝俊所著《高厚蒙求》,前后三集、四集,而以第四集之制器绘图,乃大量附刊图形样式,能使人见图知意。惟此集前后刊刻图样有数十款之多,均须徐氏自绘而刊刻,由其本人亲绘图形,线路繁密,细部更须分解单刻,一切出之独创新裁,最须精细正确,故其书自嘉庆十二年雕版,直至二十年(1815)方能出齐四集。兹举其所绘图规器具之三个头形分解图。

一曰规。凡作圆线及量度之用。阖辟须极紧,一头钉牢,一头用螺钻可拆换。凡一规备三头:一用钢尖量度,一用小沟藏墨作实线,一用轮头藏墨作虚线。

按中国上古发明规矩最早。惟世人相信不及西洋制器之精。西洋器物之入中国,要以澳门为一重点,未见全入史册,可知者,清雍正三年有意达里亚教化王(今之教宗)向中国进贡多精致小件,其中即有铜日

---

① 徐朝俊《高厚蒙求》,四集之一,"日晷测时图法序"。
② 徐朝俊《高厚蒙求》,三集之四,"日晷图法"。

晷一件,皮规矩一对,而各种鼻烟壶,则样式甚多。足证西洋规矩自当早已输入中国。然徐氏之绘图明确,器用有定,自见精巧,却未必仿自西洋。

徐朝俊介绍当年各式样日晷,均加绘图解说,今只能举其所讲之铜板日晷形式,乃后世常见之物,可作通行之日晷标本样:

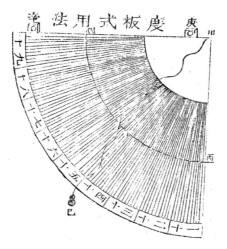

一曰度板,画于铜板之上。须极匀平,分九十分。为造晷截度之母。板愈大则愈适用。用法:如有甲乙丙圈分,欲截北极度分,即以甲乙为度,取度板截之。则自丁至丙,即京师出地四十度,自丁至乙,即京师出地余度也。若置庚辛两耳,使透日光。并置用己垂线,可随地量出地度分。①

至于其他种测时器具,徐氏亦作图解,然后世不传,自难举示比较,兹予从略。

本节叙议重点应在于徐氏之仿造西洋钟表。徐家一门自徐光启已是皈依西教(天主教),广泛涉猎西学,尤其翻译《几何原本》,并推

① 徐朝俊《高厚蒙求》,三集之二,"日晷测时图法",第5页。

重西方天文历算,崇祯间任礼部尚书,即举耶稣会士改进国家历法,颁行天下,故能影响后之满清用西人任钦天监。至于西洋钟表不过为测时之具,实自明末方才引介入华。徐家一门亦是得风气之先。是以徐朝俊之仿造自鸣钟,亦本之家学诸门之一端。

西人伽利略发明钟表,自当在 16、17 世纪之交,其器输入中国应俱在 17 世纪,1644 年满清入关,西洋照例入贡者有荷兰国,最早记录为顺治十二年(1655)贡单物品,未见有自鸣钟,而至康熙二十五年,方见有自鸣钟贡品,乾隆三十二年则有音乐报时大钟一对,另有珍奇报时表四只。则西洋创生之新颖钟表,至康熙后方成习见之器。推知民间购存,多由广州商品输进。其量远大于皇家贡品。推知喜爱风气之养成,自应以康熙二十四年(1685)开放海外通商为一重要转折点。则输入之盛当在此年之后,而若澳门、若广州对西洋接纳货品之口岸,当为大宗输入之门户。然当地逐利之能工巧匠,势在此后,逐渐模仿制造,销售内地。最早亦不出康熙中叶。惟文献奇缺,无从查考推断。大凡西洋巧技奇器,中国工人多自行仿造,既本之于国人喜爱,即有巧匠仿造。明代之景泰蓝,则为仿造成功之一例,正如司马迁之所谓:"若水之趋下,日夜无休时;不召而自来,不求而民出之。"(《史记·货殖列传》)此本自然趋势,古今一例不爽。

中国工匠仿造西洋钟表,不敢说得太早,而有文献记述,应在 18 世纪,换言之,即在于清乾隆一朝。在此可引举乾隆六十年(1795)署名鉴泉山人为自鸣钟作序。列于《高厚蒙求》初集之首。

> 夫自鸣钟表者,原出西洋之妙技,渐入于中原。得大国之良工,仿璇玑之奥术,揆日定时,分毫无讹。且日巧夺天工。所作钟表者,竟广胜乎珍异。偶得"北极高度表"一书,阅之系泾川莘干刘君在官署暇访其族中子晖先生,专学天官象数而得之钦天监之

传。手课家珍,细辨天圆地方,北极出地,南北里差。源源本本详
推度分,正所谓制而用之谓之法,神而明之存乎人。①

阅读此序,自可明见在乾隆六十年之前,早有中国巧匠仿造西洋自鸣
钟,而此作序之人,自注邗上,则必就江苏一地风气而言,可推见扬州、
上海应是仿造者另一出产区。

　　徐朝俊仿造自鸣钟,本测器用器之一贯志趣,与其长年精研考究
之心得;高家制器,宗旨正大久远,自亦充满自信。其绘图解说,撰着
"钟表图说"一编,于清嘉庆十四年(1809)并作自序,申明用心,可以
举证:

　　　太阳随天左旋,一昼夜而分十二时,时析八刻,刻析六十分,
　　分析六十秒。盖天道之交节凭焉,地气之飞葭应焉,人事之趋吉
　　避凶系焉。是时之为义大矣。即测时器之为用亦重矣。余既述
　　日晷诸法以测昼时,复述星月仪表诸法以测夜时,而于阴雨晦冥
　　之时,尚未之及。因辑是编,所以辨子亥定支干,非以供陈设玩
　　好也。②

此一自序写于1809年,具有重要史料价值。盖使自鸣钟输华之后,中
西计时量度汇合一致,此文已作明确交代。中国古有刻漏之计时法,
古称"漏刻",战国时书,《太公六韬》其犬韬曾引称漏刻之定时③。则
知中国古代早有铜壶漏刻之制,为测时之具。其式自然日加精密,竟
至数千年不废此器。及西方钟表输入方有重大改变,而徐朝俊自是仿

---

① 徐朝俊《高厚蒙求》,初集,鉴泉山人序。
② 徐朝俊《高厚蒙求》,三集之四,钟表图说,自序。
③ 郑利群、郑京译注《六韬译注》,西安:陕西人民出版社,1992 年,第 144 页。
　太公曰:"凡用兵之法,三军之众必有分合之变。其大将先定战地战日,然后
　移檄书与诸将吏期。攻城围邑,各会其所;明告战日,漏刻有时。"

行者之一前驱代表。

在应用漏刻计时之时代,定准划分一日夜完全周期分成十二时辰,以子、丑、寅、卯、辰、巳、午、未、申、酉、戌、亥代表各不同时辰。每一时辰再须划八刻,以刻为小单位。此八刻分为上下两段。如遇子时之第一刻,此际称作子初。及四刻过后,到第五刻,此刻称为子正,其它各时辰,照此类推。至何以称刻?如何用刻?乃是看滴漏漏壶中所分之八个刻度线,水一一滴下,漂起壶壁所附之浮箭,水深一刻,箭指一刻,水深二刻,箭指二刻,故而箭与刻,俱为其式之专有名词。中国7、8世纪唐人普遍行用漏刻,诗人无意中多引入诗境。如杜甫诗云:五夜漏声催晓箭,九重春色醉仙桃。又如白居易诗云:丝纶阁下文章静,钟鼓楼中刻漏长。可以想见漏刻置于钟鼓楼,又想见漏壶中箭指时刻之催促时序。此皆中国自战国以降之长久使用漏刻。

今见徐朝俊之序所叙自鸣钟乃在每刻之中又划分六十分,而每一分之中又划分六十秒,则知西洋钟表之计时精密,漏刻自远不能及。国人著作,此一文证,表明在1809年以前之若干年,国人引用西洋钟表之事实。则上推至康熙二十四年有开放关市之政,二十五年有荷兰进贡自鸣钟之事。如此可信清康熙中叶为国中行用西洋自鸣钟之开先时期。积至1809年,已是国人习用习见之物无疑。徐氏之序为可贵之指标。

徐朝俊熟论钟表,一一举示所知所造钟式名目。其名有"挂钟"、"摆钟"、"问钟"注说:随时可问时刻,一拨即发钟声若干响,屡问不爽。"闹钟"、"报刻钟"、"乐钟"。此外并已有"表"一种,其注说谓:"机轴如钟,收大为小。有单针、两针、三针、四针之别。单针指时指刻;两针并指分;三针并指秒;四针并指日。"徐氏书之可重可贵,在描述各钟之要紧处,各钟零件细部机括,均一一绘图,加以解说。题称:"钟表事件名目并图。"包括细件齿轮、发条、打钟、钟面,另细述钟表作

法(即造法)、钟表修法、钟表用法。前后总计达二十二页,为一分
卷①。似此细节及图形,绘图达于五十三幅,可谓详密细致,无法一一
引举。

徐氏固长于钟表制造,书中并极言采用精良铜胎机括,刮磨钢片,
机制发条以至表中游丝。惟在此最值得举示以供参证者,则徐氏书中
绘有钟表面图,包括大针(时针)、小针(分针)形状,正可见早期钟表
之样式。

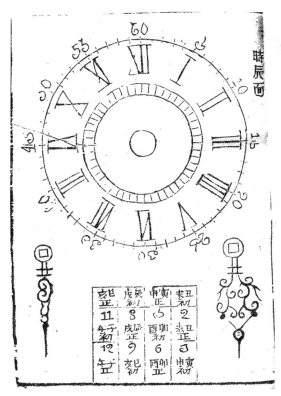

① 徐朝俊《高厚蒙求》,自鸣钟表图说,第1—22页。

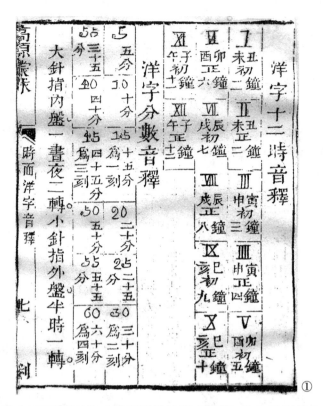

①

本文何以要引证徐氏钟面图样及洋字解说,盖为见识乾嘉时期之钟表模样,有图为证。更值注意者,在于本书首见西洋数字(包括阿拉伯数字)。相信明清两代国人图书,此为最早,有确定时间(1809)可凭。其中解说文字,可以注意是洋字所表十二时位之正确值。

徐朝俊明白分别钟与表之不同,看其图解却俱在于钟之事件。或未必能造表。在此言,康熙时西洋来贡,尚只有自鸣钟。除荷兰屡有来贡外,康熙六年(1667)已有大西洋国来贡。(即以西巴尼亚)九年又来贡。雍正三年则有意达利亚国教化王遣使入贡。雍正五年有博尔都噶尔雅(即葡萄牙)入贡。最晚是英吉利国于乾隆五十八年

---

① 　徐朝俊《高厚蒙求》,自鸣钟表图说,第6—7页。

(1793)遣使进贡有十九大类,其中即有自鸣钟,另有天球仪。接着乾隆五十九年而有荷兰来贡。在其贡品项目中,首项列明恭进万年如意八音乐钟一对(即二座),时刻报喜各式金表四对(即不同样之怀表八只),此当是各国进贡,开写显著地位之一种贡品,其他各国未必进贡自鸣钟。何况列国来贡不常,数量决不会大。无论如何,皇家宫苑别馆、圆明园、畅春园,其各处所藏钟表,什九并非外国进贡而来。则只能推测,出于中国各地之仿造。鄙人妄自武断,认为国人早有仿造。而今徐朝俊是一有文字之证据,使人更增自信。

五十年代(1957 年)初入近代史研究之三年,曾在所中听李宗侗教授讲述清廷故宫宝藏,乃清史名家讲清宫,连续有五次之多。李教授讲到清宫所藏各式珍奇自鸣钟,最令人印象深刻者是有各式精巧之八音大钟,其中机括能表现渔樵耕读活动。更令人长年不忘之一种,乃是多人熟知之"八方向化,九土来王"之报时钟。乃是时每到点,即有钟上景台出现一人,先打千行礼,然后持笔写出"八方向化,九土来王"之字句,相传乾隆帝最喜此钟,存于禁中自赏。惟无人能肯定说出是何国进贡。在此冒昧诞言,我相信是中国地方官所献,也是中国工匠制造。下面要举示个人臆测之假说,求教通家。

鄙见以为,欧洲各国进贡,虽有钟表,但为量很有限,虽有各式音乐钟,像有春宫表现之怀表,必不至渗入贡品。并决不会想出中国习俗故事之构想。或问圆明园钟房据传有四千钟及八音盒。答案是一定有欧洲贡物,却是占极少数。今世故宫档案,尚可一查欧洲各国来贡之品目单。很难会达到上百件钟表,更不会以千计。看来亦非皇家刻意收购而来。推测只有各级地方官之报效进贡,品样尤多。故宫博物院曾在香港中文大学展览一次广东贡品。品目繁多,琳琅满目。鄙人乃是亲自游观,并存有一册(购买)广东贡品图集,题署《清代广东贡品》,香港中文大学 1987 年 2 月印。其中有自鸣钟数件(共六件),

均有二三尺高。各形美观，无有雷同。其报时表演，各有不同，全部为清乾隆时之宝物。有转花活动人物钟，有三猿献宝钟，有双童托镜博古钟，却未必出于欧人进贡。每件各有花样，亦绝无雷同。此是1860年英法军抢掠圆明园之孑遗，因为清宫各处尚多摆自鸣钟，幸免于被抢。至于渔樵耕读钟以至于八方向化九土来王钟亦俱是宫中常设，终免于被抢。像李宗侗教授所见当不止此。似此广东贡品，推测出于中国巧匠所造，并必出于广州、澳门等地，而由大吏刻意督造者。我有何本事作此大胆推测？所以稍稍有点自信，就是看了《高厚蒙求》才改变思路，才敢于陈说。大约清自嘉道时期，官绅尚多鄙夷西洋制作为"奇技淫巧"（尤其道光时期），演成士大夫共识。此说最早见之诸文字即是《高厚蒙求》，特别在于指称钟表。兹举示以供学者参考：

> 余自幼喜作自鸣钟表，举业余暇，辄借此以自娱。近者精力渐颓，爰举平日所知能授徒而悉告之。并举一切机关转摸利弊，揭其要而图以明之。俾用钟表者如医人遇疾，洞见脏腑，知其受病在何处，去病宜何方。保其无病宜何法，悉其机关何患，触手辄散。至于一切矜奇竞巧，如指日、捧牌、奏乐、翻水、走人、拳戏、浴鹜、行船，以及现太阴盈虚，变名葩开谢诸巧法。只饰美观，无关实用，且近于奇技淫巧之嫌。故授诸徒者，聊以见其奇；而笔诸楮者，竟或从其略。非秘也，盖即游艺一端，微寓周书玩物丧志之戒云尔。嘉庆己巳春正月徐朝俊书。①

在此阅读徐氏嘉庆十四年之序，文中所言造自鸣钟之机巧花样，若指日、捧牌、奏乐、翻水、走人、拳戏、浴鹜、行船以及展现新月如钩、满月如镜种种变化，亦俱通晓其造法。只是因其无关计时之本，故乃不授

————————

① 徐朝俊《高厚蒙求》，自鸣钟表图说自序。

此技。由此得以证明，盖信中国能工巧匠，早有仿造之艺，大本营原在广州、澳门，而上海一地之华亭县则有徐氏一门高手，可以仿造无碍。如此举示，倚为识断，惟祈学界先达一人衡评之。

六、结　论

吾昔读大学，以史地系而得遍选历史地理两门学科。俱为庞大领域，当年已失学四年，得此机会，决不放弃一并研读之机。大抵二者重要之课，名家大师之传，决不放过倾领教益。

吾在大学研读史地两科，因亦早知历史与地理已在民国二十三年（1934）分道扬镳，各自发展为学术大宗。在读书时选修地理课凡中国地理、世界地理分科专门因须选读而自然地理分科若地学通论（其中包括天文）、地形学、地质学、土壤学、气象学、气候学、海洋学、地理实察、政治地理、边疆地理等课，余亦选读。相信尚备有相当地理知识。皆得名师指导，具备一定识力。非是泛泛而谈地学也。

及至大学毕业，追随业师郭廷以先生专攻中国近代史，即在此一领域，亦尚能遭遇地理上问题，惟只在梁廷枏著作《海国四说》见及其征引徐朝俊之《高厚蒙求》。徐氏之书题称用文字反射表达，高者天也、厚者地也。吾信其为谈天论地之书，遂至一心祈盼一读。

吾于1997年自中研院退休，2002年来多伦多定居，息影林泉，啸傲江湖，其时与上海华东师范大学易惠莉教授联络，托请代我购书及影印资料多次多种，幸其于2006年代为搜到《高厚蒙求》影印书来。得到易教授相助，方能阅读徐氏家刻本，标称松江徐氏刻本。于嘉庆十二年开雕一集一集刊出，至嘉庆二十年出齐四集。其所以刊刻耗时，主要附图甚多；且徐氏父子亲手制图并校样。四集分量不大而耗工力太多。能得读到此书，当感谢易惠莉教授之厚惠也。

在此要就所见《高厚蒙求》一书之雕板形式及其书中所载重点，向学界略作交代。此书在经营刊刻上言,难度甚大,即其各样日晷,乃各具特点,即如常用铜日晷,有一百刻度,又须自一点起画,本文举示自见其雕刻不易。其他稀见之日晷,每样均有一定特点,在此难于形容。进而言所绘天上全部四十五经星表,每座不止一星,表中尚须各列出是几等星,而各座星位布列不同,须全顾到各星宿座外形。再进而说到自鸣钟之细部机件,徐氏分解画出五十余图,真只能供专门表匠查索,我辈读者虽读其解说,亦难自行仿造。凡此类工夫,无不增大雕板之困难,此其书重要特色之一也。

吾在大学时期曾读屈万里教授所授版本学,不敢自信是内行,却具备有相当常识。研治历史时阅清代各式官书,所见甚广,然在晚清之书版形式,隐然有新型出现,版本自有特色,连版本学家屈万里先生亦未尝知觉。是即中国传统之各样书籍,全无断句点。至清代官书,已有断句圈点。不过俱是用圆圈加在句外。此皆常见。而自 19 世纪中叶,甚至鸦片战争之前,中国广东地方已有西洋教士所著中文书,自此开始,西人之中文书偶有人名地名之识别号。名号之侧刻出一条直线,以示人名地名。鄙人曾据西洋教士所译《圣经》号称之为"委办本"(Delegates Version)《新约全书》在 1852 年(咸丰二年)出版,《旧约全书》在 1854 年(咸丰四年)出版。凡书中人名,俱用单线画其侧,凡为地名,俱用复线画其侧,用以使读者易晓。惟其后有美国教士丁韪良(William Alexander Parsons Martin)为总理衙门约聘翻译《万国公法》,于 1864 年(同治三年)刊布。并在次年进呈皇帝,自是官书,而此书中之人名地名亦加侧线。鄙人即声言中国之官书自此起而加示名号。以为版本上之先见,宣诸文字①。吾原自信把握甚准,未料今读《高厚蒙求》,原来其书凡重要名词出现,俱用双格侧线加以表明,为时

---

① 王尔敏《弱国的外交》,桂林:广西师范大学出版社,2008 年,第 196 页。

乃早过于《圣经》版本,时当在于 1807 年。使余警悟而钦服徐朝俊印书之不苟。真是科学家先驱典型。

至于《高厚蒙求》所包罗之内容,本文不过提示四门重点,应为其书精要所在。然徐氏之书尚有《天地图仪》一门,列于全书最后,亦附有图说,其用意乃在制造天球仪与地球仪。徐氏实已掌握地球仪之制造法。盖较造钟表为易。西洋列国进贡亦早有天球仪,乾隆五十八年英国来贡亦有天球仪。其时清宫已早有此物,俱交由耶稣会士操作。英国来贡时,清廷文献载有旧有天球仪之纪录。徐氏知识自是本于耶稣会士,足以为中国造器之先导。

徐朝俊于嘉庆十四年制造龙尾车供乡人灌溉水田,已是名重一方,而其于嘉庆二十年刊成其书《高厚蒙求》,更是为学士大夫所仰重,地方官遂于嘉庆二十一年(1816)荐举为优贡生。其事载入《华亭县志》。吾今浅谈其书,不足以尽其通天地四时以至各样测量机器之精深,惟愿后圣继加探究研考,以便超越鄙人之谫陋。

附记:拙文得以顺利完成,承易惠莉教授自上海图书馆影印到《高厚蒙求》一书,谨记注深心感谢。又承上海社会科学院熊月之教授推重鄙人之研究上海史足附骥尾,今乃提呈华亭徐朝俊之科技贡献以报称上海学界之厚爱。

岁在庚寅孟春之月二十三日(2010,3,8)

于多伦多之柳谷草堂

清季官绅之运会观念及其对于中西会通世局之因应

一、引　言

中国近代承受西力冲击,自器物、观念以至行为、习惯,均产生巨大变化。中国自 19 世纪中叶以来,对西方事物累积之认识与经验,酝酿而成普遍之印象,并由自身反省而产生若干解释理由,提出因应之方术。

当时中国人对接触西方文教事物之一般观察入手,与认识途径,实亦少有特例。换言之,所有国人对西方文物事象接触认识之初,无论学问深浅,全是根据固有常识作判断。兹举徐继畬在中西接触后,在 1844 年提出对于西方之认识:

> 欧罗巴一土,以罗经视之,在乾戌方(即西北方),独得金气。其地形则平土之中容畜沧海数千里,回环吞吐,亦与他壤迥别。其土膏腴,宜麦、宜棉,物产丰饶。其人性情缜密,善于运思,长于制器。金木之工,精巧不可思议。运用水火,尤为奇妙。①

---

① 徐继畬《瀛环考略》,第 109 页;1844 年徐氏手稿本;台北文海出版社影印。

徐氏在此认识西方,使用固有工具罗盘定向,以磁针指向,定有二十四方位,实为宋元明以来,中国航海惯用之物。乾戌针位,正指西北。其所谓西人思虑缜密,长于制器者,乃根据五行观念,因西方属金,认为西方人独得金气。于此可知中国固有知识实为其认识外在世界之重要基础。兹再举魏源在一八四七年,对于西人东来事象的一种解释:

> 地气自南而北,闻禽鸟者知之。天气自西而东,验海渡者
> 知之。①

魏氏所言,自是拘虚之见。将鸟向南飞,水向东流之现象,视为天地气机,运行所使然。当是凭借日常习惯观察所得印象,未必正确。然而此一印象,则构成中国人解释一切新见事物之重要知识。

就以上列举两端所见,在中外刚建立外交关系之初,徐继畬、魏源之论点正充分代表中国固有知识对于一切新见事物之应用。从而引申不同观感,甚具深意,当不可轻忽。

二、天人因应观念与近代变局之认识

中国自上古商周时代已形成天人因应关系之信仰,人事上一切盛衰变化,与天息息相关。天地运转,四时变化,足以影响人群吉凶祸福。虽然此一思想有更复杂而丰富之内容,但概括而言,仍不过是天人因应之种种解释。尤其是天道观念,今日学者多有讨论,已是一种普通常识②。

中国近代人物,惯常应用天象自然运行之实例,以提醒世人注意国家世势之盛衰。尤其儒生官绅,无论官阶高低,在位不在位,均十分

---

① 魏源《海国图志》卷 24,第 1 页。道光二十七年扬州刻六十卷本,台北成文出版社影印,1967 年。
② 郭沫若《青铜时代》,第 18—31 页,北京:科学出版社,1962 年。

认真,热心讨论。其依据之知识,则以儒家经典为主。兹举一八四三年初魏源所示此种运用天道示警政事之原本:

> 故君子读云汉、车攻,先于常武、江汉,而知二雅诗人之所发愤。玩卦爻内外消息,而知大易作者之所忧患。愤与忧,天道所以倾否而之泰也。人心所以违寐而之觉也。人才所以革虚而之实也。①

魏源举《诗经》与《易经》两书,提示重视忧患,以促人醒觉带使政治由危而安。

曾国藩在一八五九年劝谕李鸿章也举天道自然支配之力。有谓:

> 大易之道,重时与位,二者皆有大力者冥冥主持,毫不得以人力与于其间。昨揖别时,以此相箴,亦近岁阅历之余,见得一二。非谓能夙以自持也。②

曾氏生平多次表明顺依天意,不能贪天之功,代天作主张。而重在人事上多下功夫。曾氏在一八六三年致书其弟国荃,即作如此主张:

> 古来大战争大事业。人谋仅占十分之三,天意恒居十分之七。往往积劳之人,非即成名之人,成名之人,非即享福之人。此次军务,如克复武汉、九江、安庆,积劳者即是成名之人,在天意已算十分公道。然而不可恃也。吾兄弟但在积劳二字上着力,成名

---

① 魏源《海国图志叙》,载《海国图志》,道光二十七年扬州刻本。魏氏所叙所言《云汉》《车攻》、《常武》、《江汉》四篇,均为《诗经》中之篇名。前二篇是歌咏天降丧乱,艰辛经理政事,虔诚畏天遵祖。得承天佑。后二篇则铺叙建国功业,贤臣召伯之受爵赏。魏氏引用此义,即在强调君子先重忧患,后重建功立勋之意。
② 曾国藩《曾文正公书札》卷8,第25页,1876年刊本。

二字,则不必问及,享福二字,更不必问矣。①

由此信可知曾氏主张仍多在人事上尽其在我,并非一任天意摆布。

再阅看郑藻如在 1892 年之观点,实于天人相应之下,特强调人定胜天之理:

> 夫盛衰倚伏之机,即天人相通之故。懦夫俗士,往往蒙昧其本原,相与粉饰,而委顺之。乃无由收人定胜天之功效。皆坐其不能见机于早也。②

至于西力东渐,浸漫全境,人人承受影响,中国官绅,对此情势之创生,也是归因于天道所使而能形成。如陈炽所论:

> 方今万国通商五十余载,见闻日广,光气大开。顺天者存,逆天者亡,天与不取,反受其咎。此其意贤者知之矣,不肖者不知也。少壮者知之矣,衰老者不知也。
>
> 瞻言百里者知之矣,局守一隅者不知也。我恶西人,我思古道,礼失求野,择善而从,以渐复我虞夏商周之盛轨。揆情审势,旦暮之间耳,故曰西人之通中国也,天为之也,天与我以复古之机,维新之治,大一统之端倪也③。

近代中国官绅,沿承古代传递下来之天人因应关系观念,用来认识当前与西方交接来往之世局。大多不约而同,广泛提出相同理解。均相信中国面对中西会合之新情势,乃出自天所启导。除魏源、徐继畬、陈炽以外,郭嵩焘、王韬、曾纪泽、郑观应、薛福成、刘桢麟、唐才常、

---

① 曾国藩《曾文正公家书》,第 210—211 页,同治二年十一月十二日信。台北世界书局,1957 年印。
② 郑观应《盛世危言正续编》,郑藻如序,1893 年印。
③ 同前书,陈炽序。

严复等人,均有相类之言论①。当知近代中国士大夫实根据传统知识信仰作为认识世界之基础。

中国近代知识分子,既普遍讲述天人因应之道理,其所谓之"天",仍未曾违背古代定义。但却引申发展合于当时需要之新义。此一新义特别突出"变"之动力,用以确知"变局"(Changing Situation)之到临。兹举王树枏所编可知:

> 莫知其然而然者天也,知其然而不得不然者人也。天与人相遘而机着焉,机与机相触而变生焉,变与变相乘而法立焉。天既特示以变以开天下之人,人即不能不特求一法以应天下之变。其始自一二人唱之,其终遂至千万人和之;其始自一二国创之,其终遂极于五洲之大万国之众莫不因之。由其法则强,不由其法则弱;由其法则富,不由其法则贫。此其中盖有天焉。②

王韬曾再四反复申言,当前中外会通之新局面,中国人必须因应天心之变,而自求趋利避害之道,得以变弱为强,转危为安。此如王韬所论:

> 今地球东西南朔九万里之遥,胥聚之于一中国之中,此古今之创事,天地之变局。此岂出于人意计所及料哉。天心为之也。盖善变者天心也。天之聚数十西国于一中国,非欲弱中国,正欲强中国,非欲祸中国,正欲福中国。故善为用者,可以转祸而为福,变弱而为强。不患彼西人之日来,而但患我中国之自域。无他,在一变而已矣。③

再如严复在 1900 年解释天之界义,申明全无神秘迷信意味。足以代

---

① 王尔敏《近代中国知识分子应变之自觉》,载《中国近代思想史论》,第 381—439 页,台北华世出版社,1977 年。

② 王树枏《陶庐文集》卷二,第 15 页。1915 年刻本。

③ 王韬《弢园文录外编》卷七,第 15 页,上海 1897 年印本。

表当时官绅言论之一般性质：

> 有可知者,曰:顺天者存,逆天者亡。天者何? 自然之机,必至之势也。阅今而考古,格物而致知,必求真实而后已者,凡为此耳,夫非妖祥各征之谓也。吾党有志图存之士,其求深识此所谓天者。①

概括而言,近代中国官绅,面对前未经历之西方冲击,以及被动开辟中西会通之新局势,随即产生广泛之辨析讨论,而所运用之方式,则以古来传统知识:天人因应观念为入手。进而依天心之趋于变,遂即肯定"变局"之到临。进而思考及于人之应天心以适应变局。中国自古因应天运时势之法,均在于因势乘便,顺天而不逆天。志士贤才之成就功业,即本之于此,共同信持之要点,即在于《易经》乾卦所言:"先天而天弗违,后天而奉天时。"此实为中国自古来适应变局之有效方法。因是中国官绅对于近代"变局"之形成,普遍产生反省与讨论,洋洋大观,汇为民族醒觉动力。

三、"运会说":近代官绅之应变理论

中国语文中"运会"一词,原本仅为普通词汇,自魏晋以至现代,仍为日常行文沿用。并无特别复杂内容。其基本意旨,在指"时运际会"而言,浅显易晓,别无深奥意义。晋人羊祜,卢谌著作均有引用,俱收载于《文选》一书②。

---

① 严复《原富》,第 644 页,商务印书馆清光绪间印本。
② 萧统《文选》卷 37,第 10 页,羊祜:"臣闻古人之言:德未为众所服而受高爵,则使才臣不进;功未为众所归而荷厚禄,则使劳臣不劝。今臣身托外戚,事遭运会,诚在宠过,不患见遗。"又,卷二十五,第八页,卢谌致刘琨信:"尝自思惟:因缘运会,得蒙接事。自奉清尘,于今五稔。"台北艺文印书馆 1955 年影印。

宋代儒士邵雍(1011—1077)根据天象日、月、星、辰之数,建立起一套解释人群社会盈虚消长变化起伏之理论。仍然以天命天意为信仰根本。以太阳经天名为"元",月亮经天名为"会",星群经天名为"运",时辰经天名为"世"。也可以简化说:日为元,月为会,星为运,辰为世。邵雍创造出:元、会、运、世一套完整体系,全然先由假设入手,然后据其数字加以推算。先定"元"为起始总数,"元"象征年,一元象征一年。"会"象征月,一年有十二月,则一"元"即有十二"会"。"运"象征日,一月有三十日,则一"会"即有三十"运"。"世"象征时,一日有十二时,故一"运"有十二"世"。至于"世"字本为卋,中国习惯上,原指三十年为一世,自古相沿习用,无须详解。邵氏亦承袭此制。用为推算三十年为一世,经一次变化,十二世为一运,经一次大变化,三十运为一会,经一次巨大变化,十二会为一元,经一次更巨大变化。宋氏利用天地之数,年月日时自然之序,定出一套"运会"理论,供人参验遵循。由此时序推衍,观测人情物理历经无数变化。因时乘势,避害趋利,即为人们所当留心观察之道理①。

自宋代以后,各代朝野官绅讨论国家治乱,政事盛衰等现象,或多或少均借用"运会"理论以为解释依据。而至满清中叶,因鸦片战争西方英人冲击之显著事件发生,随即引致论者之提出解释。如徐继畬所论:

> 欧罗巴诸国之东来,先由大西洋(按当时习惯指葡萄牙)而至小西洋(按:本书中明言指波斯一带地区)。建置马头。渐及于南洋诸岛(按:指东印度群岛)又渐及于东南洋诸岛(按:指大吕宋群岛)。然后内向而聚于粤东。萌芽于明初,滥觞于明季。至今而往来七万里,遂如一苇之杭。天地之气,由西北而通于东南,亦

①　全祖望《宋元学案》卷九,第107—109页,台北河洛出版社,1975年。

运会使然也。①

徐氏此处解释西人东来之情势,正是运会乘转之必然结果,面对此一运会形成之新局面,自然必须加强知识,认清所带来之影响,思考因应之方,以免承其灾害,受其侵损。

1842 年魏源著成《海国图志》,曾说明其著作之用心,正表现面对西力之来,从而研考判剖,加强了解,自是一种应变准备。如魏氏所述其著书宗旨:"是书何以作? 曰:为以夷攻夷而作,为以夷款夷而作,为师夷长技以制夷而作。"②

可见中国先知先觉,提示应变之方,为时不为不早,《海国图志》颇影响日本,为其朝野所重,带使日本谋求富强。亦久为现代学者讨论③。

再如 1892 年,郑观应所著《盛世危言》出版,是广泛讨论效法西洋。谋求改革自强之书,其友人郑藻如为之作序介绍,亦要借"运会"之理,促使朝廷重视。

> 方今运会中兴,圣明在上,镜外以治中,准今而合古,必能容长沙(汉人贾谊)之忠直。采治安之谠论。若能由此书引绪而伸之,触类而长之,人事既工,天心弥眷。安见此日忧危之语,非即后日喜起之先声。④

1895 年当中国对日战败之后,严复提出当时中国处境,认为是"运会"使然,同时申言圣人在"运会"中之因应。所谓圣人者,亦即有

---

① 徐继畬《瀛环考略》,第 110 页。
② 魏源《海国图志叙》。
③ 王家俭《魏源对西方的认识及其海防思想》,第 172—174 页,台湾大学文学院,1964 年。
④ 郑藻如《盛世危言序》,载郑观应《盛世危言正续编》。

才智能力之政府领袖之谓。

> 观今日之世变,盖自秦以来,未有若斯之亟也。夫世之变也。
> 莫知其所由然,强而名之曰运会。运会既成,虽圣人无所为力。
> 盖圣人亦运会中之一物,既为其中之一物,谓能取运会而转移之,
> 无是理也。彼圣人者,特知运会之所由趣而逆覩其流极。唯知其
> 所由趣,故后天而奉天时;唯逆覩其流极,故先天而天不违。于是
> 裁成辅相而置天下于至安。后人从而观其成功,遂若圣人真能转
> 移运会也者。①

1869 年,陈炽以超越国界民族之观点,申论东西交会之世局,实为
天运地运国运之起伏变化使然。而以"变"贯串其间,构成世运转移之
动力,其归宿则在于"运":

> 天道善变者也,地道不变者也。人道应变者也。乃有地隔数
> 万里,时阅数千年,人分数十种,而运会所值,形势所成,一东一
> 西,若合符节者,何哉? 岂天道亦穷于变哉,盖始而终,终而复始
> 者,天运也。盛而衰,衰而复盛者,地运也。合而分,分而复合者。
> 国运也,然则天也,地也。人也,亦运而已矣。②

1897 年盛宣怀检讨中国历代史实,考察兴亡治乱之迹,检验国家
先后盛衰之现象,推至当时甲午战败之因果。全以"运会"观点作为解
释。兹举其所言:

> 易曰:无平不陂,无往不复。运会之数,天人之理。有可知有
> 不可知。故治乱若循环,而事变无穷极。伊古以来,因革递嬗,强

---

① 严复《严几道诗文钞》卷一,第 1 页,上海 1922 年印。
② 陈炽《俄人国势酷类强秦论》,载《皇朝经世文新编》卷 16 中,第 19 页。上海
大同译书局,1898 年。

宗、外戚、藩镇、宦妾、权奸、边塞之祸,覆辙相寻,变本加厉。我朝鉴于往代,照灼荡涤,法制相维。又复谟烈显承,以祈天永命。史策所纪,未有盛于斯者也。然数极则还,理穷必变。运会所值,天与人方迭起以相胜。而已然之迹,无衅可乘。于是日辟其机,以创千古未有之局。特治安既久,又形势隔阂,非浸溃无以尽变,故中叶以后,萌蘖于川陕之乱。决裂于虎门之役。犹未已也。至大憝稽诛,流毒遍天下,神州纷扰,裨瀛横溢,迫极于庚申之祸。从此梯航交错,机巧日滋,景教流行,责言频至,天更降割多难,俾宫廷忧劳顾虑,而无可如何。盖自七十七年来,变故迭乘,始成积重难返之势。迫至东溟一蹶,危偪群争,天乎人乎,则诚有不可知者矣。①

盛宣怀此处所谓七十七年间之重大事变,实指道光元年(1821)至光绪二十三年(1897)一段而言。鉴往知来,中国上下,当亦应该知所警惕,尤其主国政者,不可长期昏昧。

1898 年,唐才常则以乐观态度面对世变,相信是世界大同之运将临,人须顺其势而因应之,当是合于天道天意:

今怵世变之亟者,则莫不骇于心,荧于目,炫于脑,以谓运会之穷,将靡所底。不知此天之所以错综参伍,摩激鼓宕,而启大同之运者。吾于此时,正宜扩充心力,开拓眼光,承天而行,顺天而动,一以至平至常至实之理处之。斯大易所谓。先天弗违,后天奉时者矣。②

概括而言,自宋儒邵雍创造"运会"学说,解释国政人群活动之起

---

① 盛宣怀《皇朝经世文续编书后》,载盛康《皇朝经世文续编》,1897 年刊。
② 《湘报类纂》甲集卷上,第 10 页,上海 1902 年。

伏、强弱、盛衰现象，后人多加沿用。尤其当十九世纪西力东渐，造成新激荡，新冲击之时，中国醒觉人士，体察情势，深信巨变来临，天机地气，运会推移，造成前未经验之创局。于是警觉呼唤，使国人速采因应之方，以免当此运会承受危害。因势利导，善加因应，可以使国家转弱为强，使国民转贫为富。

四、结　论

中国近代遭受西力冲击，展开中西会通交流之世局。朝野人士，并非完全茫昧无知，实有先知先觉者提出警告，指示应变之准备与方术，用以避免损害，相应以求自立自强。一般对西方体认程度，虽不完全，亦不尽正确，但其努力判析考察，则是十分重要，为带使国家立足国际世局之有效途径。

中国朝野官绅，俱为儒生，官僚士绅，生平学识，完全以儒学为根柢。故有典籍，无不熟读。当其面对西力冲击之际，一切因应之思考，仍完全取借固有知识，正合于儒家通经致用之宗旨。

就中西接触之新世局而言，为中国自古以来所未经见。先知先觉之士，引用《易经》所示道理而深信面临一重大"变局"，使中国朝野普遍肯定"变局"之到临。广泛讨论变革、变易、变化、变法之重要，汇为一代之重大共识，是以代表这一代之醒觉动力。

自宋儒邵雍创造"运会"理论，实亦在发展《易》学在国政人事中之应用。以年月日时自然之数，推测人群活动盛衰盈虚祸福之变化。虽不过一家之言，后世儒生官僚绅士，往往沿用。适遇近代变局之到临，终被引为解释变局之一种理论，提出倡说依据，更足以坚定人之信心。于是邵氏运会说终能盛行于近代。

1986 年 5 月 29 日写于香港中文大学

近代中国富民重商思想

一、固有传统之富民论

中国乃五千年文明古国，遵天道而重人事，立国自有本原，政教实具规模。若论求富图强，上古早有熟论，而近世之变局纷乘，外力冲击严重，而通商无孔不入，铺天盖地而来，中国割地赔款、国力耗损，自不免面对贫弱思考求富图强之策，宗旨同于前古，而实质当有极大分别。固乃为近代中国之富民思想，以见当今因应变局之识议筹计，盖在略窥谋求富民之一端。

中国古人积累谋生治事，自是积人成群，积群成社，积社成邑，积邑成邦。则统治之体定，官民之责分。而国之基仍在于民。是谓国者人之积，人即民也。古之民亦各具专业，《考工记》举为四民：是为百工、商旅、农夫、妇功四者。举证如次：

> 坐而论道，谓之王公（政务官），作而行之谓之士大夫（事务官）。审曲面势，以饬五材，以辨民器，谓之百工。通四方之珍异以

资之,谓之商旅。饬力以长地财,谓之农夫。治丝麻以成之,谓之妇功。①

此处所见之四种民数,较具正确原始性。士为贵族,自来不入民数,后出之说,不足据也。惟参据《周礼·地官》闾师之属,民数应为八种,即农、圃、工、商、牧、嫔、衡、虞等八者。暂不具引原文②。所举之圃、牧、衡、虞,在古籍中亦屡见,若《孟子》、《管子》、《六韬》及《史记》引《周书》多能见及。可证上古庶民职司当有八种,四民之分,当不足供各事,特以政府庶务,尤须专属分工。此必有之情事,也是以古有八民之实而无八民之说。

中国古代无论何种政体,无不注重民人之关系国之盛衰。主因明确,乃是国家赋税,政府仓廪所取资之源,赀财享用之所出也。是故古代典籍多必熟论生民之盖藏,民命之良楛。关于富民之道,《管子》书所陈叙较多,兹愿引举,以供参酌:

管子论民得富始于生业,如其言:

夫民之所生,衣与食也;食之所生,水与土也。所以富民有要,食民有率,率三十亩而足于卒岁。岁兼美恶,亩取一石,则人有三十石。果蓏素食当十石,穰秕六畜当十石,则人有五十石。布帛麻丝,旁人奇利,禾在其中也。故国有余藏,民有余食。③

---

① 闻人军注《考工记译注》,上海古籍出版社,1993年,第117页。按:《考工记》补入《周礼》,因列于儒经,乃得随之传世。

② 林尹注译《周礼今注今译》,台北商务印书馆,1977年,第134页。按:凡古籍之涉于农、工、商、虞、衡诸业者,《周礼》、《考工记》之外,要以《管子》、《孟子》、《荀子》、《六韬》,以至《史记》均有其说,至于农、工、商之三业,称为三宝,语出《六韬》。

③ 赵守正注译《管子注译》下册,南宁:广西人民出版社,1987年,第122页,禁藏篇。

此所言在指示富民之途，系于地力之生产，求富之术，力曰足以自致富原。

管子论治国亦先举富民，如其所言：

> 凡治国之道，必先富民。民富则易治也，民贫则难治也。奚以知其然也？民富则安乡重家，安乡重家则敬上畏罪，敬上畏罪则易治也。民贫则危乡轻家，危乡轻家则敢凌上犯禁，凌上犯禁则难治也。①

管子之富民政策，提出藏富于民思想，此在中国治国理念而言，为千古不易之论。见其所言：

> 故野不积草，农事先也；府不积货，藏于民也；市不成肆，家用足也；朝不合众，乡分治也。故野不积草，府不积货，市不成肆，朝不合众，治之至也。②

实际《管子》一书论次牧民、理民、赡民、足民、用民、治民以至富民之说，各篇俱有精辟抒论，足为用心政治者之参考。今以论富而略举数端，不及一一列述也。

《管子》以外，兵家之尉缭子亦陈说富民主张，见《尉缭子》书：

> 王国富民，霸国富士，仅存之国富大夫，亡国富仓府。所谓上满下漏，患无所救。③

兵家之书，又有太公《六韬》，答文王问，主张天时地财，与人民共有之：

---

① 赵守正注译《管子注译》下册，第72页，治国篇。
② 赵守正注译《管子注译》上册，南宁：广西人民出版社，1982年，第17页，权修篇。
③ 《尉缭子》卷1，第6页，四库全书影印本。

> 天有时,地有财,能与人共之者,仁也。仁之所在,天下归之。
> 与人同忧同乐,同好同恶,义也。义之所在,天下赴之。凡人恶死
> 而乐生,好德而归利。能生利者道也。道之所在,天下归之。①

至于儒家素重仁民爱物,孟子论士者藏于王之朝,农者藏于王之
野,商者藏于王之市。但未见有富民之论。而大儒荀子则多谈民庶,
尤重养民教民,且涉论及于富民。兹举其一说:

> 足国之道,节用裕民,而善臧其余。节用以礼,裕民以教。彼
> 裕民教多余,裕民则民富;民富则田肥以易;田肥以易则出实百
> 倍。上以法取焉,而下以礼节用之。余若丘山,不时焚烧,无所臧
> 之。夫君子奚患乎无余!故知节用裕民,则必有仁义圣良之名,
> 而且有富厚丘山之积矣。此无它故焉,生于节用裕民也。②

上举各家,俱为先秦硕彦至论,足备参证。前哲之论富民,大抵可以传
承至汉末,兹再举汉末王符之言,作为最晚之史据:

> 夫为国者以富民为本,以正学为基,民富乃可教,学正乃得
> 义。民贫则背善,学淫则诈伪。入学则不乱,得义则忠孝。故明
> 君之法,务此二者,以为成太平之基,致休征之祥。③

总体以观,中国古代未尝无富民思想,乃可断言。惟至近代19世
纪以来,承西方工商国家连番冲击,先以战争为手段,恃其船坚炮利,
强取豪夺。中国因应乖方,初只用心于仿造西洋火炮,并未深晓凡此
强盛兵力之背后实由工商发达、财源充盈,方有海陆军力,侵略他国,
以行帝国主义灭人之国、掠人之财、占人之地、奴役其人民。中国不识

---

① 郑利群、郑京合注《六韬译注》,南宁:陕西人民出版社,1992年,第2页,文
　韬。
② 王忠林注《荀子读本》,1972年初版,第159页,富国篇。
③ 王符著,汪继培笺《潜夫论笺》,北京:中华书局,1979年,第14页,务本篇。

世变,习故蹈常,不能致力于富强根本,乃不免受制于列强为条约长期束缚,真是一盘败局,坐使国困民贫,殊可憾也。

惟至我辈研治历史,势须一用心于考察晚清一代,19世纪以来,估断其时人士面对重大世变,是否能见及危殆而思考呼唤,虚心考较西方列强之壮大,倚于工商实业之发达,工商实业之所凭,在于创造发明之迭出,创造发明之迭出,在于全般教育之精进。因是而知谋求富强之道,而富民思想亦即因之渐具规模。愿当寻绎诸家论说,检索探讨,以供方家之参酌采择。

我国古代之所谓富民,首在重农而兼及于工、商。凡管子、孟子、荀子,兵家之太公,莫不重农、工、商。然本文所论近代中国之富民思想,晚清之世,因外力之冲击,其凡忧心立国肆应变局者,于抵挡外力之强夺利权,而所论多集中于重商商战,以加强外贸竞争,固是重心在商,不暇用心于农工,是以本文不免集于一代之重商思想。故谓近代之富民,非单纯国家之内政,实国际竞胜之商战世代,不同于古代之重农,而是与列强随时随地随事而作商贸竞争,是谓中国重商之时代。

二、国人因应近代变局首选重商

19世纪,英国以优势军力,发动两次鸦片战争,不但迫使中国割地赔款。(两次均有割地赔款)而火焚圆明园之强盗行为大肆抢掠,中国文化精华荡然,更严重者,自此以不平等条约束缚中国,使中国自此陷入百年困敝。可谓创钜痛深。面对冷酷世变,自然刺激有识之士起而思考应变之道,为国家思考自立自强与自救之道。当时朝野实有人才,其识略自当探索而论列之。

英国为掩饰帝国主义者武力推销鸦片毒害中国,总持国际通商为理由,要求中国开放五口。盖历史起点,通商实居管钥,则国中人士,思考因应亦必自通商说起。

第一次鸦片战争之后,中国士大夫有敏觉而见出外国武力强大之冲击,已随其通商欲图而事事争先,乃已用心于中国域外列国竞胜局面。战后十年之内而著书问世者有魏源(1844)、梁廷枏(1844)、徐继畬(1848)、姚莹(1848)①,在此略举魏源对于当时外国来华通商之觉识:

> 今广东贸易,惟弥利坚国岁有进口银四十万圆,而欧罗巴则专以鸦片耗中国之币,故弥利坚于我有益无损,英夷于我有损而无益。②

于此可知当年中国实有人才察觉外商来华贸易,其损益利害,已有明鉴,当信代有人才,似具因应世变能力。

大抵中国之醒觉,要因第二次鸦片战争之洋兵入京并焚烧抢掠圆明园,国人感到创钜痛深,中国不但赔款,尤且陷入不平等条约枷索,在重损与屈辱之中,而展开自强运动,此之自强无不以面对列强之冲击,利权之侵损为因应敌体。若不诉诸兵战,自然思考到争持国家利权之维护。由于二次鸦片战争后,五口开埠之外又增开北洋三口、长江三口,南洋又增汕头、淡水,于兹加深中国对外开放,如此已使全国陷入外商之强大冲击,所谓谋自强者,同光时期已迫使国人步趋洋人而走上重商之局。一时言论猥集,只能略举一二,难免挂漏。

---

① 此处所举魏源、梁廷枏、徐继畬以至姚莹,分别撰著域外地理书,前三人世人熟知,可不注明其书,而姚莹实更早自俘虏英国船员而在鸦片战争进行中已作记述并呈报朝廷。其后就所得英人图书而辑成《中外四海地图说》,竟编刊附入其所著《康𬨎纪行》一书中。人以为乃论康藏之书,不知其附有简略之世界地志也。乃不著闻。
② 《近代中国对西洋及列强认识资料汇编》,台北中研院近代史研究所印,第一辑,第954页。

虽然就国人醒觉意识有早有晚,颇为差池不一致,自1861年已有先声,实则形成风气而具普遍性者,至光绪十年以后,广泛之重商议论,蔚起于官绅之间。一面见及在上者之提倡,一面能见及在野者之呼应。显著例证见于上海格致书院征得大吏命题以作士子考课。备见于光绪十二年至二十年间。单就商务贸易利权之命题(其他各类命题不计),举示以见其概:

上海格致书院有关商贸利权之命题如下:

1. 盛宣怀命题

问各国至中国通商,按光绪十六年贸易,英赢银至六千八十余万,而俄美等国各补入中国银八九百万。核稽历年,大抵英必赢,而俄、美必绌。岂两国经商亦各有工绌欤?抑物产使然欤?今欲振兴商务,其策安在?

从此题看,乃见及中国与英国贸易逆差之严重。中国耗竭之钜大。

2. 盛宣怀命题

问中国工商生计多为洋人所夺,欲收回利权,应如何进口货少,出口货多,以期利不外散,权自我操?诸生留心时事,其各条举以对。

此题明言在中国口岸商权落入外人之手,而作挽回利权思考。

3. 郑观应命题

中国古者众建诸侯,各有分土,恶民之轻去其乡,故有崇本抑末之设。然官山府海,齐用富强,服贾牵车,卫隆孝义。日中为市,货殖成书;陶朱计然,古有专术。维时国家赋税取于农民,商之操奇计赢以剥之,故抑之耳。自汉以来,土宇益廓,盐茶转运,亦国计所关。迨此次军兴及五口通商而后,厘金洋税,数埒地丁。中国度支,农与商遂各居其半。商务盛衰,隐关国本,安可侈言旧制,坐受困穷。惟中外商情,西巧而华拙,西大而华小,西富而华贫。必若何而后能维持补救欤?

说者谓中国官商隔阂,剥商之政,以至于此。近日华商创设公司,阴图专利,不公不溥,适以治商。应如何参用西法,尽祛其弊。泰西商部规制若何?商律之保护商民者何在?商学之开益神智者何方?现在之商务若何保全?将来之利源若何振兴?对关怀时局,望条举所知,以资商榷。

郑氏此题,提上古乃是启示而重点在近代,大抵商务所须仿行西制者,多已提示,若公司、专利、商部、商律、保商、兴利,俱中国当时所急需推行,召唤士子群起研讨,实是表现先见之卓识。

4. 薛福成命题

问中国近年丝茶出口之货,核通商总册,较光绪初年有增无减,而丝茶各商,日见耗折,其故何欤?今议整顿之法,其策安在?

薛氏时为宁绍台海关道,见及丝茶商贸出口症结,透露对外贸易竞争之酷烈,盖丝茶二项久为中国出口最多最盛之业,若受亏损,影响商民至钜。

5. 李鸿章命题

问印度近来讲求茶利不遗余力,幸茶味不及华产,是以销售未广,一时尚难与中国敌。惟印商近以华茶搀和印茶,冀畅销路,始则华多而印少,继则华少而印多。中国茶利,后此必渐为所夺,能预筹防弊之方欤?

李鸿章提示阅历,乃常人少能计及。所谓印商,实即英商,英商老谋深算,不能改欧人饮茶口味,乃运锡兰茶到中国汉口,大量搀和华茶,以华茶名义销售欧洲,历数十年一改西人口味,变为锡兰茶世界,此真英人商战上策,中国人只有少数人洞悉其情,李鸿章提示,至为可贵。

6. 傅兰雅(John Fryer)命题(英人教士)

中国仿行西法,纺纱织布,应如何筹办,以俾国家商民均沾利益论。

傅兰雅居华最久,长期帮助江南制造局译科技之书,并辟创上海格致书院,发行《格致汇编》,热爱中国,启发中国文士最力,对华人科学启蒙有巨大影响。此题亦在鼓励中国推行机器纺织,以为求富之道。

7. 吴引孙(海关道)命题

问中国古今养蚕之法,宜取何术致蚕丝收成日旺?并各国现在养蚕利病得失,视中国有无异同? 出口之货,丝为大宗,浙江等省,尤以蚕务为重。诸生讲求时事,其详举所闻以对。

按此题乃农技问题,必须与当时西洋之蚕丝生产对比,重在质量之提升,自亦为丝品出口起见。

8. 吴引孙命题

洋药一项,每岁金钱出口甚巨,中国吸烟多,而罂粟之禁,虑妨民食,势必土浆日少,洋药居奇,宜用何策,杜塞漏卮,无害谷产论。

此处之洋药即鸦片也,当中英议订《天津条约》,英国规避对华输入鸦片丑名,在条约中改用洋药代替,达到鸦片以商品合法化,其用心狡而阴毒,可欺蒙中国,难逃史家明察追究。故自 1860 年鸦片合法进口,中国连年漏卮巨万,识者莫不痛心,故有吴引孙之问题。

9. 吴引孙命题

各省兵燹以来,军需善后,多赖厘金以应度支。现在承平日久,未能遽停,库款仍绌。其盈虚损益情形,论时势所宜考究。应如何筹节饷项,减免抽厘,以裕利源,而纾商力策。

厘金创始于太平天国之乱,诸军抽商货运销之地方税以赡军需,承平而不废止,形成病商,惟此事滋大,当年多议论,后世亦视为重大论题,吴氏提示,自是晚清官绅所熟知者,论商务者亦必涉及。

10. 沈秉成(署两江总督,南洋大臣)命题

丝、茶、烟、布合论。沈氏光绪十六年署南洋大臣两江总督,自然

关系到各口通商。出此命题,充分表现中外商贸盛衰关键,虽只四数商品,对比以见丝、茶之浸衰,烟(鸦片)、布之益利。正足以启示近代中外贸易竞争之严酷情状。

11. 聂缉椝(上海道)命题

问各省仿泰西设立银行,试言其利弊所在。

聂氏任上海道(苏松太道)四五年之久,得风气之先,于商务管钥最重视银行,乃早于中国开办银行之前,有心于仿行西洋银行制度。故乃立此议题以为提倡。

12. 曾国荃(南洋大臣,两江总督)命题

铸银币得失说。

光绪间广东、湖北已开始设厂铸造银币。曾氏在任南洋大臣时期,亦有兴造银圆思考,乃命题以观舆情。

13. 吴引孙命题

问近来东南各省多用洋银钱,民尚称便。中国如自造金银各钱,应用何策?能否通行?有无利弊?试详言之,用备采择。

吴氏所提近来并不真确,而洋钱(称花边银)之流通中国南方各省实早在嘉庆时代盛行。粤督吴熊光曾有禁止之奏。历道、咸、同、光又有四朝之流行,实非近来之市事。惟吴氏宗旨重在自造银元,流通本国,乃是天下用心之事。旨在试问舆情。

14. 吴引孙命题

问昔有行钞之法,多因滋弊而罢。如部局颁发银钱各币,必恒示天下以信。应如何变通古制,参用西法,详酌时宜,并可通之四海,行之百年,免匮乏而保利权,便商民而济国用策。

吴氏在光绪中叶提倡发行钞币,行之四海,持之百年,实具高远识见。正见晚清官吏,自有真才。末料通晚清之世,清廷未敢执行,殊可惋惜。

15. 盛宣怀命题

问中国邮政应如何办理？其各以实义条对。

邮政为中国主权，亦便商之政。但自五口通商之后，外国纷纷在华自办邮政，号称客邮。光绪初年总税务司赫德（Robert Hart）由海关创办邮政，虽由洋人经营，尚可杜绝各国客邮。盛宣怀早有中国自办邮政之图，因有此题以为倡率，其后至光绪二十二年果由盛宣怀奏定中国自办邮政，停止再由海关插手。

以上所举十五道命题俱出于光绪十二年至二十年间，当政大吏为上海格致书院春、秋考课以及特课而作之问题，代表当时国人一种重商思想之纲目重点。其他时务论题尚未收入本文，应具时代参考性。尚有必须附述一二者，盖因同治末年开创上海格致书院以来，先由算学名家徐寿任山长，徐氏于光绪十年亡故，适于此时创办人傅兰雅得知王韬于光绪十年由香港返回上海定居，遂即聘请王韬任格致书院山长。王乃即为书院之名望而设想春、秋二季考课由政坛大吏命题，以供书生踊跃前来参与考课，盖大吏不但出题，并亦捐赠奖金给予优秀之作提供鼓励。由是来者甚众，得奖之作，并由王韬刊印于《格致书院课艺》公之于世。可惜王氏病殁于光绪二十三年，其二十年后之课艺未能印出。今时能见者止及光绪十二年至十九年之各类课艺。正足代表此一代之新思想①。

自鸦片战争以至中日甲午战争，中国面临变局已五十年，先觉之士早已醒觉呼唤，为面对变局熟论因应之方。一时之反省而筹议者甚

---

① 王韬辑《格致书院课艺》，十三册。（含光绪十二年至十九年上海格致书院考课优等文章。乃是考后选定。本来当续刊二十年至二十二年之课艺，而王韬于光绪二十三年病故，至未能问世。）各大吏命题门类甚多，本文则仅就商务一类引举，未尽其全部命题。《课艺》所收优秀时论甚多，内容多样而繁富，反映当年思想之趋向。王韬影响，真不可没。

众,著述广见于经世文编、时务丛钞、蓄艾文编、四朝奏议以至名家专集,至为丰富繁夥。本文不暇尽举。而晚清趋新思潮已遍布全国,富民重商思想亦汇成通行巨流。故陈炽乃明言万国通商之局将终古不变,如其所言:"以轮舟、铁路、电信三事观之,从此万国通商遂将一成不变。"①由斯而知通商之世局将与中国国运同其消长,国人不可轻忽视之也。

三、商贸竞争与营商体系之充实

中国近代面临之世局,是西方列国来华通商之冲击,中国是被动迎战西商,特为在不平等条约束缚之劣势情况下,令中国长期遭受侵损胺削。并非中国无商才,亦非朝野毫无觉识。但凡论世,为中国而言,不平等条约乃是中国面对之最严酷困局。后人议论,自当注意此一关键。

在中国处于如此受制于人之环境下,若论及商务,晚清此种时会,自然先要抵挡商贸之竞争,而商权已落入西人之手,终必自然由痛觉而创生商战思想,中国上下并非茫昧无知也,能令忍受列强任意宰割?故商战思想即形成中国 19、20 世纪之一个显著思潮。鄙人三十年前曾有专题论列②。

商战观念自同治初年曾国藩创说之后,至光绪初年已渐形成一种广泛讨论之大问题,其下直至民国八年(1919)孙中山尚在其《实业计划》申论。前后约有六十年之久,具见为一重要思想。拙文既已论述,无须重复引证。惟在此之外,仍尚有多人提具商战观念,愿略举一二,

---

① 陈炽《庸书》,光绪二十三年,慎记山庄印,凡内篇四卷,外篇四卷。今据内篇卷四第 4 页。

② 王尔敏《商战观念与重商思想》,载《中国近代思想史论》,北京:社会科学文献出版社,2003 年,第 198—322 页。

以见其影响广泛。其一约在光绪五年（1879）道员彭汝琮（字器之）致盛宣怀书有云：

> 去夏遇孙树人观察于申江，适闻当道有以商为战，寓强于富之议。筹划数月，自问确有把握。乃敢上禀，请以机器纺织洋布。仰蒙中堂俯赐批行，并召赴保定，面示机宜。①

按彭氏创思筹建机器织布局，先得李鸿章批准开办，因虑彭氏玩忽不实，而收回批札，改委郑观应在上海招商创办，事有不少曲折，自不具论。

至在光绪后期，二十八年三月二十八日，有南洋公学监督沈曾植致盛宣怀函，盛称盛宣怀之担当大任为国家百年立商战规模，见其所云：

> 公一身当商战二权，所筹划皆所关十年百世利害，爱国者殆无不爱公。近日物性，因较曩年渐进矣。②

今举证二则，以见梗概，其后仍有作商战之言者，若唐文治（光绪三十年，见《茹经堂奏疏》）及端方（光绪三十二年，见《端忠敏公奏稿》），以至民国时期孙中山亦有商战之说。可信中外商贸竞争酷烈，乃形成中国六十年长期呈现之一种时代思潮。

所谓情有必当，势有固然。当年但凡议论商战，无不自然归趋于蹈习西洋工商技术体系，而不能一维旧贯，无所更张。一代论者甚伙，惟薛福成于光绪四年（1878）提示中国当以接受西方火轮舟车之技术，用以渐长增强与西人竞胜，乃必循之道也。兹引举其言说：

---

① 王尔敏、吴伦霓霞《盛宣怀实业朋僚函稿》，台北中研院近代史研究所，1997年，中册，第1107页。

② 王尔敏、吴伦霓霞《盛宣怀实业朋僚函稿》，中册，第1393页。

> 今泰西诸国,竞富争强,其兴勃焉。所恃者火轮舟车耳。轮舟之制,中国既仿而用之,有明效矣。窃谓轮车之制不行,则中国终不能富且强也。①

其他论者,俱集于仿西人新创技艺,无须备述,应能取证于世。兹愿条别论列如后:

1. 理财

翰林出身任驻英参赞宋育仁(字芸子)在光绪二十二年间著《泰西各国采风记》(此本原作《采风记》,又一作《泰西采风记》),论及理财,有谓:

> 中国言理财,主开源节流;外国言理财,主开源畅流。假如工作精良,而贾用不售,则百物壅滞,工之利日渐衰,而器亦渐楛窳。故斯俗尚奢。②

宋氏于薛福成返国后到英任职,于西洋工商金融商贸俱有深入考究,见解亦不逊于薛氏。

有关财用问题,晚清尚有何启(字沃生)、胡礼垣(字翼南)所提之论点:

> 财者,民之所最悦而最重者也。而惟信则可以出之怡然,用之欣然。非不知爱惜也,特以为将本求利,移紧就宽,理当如此,法当如是而已矣。而不信者不足以言此也。大厦之构成也,费金十千而主人不靳者,无他,盖自信其得以安居也。若得居与否未可知,吾恐其一文不舍耳。八珍之罗列也,破财数十而主人不吝

---

① 薛福成著,《庸庵文编》卷2,第17页。
② 宋育仁著《泰西各国采风记》,收入《小方壶斋舆地丛钞》再补编本,第25页;上海著易堂印,广文书局影印。

者,无他,盖自信其得以适口也。若得食与否未能而定,吾恐其一毛不拔耳。故欲知民心之向背,莫若察借款之依违,欲观民情之真伪,莫若视借款之顺逆。卿云之歌,金天之颂,寿暮之叹,去思之碑,无当亦无谓也。以斯为者,乃外貌之观耳,以其所能者乃轻易之事耳。夫中国非无富户也,非无殷商也,坐谈时事者何止感慨悲歌,纵论勤王者,几若毁家纾难。迨借款之说一出而士皆缄口,人尽括囊。始则见于粤东,继则闻于各省,而民心大可见矣。而民力果难恃矣。夫军装海防,所以保民者也,铁路矿物,所以利民者也,而犹不足以兴民之心而动民之听,谓非不信而何? 平时尚不肯挪移,则临难何以望其接济。富室尚不知大义,则贫户岂能责其效劳?①

何、胡二人以现实财利征集利用,看透古今重义轻利之说,说有所得其财自出,说只征财,不得信于众人,势必落空。其理至浅,而主政首领多不省悟。圣哲不出,奈苍生何。

2. 公司

公司一词,在中国为近代产生,大体为西方传入之营商组织之用。如此概说或无重大错误,但来历不甚明确简易,乃有一些岐义不能统一认定。最早英国在广州之东印度公司代表则用"公班衙"(company)之称。不见公司二字。惟至道光、咸丰时期,由南洋侨寓华人传来"义兴公司"之名,实际乃是海外会党之组织,但却使用公司之名。事实中国本土无工商组织,各类实业俱不能用公司之名,而用"局"名,此"局"之使用,在明示非官衙之属,但可有官绅合作组成。自是因袭往时已有之"善后局"名义。如轮船招商局、上海机器织布局、中国电报局等

---

① 何启、胡礼垣合著《新政直诠》初编,第16—17页。按此书共成书六编,光绪二十七年,格致新报馆刊印。

是。惟在光绪前期有粤人黎兆棠(字召民),招股东若干而在英国伦敦开办"肇兴公司"(惟经营三年即停歇),是为中国商家采用公司组织之起始①。

3. 专利

专利一词,原在司马迁《史记》周本纪,词意即是专揽物产之利,有近于后来汉代专卖而不同于近代西方所称之专利,在清光绪初年已为郑观应引据而要求用机器织布,得许其享受专利,明言仿行西国之制。事在光绪六年(1880)②。

但西方专利制度输入中国,其知识之吸收,仍须有一番解说。郑观应只是利用专利权之第一人,而西方之专利之知识,实早在鸦片战争以前已有中国之记载。盖记约在道光十四年前后,已有叶钟进所著《英吉利国夷情纪略》一书流布。魏源收入于《海国图志》卷五十二。然梁廷枏著《海国四说》亦参考叶书,但以己见而写出如次:"(指英吉利)工艺分木、石、塑、画,能造奇物者,得专利三十年。"③嗣后在光绪间引述专利之说者甚多,惟有以英文字译音而出之者是为巫但或巫登(patent),最专用并直接详述巫但者为粤人陈继俨,以《说巫但》一文,刊于光绪二十四年《知新报》,稍前则郑观应亦用"发牌衙门"(patent office)介绍国人④。

4. 厘金

厘金之收取,创自咸丰初年因应太平军之倡乱而助辅军需者,但

---

① 郑观应《盛世危言正续编》,全九卷,光绪十九年成书刊印。卷2,第18页,商务,叙及黎兆棠之组"肇兴公司"。

② 郑观应《盛世危言后编》,全十五卷,宣统元年刻本,台北大通书局影印。据卷七,第9—10页。

③ 梁廷枏《海国四说》,道光二十六年成书,北京:中华书局1993年,第158页。

④ 王尔敏《今典释词》,桂林:广西师范大学出版社,2008年,第124—125页,巫但,发牌衙门。

军务完毕,屡年仍不断抽厘,实是病商之政。包括李鸿章主政者在内,官绅多有议论。一般趋向于裁厘加税之法。有两位有识之士,提出评议,表现盱衡世变能正面提示应变之方,甚值参酌。马建忠留学法国期间,于光绪五年(己卯,1879)答复李鸿章询问,覆禀提出其意见:

> 今拟修约,税则所应加者,亦区进口货分别办理。进口货略分四种:其第一种天然物料,如煤铁之类,为中国所自有,惜乎无人采取,又兼转运为难,每不改外来之贱。应于外来者仍旧值百抽五,以广招徕。其余五金亦按是例,而铅铜则倍之。其第二种为外来制成之货,中国亦出者如洋布之类,应加重征至值百抽十五之数。庶几中国产棉仿用机器织布,货本虽重,亦可夺西人之利。其第三种制成之货,中国不产者,如钟表、玻璃器、洋伞之类,此必有力者置办,应加重至值百抽二十五,而一切奇技淫巧之物,亦例焉。即洋酒、踩烟、糖果之类,向在豁免,今则一切加征至值百抽三十,较之外洋税则犹不为重。其第四种远来之货,本国所无者,鸦片烟为首,以其为害人之毒物,自宜苛征以困之。赫总税司(Robert Hart)前请每百斤收税银一百二十两,尚应加重。其余杂货,皆无过值百抽十五之下者。
>
> 至出口货,除丝茶两项仍值百抽五,以裕饷源外,其余各货均减至值百抽二、三。惟茶叶现在印度加尔古答(Calculta)之北高山之际谷名亚撒(Assam)者亦产美茶,岁出数万箱。中国茶叶虽佳,奸商类搀他物,定当整顿茶务,不可令我专有之利授之于人。①

马建忠身在法国,熟悉西方商务税政。当中国为与西方争取加税之

---

① 马建忠《适可斋记言》,全四卷,光绪二十二年刊印,卷四,第7—8页,上书李鸿章。

时,李鸿章主政其事,乃有询问马氏意见之举,其上书甚详,不及尽举。

在同一时期,亦当在光绪五、六间,盖俱当在 1880 年中外修约之期(据条约所定凡经十年间可举办中外修订商税章程,而中国总在被动方面),有薛福成提出其减厘加税之策,薛氏先后有两个主要文献,提裁厘加税之方,其一见于《筹洋刍议》,较简约而清楚,兹举其言:

> 各省厘金最旺之时,通计岁收不下二千万两,今亦有一千四五百万两。所以能剿除群寇懋成中兴之业者,职是故也。夫明之贻误与今之成功,其得失较然明矣。迩者军事渐平,而经理厘务之人或失其初意,不无病民之事。于是论时务者莫不扼腕抵掌欲去厘金。而洋人亦遂执洋货免厘之说以继其后。夫厘金果不便于民,俟中国财用充足徐图裁减可也,外人而挠我自主之权不可也。中国整饬厘金之弊,严杜中饱,俾商民乐业可也,予洋人以垄断之柄不可也。①

按薛氏在任李鸿章北洋幕府,擅于当时洋务,有关厘金之重要建策则有光绪七年之"洋货加税免厘议",收入《庸庵文编》卷一,二十一至二十二页,可供参考,不具引举。

5. 赛会

赛会自是纯粹西洋体制,流行于 19 世纪,若万国博览会、商品展销会、产品交流会种种形式,在光绪年间国人开始注意,命之为赛奇会。官方文献概称之为赛会。大抵为西人工商产品之推广展销而举办之活动。

中国之闻见西方富强之国举办万国博览会,至晚始于光绪二年

---

① 薛福成《筹洋刍议》,第 35 页。为薛氏《庸庵全集》十种著作之一。

(1876)美国建国一百周年而开办之赛会。而有国人直接参观法国巴黎举办之万国博览会,则为旅法求学政治学艺之马建忠,马氏受李鸿章支助赴法学习,在光绪四年(1878)有报告呈奉北洋大臣李鸿章,而适出使英法大臣曾纪泽于四年九月初八日路过天津见及马氏上李鸿章书,所述参观巴黎赛会,有简略纪叙:

> 盖法战败赔款后,几难复振(指普法战争)。近则力讲富强,特设此会以夸富于外人。有论中国赛会之物,挂一漏万,中华以丝茶为大宗,而各省所出之绸,未见铺陈,各山所产之茶,未见罗列。至瓷器之不古,顾绣之不精,无一可取。他如农具、人物,类同耍物。堂堂中国竟不及日本岛族。岂日本之管会乃其土人,而中华则委之西人之咎乎?此巴黎炫奇会大略也。①

马建忠所言甚是,其时参与商展之华货,皆出掮客驵侩所为,李鸿章未尝过问也。丢中国人之脸而已。

晚至光绪十九年(1893)美国芝加哥举办开国以来之最大博览会,郑观应乃于其《盛世危言》专列"赛会"一章,抒论至详,达三页五面。今可略引举其一段绪说:

> 泰西以商立国,其振兴商务有三要焉。以赛会开其始,以公司持其继,以税则要其终。赛会者,所以利导之也;公司者,所以整齐之也;税则者,所以维持而调护之也。中国于此三事皆未能因时制宜,取长弃短,无惑乎日日言商务而商务愈不可问也。夫作者之谓圣,述者之谓明。人工有巧拙精粗,物质有良窳美恶;自然之理必至之情也。得彼之法而亦趋亦步,则拙者有时而巧,粗者有时而精。守我之旧而不见不闻,则良者可转而窳,美者可转

---

① 《曾纪泽遗集》,长沙:岳麓书社,1983年,第339页。

而恶。此泰西各国所以有博览会之设也。溯赛会之事,创之者英京伦敦,继之者法京巴黎。嗣后迭相举赛,各国亦起而踵行。奥则设于维也纳,美则行于斐剌铁蚩(Philadelphia),日本则举于东京。萃万宝之精美,罗五洲之珍异。百年之内,炫异争奇,此亦万国大通必有之事矣。①

郑氏本有此论,然此序说已足令世人深省,所言赛会实致富强必具之管钥也。

6. 邮电

西方电报邮政制度输入中国,其仿行俱始于光绪初年。最早同治末年有短暂军线架设于福州至海口罗星塔,时在 1874 年。光绪三年(1877)而有台湾府至旗后之正式电报线,可定为中国设电报之始。

至于邮政之传递信件,早在光绪初年因总税务司赫德利用海关于天津创设海关拨驷达(post office),乃是洋人代中国开办邮政之始。或邮或电,俱是通商消息利器,凡论重商,亦必关心邮电。陈炽于此问题提出《广通邮电说》以论其重要:

> 商务之要术无他,通而已矣。销路之或畅或滞,货价之或低或昂,转运之或难或易,一知之一不知之,则知者胜矣,不知者败矣。知者赢矣,不知者绌矣。知者安矣,不知者危矣。②

陈炽明指邮电为商务经营重要工具,虽是各自独立,在商而言则具成败关键,不能不加讲求。电报一门,光绪元年已创设,而邮政却反被英人赫德纳入海关经营,直至光绪二十三年始由盛宣怀收回自办,但中国官方亦早作讨论,放手海关代劳。光绪二年初派何如璋出使日本,

---

① 郑观应《盛世危言正续编》卷 5,第 28 页,赛会篇。
② 陈炽《续富国策》,光绪二十三年慎记书庄石印,卷 4,第 6 页。

何氏则将日本邮政章程寄李鸿章,建议开办邮政。乃有薛福成代李鸿章草拟回信,兹引举以为参证:

> 泰西邮政皆官为经理,自电信外,文书信函及民间私信,一概由局收发。既无私拆遗失之虞,又无迟延繁难之弊。事权归一,是以邮税岁入甚钜。中国创办驿站、民局(指民信局),不能偏废,所费较多。推广及远,或可羡余。此间仅由各关税务司仿照西法,于京师、天津、牛庄、烟台、上海五处先为试办,较信局价赀少减,如其有利无弊,即可渐次推广,妥议章程,或归地方官经理,或由总署派员总其成。计规模稍定,须在数年以后。①

薛氏此一代拟函件,说明在光绪初年中国官方任便海关代办邮政,实全为洋人经营。

7. 银行

中国明清两代早有民营之票号、钱庄,与今时银行业务相同。惟自鸦片战后,中国割让香港,并开放五口通商,银行经营随之进入中国。道光二十六年梁廷枏撰成《海国四说》,书中提到西方银行体制,然只举四项名称,不过介绍而已。其一为银票(Bank notes)乃由其国君发行,通用全国。此则中国无有前例。其二为银馆(bank),与中国钱庄、票号相同。其三为挽银(Remitance)乃相似于中国之远汇银票。其四为担保会(insurance),向为中国所无。此为中国最早之文字介绍。

惟自五口通商,西方银行已带来新冲击,而商界迅速受到刺激与压力,华商终不免起而利用,抑亦健羡而欲仿行,此在当时郑观应用心最为深刻,提倡亦十分积极。故当举示其所持见解:

---

① 《三星侠书牍》下册,第42—43页。

夫洋务之兴莫要于商务,商务之本莫切于银行。泰西各国多设银行以维持商务,长袖善舞,为百业之总枢。以浚财源而维大局。兹略举其利国利民之大要言之:银行之盛衰,隐关国本,上下远近,声气相通。聚通国之财收通国之利,呼应甚灵,不形支绌。其便一。国家有大兴作,如造铁路、设船厂种种工程,可以代筹。其便二。国家有军务赈务,缓急之需,随时通融,咄嗟立办。其便三。国家借款,不须重息,银行自有定章,无经手中饱之弊。其便四。国家借款重叠,即或支应不敷,可以他处汇通,无须开票作押,以全国体。其便五。国中各殷实行家、银号、钱庄,或一时周转不灵,诸多窒碍,银行可力为转移,不至败坏,市面商务借可扩充。其便六。各省公款寄存银行,须用之时,支应与存库无异,而岁时入息仍归公项,不致被射利之徒暗中盘算。其便七。官积清俸,民蓄辛赀,存款生息,断无他虑。其便八。出洋华商,可以汇兑,不致如肇兴公司动为洋人掣肘。其便九。市面银根短绌,可借本行汇票流通,以资挹注。其便十。有此种种便宜,是民生国计所交相倚赖者也。①

顾郑氏呼吁当在光绪中叶,而至光绪二十二年方有中国商业银行之创设,乃晚于梁廷枏之介绍晚有五十年。

8. 保险

自昔中国向无保险之法,亦无保险之业,俱自西洋仿习而来。约自清同治末年中国创设轮船招商局,乃因轮船购自欧洲,自此时即开始接受保险制度,并亦自设保险公司。介绍西方保险之制者,郑观应乃辟专章论之,兹当举示其说:

① 郑观应《盛世危言正续编》卷5,第15页。

保险有三等,一水险,二火险,三人险。水险保船载货。火险保房屋货栈。人险保性命疾病。盖所谓保险者,不过以一人一身之祸派及众人。譬一人房屋或行船遇险,由公司赔偿,则公司之利仍取之于人。如保房屋一千座,其中一座失险,则以九百九十九座之利银,偿还遇险之一座,在公司不过代为收付,稍沾经费而已。人险亦然。大抵人生之寿,通算以四十岁为限,若至四十岁尚未命终,则以前每年所收之保银一概给还。且其人若经保险,若未至所保之期无故而死,则可得银款,除丧葬外,尚有盈余。此等便宜之事,亦何乐而不为乎?①

说来郑观应实是中国最早创办保险公司之一位先驱。当轮船招商局创办之后,为了必须投保水险,洋商拒绝担保,不久即与招商局同仁,合办开设"仁济和"保险公司。比中国开办银行要早二十年。

9. 币钞与镑亏

中国自鸦片战争以后,不知改行币钞通货,国人与政府之同受侵损,难于估计。盖由于同官场上下贪小利而误人家国。清代沿承明代用银块当通货,并非造银币,而系量银块重轻。行用恃秤平、戥子测验银块,毫无统一之币,虽计量自万千以下至两、钱、分、毫等重量,乃是测计银块,并非银币。此在近代,不能立足于世界,而满清上下,竟然因循直到清末,未曾建立统一币制。真是颠顶昏悖。

晚清封疆大吏如李鸿章、张之洞、刘坤一在光绪中叶约在十三、四年间,广东、湖北、南京,各曾以机器铸造银圆,世称龙洋,但未取代国库之俱以银块为正币,用库平计量,海关以关平计量,而地方各行偶有之平量,十分杂乱,互兑复杂。此类史料甚多,不暇在此介绍。惟有一项金融,派生之副产品,同光时期官商常见,而后世不晓,是即所谓之

① 郑观应《盛世危言正续编》卷2,第34页。

"镑亏"。今日知者极少,能盘算者更稀。

论及镑亏,自尽出于中外公私金钱之交换。西洋视中国之银非通货,只是一种金属货,故西方交易,俱以英镑作准。但英镑时时飞涨,造成汇差即是镑亏,中国独受其损。光绪二十一年(1895)驻英参赞宋育仁加以解说中国受亏之情由:

> 顾银重值低,不利行远,金值昂运转省费。与别国通商大宗货用金镑交易,则财力厚足以垄断,而不受制于人。用金币以抑银价,则实出金币数少而易入银币数多。凡贸易皆聚零成堆,物值不及镑金者,必以银钱交易,则用金币者出币少而入货多。今欧洲各国皆用金钱,彼此相制。惟中国土产饶而无金币,兼用生银,食物土货率用铜钱交易。银价既为所抑,土货更不值钱,何洋人来中国持金币以兑银,化少数为多数,更以银合铜钱买土货,则本轻而利厚。以土货载还伦敦或南洋各埠,加制造还鬻于中国易银数十倍,悉寄于洋银行,银行以一纸汇票合金镑寄还欧洲,而用各商所寄顿之银,买生金运回本国,以资铸币。彼国币愈多财力愈厚。我国金日少金价日昂。银价日贱,铜钱交易之利益微。是役操本业出土产之良民以益洋业逐末利之商,复聚中国之商财,以助洋人之兼并。直举国之民为洋服役耳。①

宋氏演述切要深入,足以震慑人心,促人猛省。

镑亏一词,学界多不知晓,仅有鄙人曾作陈述,而有关 19 世纪中国对外币汇兑长期受损,则有近代史研究所林满红博士有专文讨论,文题为"对外汇率长期下跌对清末国际贸易与物价之影响",见解深入,并有列表,颇须时时参考②。

---

① 宋育仁《泰西各国采风记》,小方壶斋舆地丛钞本,第 11 页。
② 王尔敏《今典释词》,第 125—128 页,镑亏条。

10. 国债

清代之言国债,非指向外国借债而系向民众发债票借债,今称政府公债,此亦全仿西洋体制,而中国实无前例。晚清有郑观应以专章论述:

> 泰西各国无不有国债,凡由议院公议准借者,其国虽为别人所得,仍须照还。故各国兴大役、出大军,国用不敷,即向民间告贷。动辄数千百万。或每年给息,或按年拔本,官民上下,缓急相济。有无相通。隐寓藏富于民之义,而实不欲授利权于别国也。①

虽然郑氏申言谆谆,而清廷实未尝履行募国债之举。仅有一次发行"昭信股票",徒增扰商民,实完全失败。满清政权真不可救药。

无论如何,上举十数商贸体制之充实,代表中国因应西方通商及条约枷锁之困局,自具反省自救之实志,商贸经营法度,渐趋于接受西化,后世实不免全面西化,与西方接轨。若果废除不平等条约,中国商贸当不至坐困愁城。商战思想自必更加充实,更具动力。

四、结 论

世人之论述中国近代因鸦片战争之屈辱割地赔款,开放五口通商,自是明见共喻之。实多未能察觉中国承受损害,犹深于割地赔款。开放五口通商即是商业交易,但有来无往,外商货船可航海竟达五口,立即冲击中国长江以南海上船商,大型同安棱船,航运之利尽为英商所夺。坐令数千艨艟帆樯,停歇而终被杇壤,二十万舵工,水手纤手失业流为海盗,造成沿海骚乱、小刀会之蔓延为可见之乱源。长江以北

---

① 郑观应《盛世危言正续编》卷8,第28页。

沿海商船,尚能供国家漕运之北上、东北豆粮之南运以维其生计。洋船且要屡屡向清廷当局要求载运东北豆石。华商苦苦哀告,曾国藩、李鸿章俱经手过问其事,早有吕实强教授之《中国早期的轮船经营》,此书乃有一些背景介绍,足供参阅。当年造成恶果,而英国反而要求中国平定海盗,为二次鸦片战争英方向中国要求八条之一。中国学界至今亦尚未澄清此一问题之种因。

五口开放后,洋布大量输入,冲击中国土布之销售生产,此乃明清两代农家妇女艰苦之副业,供应全国衣服鞋袜用料。亦有南京布销到英国。而今国人俱用洋布,遂使农村妇功自此破产。当年后世偶有人提,亦未尝传下史料,本文不过得其常识而已。

外力冲击,惟商务承受最烈,世人不察,商人备受其害,岂不思考因应,呼求朝廷有所保护。保商呼吁亦自不断发出,要属郑观应用心最深,考察最精,思辨最详,议断最明。前已多加引举,而郑氏尚呼求清廷早定商律,以保商贸之损害。提议甚早,大抵轮船招商局经营之初,郑氏即有专函致招商局总办叶廷眷(字顾之)提出国家须订商律,以保中国商务:

> 窃闻华商公司不能振兴,由于有剥商之条,无保商之政。查各国商律,各公司股董皆由股东公举,总办由股董公举,国家虽岁有津贴数十万,当道亦无敢越俎代谋,委荐一人。如日本邮船会社,得国家津贴最钜,仍归商董用人。惟于有事之时,国家用其船转运兵勇军械而已。定例所用之船非但其船一切费用无不照给,且事后另有奖赏。今我国向无商律,当道不知商情,不恤商艰,若是公司禀请当道设立,少得利益者即委员督办岁须报效。招商局创办之时,南北洋大臣目击商艰,协力相助,恐将来政府误听谣言,更章不运漕米,另委私人,不识商务,任性妄为,或假公济私,

虽办有成效之公司,亦必因此失利,况本局栈房码头,素为外人垂涎乎。①

郑观应虽见机甚早,相告叶廷眷报请当道订定商律,保障商权,事实上直到光绪二十五年方始设置商务大臣,直至光绪二十九年七月十六日方始创设商部,自此自将有商律之颁行。中国六十年承西方商人之倾挤腌削,政府长期漠视,至此时方有正确裁断,采取维持国家商权行动,真是昏庸误国,茫昧不察世势。

太岁在壬辰正月初五日(2012 年 1 月 27 日)

写于多伦多之柳谷草堂

---

① 郑观应《盛世危言后编》卷 8,第 3—4 页。

戊戌湖南客籍人士对于地方新思潮的启发

　　研究中国近代史事，湖南省九成学者共同注意的问题，大致都注意到湖南地方的维新活动，或者一些特出人物，如谭嗣同、唐才常等①。这全然是重要问题，当是毫无可疑。而且这些问题俱已获得体系完整的记载，足备各方学者参考应用。但从另一角度探讨，也正可对正面研究作一拾遗补阙工作。

　　自五口开埠以来，湖南省是以排外守旧著闻全国。但自甲午战败之后，促使全国普遍醒觉，各省均展开维新活动，而湖南由前时的守旧，一旦转向求新，反而做得十分热烈，如火如荼。这固然显示湖南人士的警悟与其实践精神，而中间尚有一个重大的诱导因素，就是同时在湖南的客籍人士的协助与支持。

　　湖南人士维新活动，深获陈宝箴及其子三立的支持与鼓励。由于全

---

①　关于湖南维新活动的论著有以下各种：小野川秀美撰，李永炽译《戊戌变法与湖南省》，《大陆杂志》三十九卷九期。王尔敏《南学会》，《大陆杂志》二十三卷，五——六期。林能士撰《戊戌湖南维新运动》，嘉新文化基金会出版。关于湖南地方人物，撰写者甚多，尤以谭嗣同为甚，不及一一备载。

省在上领导人的合作,一切新政,均得迅速推动,步步实现。陈氏,江西义宁人,举人出身,原为久官湖南,对于地方情况颇为熟悉。开始步骤,他颇致力于振兴实业,与湘绅先后开办电报局、轮船公司,以及机器制造公司。此外更因湖南矿产丰饶,而奏请开矿①。对于建设湖南经济基础,陈氏颇具远见。然而以启迪湘人思想观念而言,陈氏对湖南的贡献,更在于开辟一代创新风气,使湖南维新活动做得有声有色。

开发湖南新思潮一个首要项目是从教育入手。在光绪二十二年十二月间,由湘绅国子监祭酒王先谦领衔呈请创办时务学堂,立即受陈宝箴支持,予以批准立案。光绪二十三年八月,陈氏以巡抚名义出示招生。订于八月二十八日在提督学政使署考试。原计招取一百二十名,但开办之初先招六十名②。

时务学堂基址,已购定长沙府城北门外侯家垄临河高岸田数百亩,由于建筑校舍多费时日,乃暂租衡清试馆先行招生开学。原计暂时招生六十名,而在二十三年八月第一次甄试,仅录取四十名,并订于

---

① 《湘学新报》第 32 册,时务,陈宝箴奏:开办湘省矿务疏。《湘报类纂》,戊集,卷上,第 4 页,陈宝箴奏:"臣自到任,迭与湘省绅士,互相提倡振兴之法,电线渐次安设,小轮亦已举行,而绅士中复有联合公司以机器制造者,士民习见,不以为非。"

② 《湘学新报》第 16 册,湖南时务学堂招考示云:"上年十二月间,正在筹虑之际,适据前国子监祭酒王绅先谦等呈请设立时务学堂前来。当经本部院批准,先行立案。本年复据诸绅商同筹拨定款,作为常年经费。并由诸绅捐集巨金,创建学舍及购备书籍仪器等事。规模颇备,可期宏远。本部院为经久起见,并拟于矿务余利及他款项下,逐年酌量提拨定款,以供学堂经费及将来诸生出洋学习之用。现今核定章程,学生以一百二十名为限,均由各府厅州县学官绅士查报汇册考试。惟早一日开学,即早收一日之效。而建造学舍,需时颇迟,本年议定暂租衡清试馆开办,延聘中西学教习,择期开学。一面拓地建堂,拟先行考取六十名入堂肄业,其余六十名,俟下次行文各府厅州县,录送学生来省,再以定期牌示补考,以足其额。"此示又见于时务报第三十四册。又,同前,招考示:"所有投考诸生,定于八月廿八日会同提督学院在学署内局试查照,后开章程,听候考试先期报名,由学堂董事汇册,毋得迟延自误。"

继后在光绪二十四年正月及二月各招第二期及第三期考试,以期达到一百二十名足额①。虽然在光绪二十四年春,时务学堂招足一百二十名学生,却仍有好学者向隅,且此一百二十名学生至今能查考得知其姓名者仅有十三人而已(见附表)。

陈宝箴对于湖南教育很具远见,对于时务学堂期望甚大,对于学生未来前途,设想也十分周到,而且是以国家新政责望于这批青年学子承担。他在招考告示中申明意旨,为中国近代新教育创生的契机表达十分明白:

> 本部院方于湘人士有无穷之望焉。查泰西各学,均有精微,而取彼之长辅我之短,必以中学为根本,惟所贵者不在务博贪多,而在修身致用。诸生入学三四年后,中学既明,西文习熟,即由本部院考选数十名,支发川资,或咨送京师大学堂练习专门学问,考取文凭;或咨送外洋各国分往水师、武备、化学、农学、矿学、商学、制造等学堂肄业。俟确有专长,即分别擢用。其上者宣力国家,进身不止一途,次者亦得派称使馆翻译随员,及南北洋海军陆军船政制造各局帮办,即有愿由正途出身者,且可作为生监,一体乡试。中国自强之基,诸生自立之道,莫先于此矣。②

———————

① 《湘学新报》第 25 册,湖南时务学堂开办章程:"一学堂地基已购定省城北门外侯家垄高岸田数百亩,前临大河,后倚冈阜,颇踞湖山之胜。惟建造需时,现已暂租民房,先期开办。"又,开办章程:"一学生定额一百二十人,按府分派,由绅董禀请抚学院会同招考局试。择取十二岁至十六岁(初定年限系自十四岁起至二十岁止,继思年愈幼则气质语言,较易更变,故改从此。)聪俊朴实子弟,入堂肄业。其报名招考者,距省近之府县,由绅士保送。距省远之府县,由官绅保送。除第一期考试已取录学生四十名外,第二期应定正月下旬,第三期应定二月下旬,陆续考取,三期限满,即行截止。迟到者,概不收考。"
② 《湘学新报》第 16 册。

陈氏不惟创设时务学堂,同时更筹措经费,把长沙城旧有的求贤书院改创湖南武备学堂。两处经费,每年约需二万数千两银,均经陈氏筹划有著①。

光绪二十三年三月,湖南学政江标创刊湘学新报,亦得陈宝箴赞助支持,陈氏除订购第一册分送各州县传阅,并同时以巡抚名义札示各州县按期订阅②。

---

① 《湘报类纂》戊集卷上,第4页:"臣以为因势利导,宜及此时,因材而造就之。当于本年秋冬之间,与绅士筹商,在省会设立时务学堂,讲授经史掌故与语言格致测算等实学。额设学生一百二十人,分次考选,而延聘学兼中西品端识卓之举人梁启超、候选州判李维格,为中学西学总教习,另设分教习四人。现已开学数月,一切规模,均已粗具。省城旧有求贤书院,现据改为武备学堂,略仿乎天津湖北新设规制,以备将才而肄武事。伏查邓华熙原奏,请于各省正款内每年拨银一万两,以充费用,湖北武备学堂,亦经奏准动用公款。今湘省设立时务学堂武备学堂,事同一律,拟请援照,每年于正款项下拨银一万二千两,酌充两处常年经费,自光绪二十四年为始,由臣在藩库粮库厘金局三处,筹措分拨,其京协饷及一切应解各款,仍照解不误。总计两处学堂,每岁经费约需二万数千金,除指拨正款外,所有不敷之项,及建造学堂房舍之资,即由臣督率绅士,另行设法筹措,就地支给,以期有成。"

② 《湘学新报》第5册,湖南抚院陈饬各州县订购湘学新报札:"通饬事:照得本部院前以上海创设时务报,裨益士子见闻。曾经筹款订购,按月发给通省各属书院,由县转送在案。本年春间,提督学院江于校经堂创设学会,多士向往景从,获益甚钜。乃复创为湘学新报,区分史学、掌故、舆地、算学、商学、交涉六门,指事类情,洵足开拓心胸,为学者明体达用之助。近来屡奉谕旨,整饬学校,务为有用之学。并于乡会试策兼问时务。学政经古场内,亦兼试时务。策问,录取者予以补廪入泮,考选优生,及选拔各场,均以通经致用为主,不得仍沿旧习,专于诗赋楷法中求材。兹湘学新报之设,悉本此义,且为湘中承学有得之言,于本省人士启发尤为亲切。定章每月刊发三册,每册取回刊赀纸墨费钱百文。兹准移送初次第一册,由本部院分发各州县,俾知此报体例前来,合行札发,为此札仰该县,于奉到后,先自捐廉赴省订购,每次或数十册或十余册,分交书院肄业各生及城乡向学士子一体披阅,并劝绅富自行购买分送,俾乡僻寒畯,皆得通晓当世之务,以为他日建树之资。所费无多,为益甚大,较之加课诗赋奖赏功用迥殊,良以有司造就人材,共维时局知必留意于此也。跂予望之。仍于赴校经堂订购若干后禀报查核。"

光绪二十三年冬十二月湖南官绅又发起组织南学会,宝箴之子三立为其重要策画者,及光绪二十四年正月正式成立,会址设于长沙孝廉堂。二月初一日为开讲首日,陈宝箴亲自到场,与会友平坐,并在最后主讲:"论为学必先立志",后来又在第七次讲期主讲:"论不必攻耶教—兼及周汉事。"不但大力赞助,而且亲自参与,可以见出陈氏之热心。陈氏在湖南努力启牗地方之新观念与新作风,同时颇得地方人士好评①。

除巡抚陈宝箴以外,对于湖南维新观念影响最大的则为学政江标。单就其影响之普遍广远而论,江标成就决不下于陈宝箴。江氏字建霞,江苏元和人,光绪十五年进士,馆选并为翰林。光绪二十年八月至光绪二十三年八月任湖南学政。江氏灌输新观念,运用当时最有效的工具,就是在科考中命题教士,在策论方面多以时务相关问题激发士子思想,即使经义试题,八股制艺,也多以与维新与时政有关问题启迪趋新观念。江氏设计颇具深思,而以其三年按临湖南各府、州、县科试岁试两种考试,可以说已普遍影响到湖南省全部知识分子。视学三年之后,择优秀作品汇刻为沅湘通艺录十卷,其中四书文仅占二卷。经古文八卷,也是仅录佳作中十分之一。而此十分之一,流传至于今日,足以充分考见江氏用心及其所反映之湖南

---

① 《湘学新报》第 34 册,时务,问答:"我湘陈右铭中丞,洞悉时艰,陶育人士,创建时务学堂,广招英彦,延聘新会梁君启超,吴县李君维格,殷勤教习,无使诸生荒怠。又将改求贤馆为武备学堂,改孝廉堂为南学会,渐次创办,士林莫不称颂,湘省风气渐开,多士学归有用,不已极三湘七泽之大观哉。"

新思潮①。

江氏除按临考试之外，更在职责所及之内，协助扩充省城的校经书院，助其建盖藏书楼，充实图书，特别是购置新式的天文、舆地、测量、光学、化学、矿学、电学等仪器充实其中，以增加青年新知识。此足以影响长沙地区知识分子乃可断言②。

---

① 《沅湘通艺录》，江标叙："使者奉天子命，视学三年，岁科两试既毕，例有试牍之刻。乙（丁）酉秋冬之间，编校试者之作，不易一字，衷而刻之，得若干卷。名曰沅湘通艺录。仅十分之一耳。四书文尤为湘士所夙诵，通经史大义，发扬为文，博而不乖于正者以万亿计，最而集之不能胜梨枣，此略见一斑耳。又奏定以经学、史学、掌故学、舆地学、算学、词章学，分列六类以试士，尽学者之所长，学者即以其平日专业之事，借抒于风檐寸晷中，往往日写千万字，尚不能尽其所至。"又，《沅湘通艺录》卷3，第2页，陈为镒文："督学江公（标），有志阐明格致，以复数千年儒学真传，按试郴州，以西学通考凡例命题。"又，湘学新报，第四册，江标：奏报全省岁科两试完竣情形："臣于上年（光绪二十二年）试毕全省府州各属，于六月初四日回省，当将文武岁试完竣情形恭折奏报在案。臣即于六月初七日科试长沙府属。七月初八日事竣。十二日出棚试岳州府，接试澧州、常德两属。随由陆路南行，再试宝庆府、永州府、郴州、桂阳州，及衡州府五属。二十三年正月十二日，衡属试毕，由水路于十八日回省。各属文风，以长沙、衡州、宝庆、常德为优，其余亦多苦学有志之士。选拔诸生，一律如额录取。臣于岁试之时，每教士以求有用之学为进身之始，湘士本多好学，故于经古一场，分列经学、史学、掌故、舆地、算学、词章六类，任人择报，类各命题，以觇平日读书之效，择尤取录，广励诸生。科试之时，长沙一府报考之士多至五千余卷，其余衡州、常德、宝庆等属，亦各不下三四千卷。人材蔚出，各尽所长，臣于正场文字，则专取根柢实学清真雅正之士，间有强自揣摩，误尚时习文体，诡变不就范围者，臣必察其文笔之雅俗，而定学业之真伪，因材升降，不敢自欺欺人。以仰副皇上广育真才之至意。"

② 《湘学新报》第4册，江标：奏请推广书院章程讲求新学以励人才："窃谓各省书院之设，所以培养人才。学臣之职，所以录取人才。书院一月而一课，学臣则三年两试。若无书院以辅学校之不及，则培养失而录取难，人才亦因兹而日少。臣伏查湖南旧有校经书院，仿古人成法，分经义治事两斋，专课全省通晓经史熟习掌故之士。创始于前，抚臣吴荣光、前学臣朱逌然、张亨嘉先后扩充，规模颇具，人才亦因兹会萃。惟常年经费仅取给于湘岸准商及绅士捐款，发商厘息，每年入不敷出。近来各属向学人多，往往限于课额，致摈门外。寒士咨嗟，学臣愧惜，续捐既难，集腋筹款，更无章程。臣到任之后，先自推广季课，捐廉给奖，并于书院隙地建造书楼，广购经籍，并添置天文、舆地、测量诸仪，光、化、矿、电试验各器，俾诸生于考古之外兼可知今，且拟添算学、舆地、方言学会，兼立湘学新报，专述各种艺学，开人智识。"

江氏更有一影响广远的贡献,即为创刊《湘学新报》,并一力主持,一直至第二十四册江氏离湖南学政使任。《湘学新报》以校经书院为发行及编刊机关,采录文字,尤多出于校经书院诸生撰著。不但因巡抚陈宝箴的支持,使发行网达于全省各府州县,更因湖广总督张之洞的支持,并亦发行湖北境内①。江氏创刊湘学新报,抱定宗旨,在启发民智,介绍世界新知,并激励士子向上图强之心。观湘学新报凡例所示,可以见出刊行宗旨之严肃正大。其例言有云:

> 民智未开,斯民学日窒耳,民智恶乎开,开于学,学术恶乎振,振于师,顾安所得天下之老师宿儒悉以明体达用之新法淈之,则报馆其师范嚆矢也。环球报馆林立,(欧洲各国报馆日报不下一千三百余种,南北美洲日报不下一千余种,即日本区区一岛,而各报亦多至二百余种,以此致富致强有同操券。)虽妇孺莫不以阅报为事,(其报馆往往其退位大员或亲王之学识兼优者主笔,郑重周

---

① 《湘学新报》第15册,湖广总督张之洞通饬湖北各道府州县订购湘学新报咨文:"为咨会阅报事。为照上年上海创行时务报,业经本部堂饬局购发各书院诸生,暨通省各官阅看在案。本部堂近阅湖南湘学报,大率皆教人讲求经济时务之法,分为史学、掌故、舆地、算学、商学、交涉之学六门,议论阔通,于读书讲艺之方,次第秩然。惟其中有素王改制一语,语意未甚明晰,似涉新奇,现准湖南学院江电称湘报本旨力求平实,此语出编纂者一时讹误,词不达意,现已更正等语,是此报均属平正无弊。又上海农学报,大率皆教人务农养民之法,于土性物质种植畜牧培养,宜忌各种新法。以及行销衰旺情形,考核精详,确有实用,其一有裨士林,其一有关民生,均为方今切要,学术治术,自宜广为传布。除省城两湖书院发给五本,经心书院发给二本,本部堂衙门暨抚、学院司道、荆州将军衙门各一本,由善后局付给报资,及通饬各道府直隶州遵照,转行所属各州县,将以上两报,一体购阅,湘学报并应发给书院诸生阅看,农学报并应发给绅士阅看,俾士民人等,鼓舞讲求,以储人才,而兴地利。惟查前次时务报,系饬善后局筹款,统购分发各属阅看,此次湘学农学两报,应由各道府州县衙门,自行购阅,其所属书院绅士,此时应先由各该州县捐资,购备发给阅看,以开风气。计湘学报一月三册,每册钱一百文,应酌定大中州县购三分,小县购一分,均发该处书院阅看,愿多购捐发者听。"

详,埒于建学。如英国泰晤士报,或遇五洲有何举动,群延颈企足以观其论议。而凡格致诸报之不胫而走不翼而飞者,皆具有学治相关之理存乎其间,覘国者至以此卜其人才之振奋,物理之精研,商战工程之机要,呜呼盛矣。)故周知时事,瞀验新理,目营四海,耳属九洲,舍此别无良法。中国通商以来,风会渐开,香港、广东、福建、上海、汉口、天津等处,次第开设报馆。大致言政者多,言学者少,言改政者多,言广学者少。去岁上海时务一报,固能通知世局,力破鲰生小儒之成见,现在总理各国事务衙门议准,各省学堂准译艺学新报,又乡会试三场,或议以时务策士,运会所趋,日新月异,而湘省报馆阙如,非所以开民智而育人才也。爰拟创立湘学新报,将群章甫缝掖之儒,讲求中西有用诸学,争自濯磨,以明教养,以图富强,以存遗种,以维宙合。①

江标在光绪二十三年八月使任期满,直至十月完成沅湘通艺录刊刻,并作叙文,嗣后始离湖南。

继江氏接任湖南学政者是徐仁铸,字研甫,直隶宛平人,亦为光绪十五年进士,馆选翰林。徐氏接任之后,首先通饬各级学官,又持湘学

---

① 《湘学新报》第1册,例言。又,同前,江标《湘学新报叙》:"使者奉天子命,视学楚南,丁时局之多艰,恫皇舆之失纽,揽衣屑涕,于兹三年。思以体用赅贯之学,导湘人士,惧未有当也。恭值朝廷屡年整顿书院广求实学之议,勉设舆地、算学、方言学会于校经书院。犹惧乡曲儒士,擿埴于途而不知返也。乃取门下诸生,粗有所得之卮言,分学凡六:曰史、曰掌故、曰舆地、曰算、曰商、曰交涉,每月约得百叶,分三期刊布,蕲与海内切劘,颜曰湘学新报。点线相切而成世界,水火气电相摩荡而成地球,国与国政教相抵逐而成强弱,人与人心力相进奋而成政教。普之得赉赐微氓耳,一愤发而师丹胜败之机决;美之加利生竖儒耳,一痛斥买奴而南北花旗之局判。然则人患无志,无患弗成,人患无学,无患弗强。使者才薄力绵,诚不足语涓滴江河之效,然心力所结,毁誉胥忘,言游抑末之讥,老氏贵虚之论,思矫其先而未能,世之君子幸进而教之。"

新报之发行,令各府州县学继续订购湘学新报,分发士子阅览①。嗣后更颁发"谕勉诸生条诫",鼓励湘士注重实学,培养通识。有谓:

> 才以学成,而学由志立。志为章句之学,则博士而已;志为文藻之学,则词客而已;志为嗜奇抉僻之学,则骨董而已。所贵乎学者,贵其以至实之学,通乎一时至巨之政,出而措之,若素习然也。有勤勤恳恳之思,乃有铢积寸累之业。旧闻所未及者,平心考索,勿瞠而诧也。新理所已通者,实力讲求,勿矜而画也。幹济时艰,扶翼圣绪,宗旨既定,浮气自平。居今日而言学,并日为之,犹恐不及,明乎此,则修身践言,凡学以外之事,足以夺吾功者,不敢预也;援古论今,凡学以内之说,足以纷吾听者,亦不敢不择也。②

徐氏教士重点可见,更附以"湖南观风告示",及其所著"輏轩今语"③,均明确引导湘人为学进德修业途径,足以显示,徐氏对于湖南知识分子的影响。

徐仁铸除就职责之内,教导湘士,并亦参加领导一些社会改良风俗活动。湖南绅士成立"不缠足会",徐氏支持最力,并与黄遵宪同列名为全会总董。

除巡抚学政之外,对于新思潮有重大影响的另一有力人士为黄遵

---

① 《湘学新报》第25册,徐仁铸:为通饬各学事:"前学院江(标)兴办湘报,所以考镜新知,饷遗同志。乡僻之士,囿于见闻,阅之可以增拓智力,用意甚善。业经抚部院通饬各府厅州县,按期购取,存之书院矣。本院莅任后,自二十四期起,接续前报,照旧刊印,第思士子众多,近来风气渐开,阅报者当必日盛一日,仅有书院所储,尚不足以供周览。为此札饬各该教官,倩人在省,自第一期起,按期购取数分,于月课考取超等前列者,遵诣该教官处,亲领一分,随时观览,借识六学门径。或于本地学校公款,会商在庠有志之士,酌抽一二,按期购置,分布城乡各书院,俾士子一并阅者,愈广见闻。此事所费不多,为益颇巨,该教官与有储人才兴学校之责,务宜讲求实学,择其可效法者,随时率诸生行之,本院有厚望焉。"
② 《湘报类纂》戊集卷中,第10页。此文又见《湘学新报》第26册。
③ "湖南观风告示"及"輏轩今语"均连期刊于《湘学新报》。

宪,黄氏字公度,广东嘉应州人,光绪二年举人。曾先后任出使欧、美、日本参赞大臣,熟悉外洋情形。光绪二十三年署任湖南按察使。黄氏对于社会风气改革颇为尽力,尤其对于缠足陋习最为注意,在湖南地方黄氏首倡风气之先,发布告示,劝谕禁止幼女缠足①。为影响知识

① 《湘报类纂》戊集卷下,第3—5页,黄遵宪劝谕幼女不缠足示:"照得天地生人,本无生女悲酸之意。父母爱子,时虞生疾毁伤之忧。故圆颅方趾,麻木偏枯则为疾;属毛离里,痛疾噢咻之谓慈。自薄俗流传,公理蒙晦,求工纤趾,肆彼忍心,毒螫千年,波靡四域。肢体因而脆弱,民气以之凋残。使天下有识者伤心,贻后世无穷之唾骂,今之缠足是已。本署司实怜之悯之痛之惜之。特胪举其害,缫缕言之:一曰废天理,不良于行,天之所废;三刖其足,古之酷刑。今国家久废肉刑,上天不闻降割,赤子何罪,横加五刑,几席之间,忽来屠伯之酷;闺房之内,竟同狱吏之尊。谓天谓地,局蹐无所逃;呼父呼母,疾痛之弗恤。由斯而言,天理安在。一曰伤人伦,母子为天下之至爱,夫妇本人伦所造端,而乃割慈忍爱,戮所生以为荣;折骨断筋,求所天之欢喜。舅生以生偏爱,婢妾以争宠妍,妯娌以失和谐,姑嫂以滋谣诼,一家以此分好恶,四德不问其有无,人伦伤矣,何恩之有。一曰削人权,夫讯不亲迎,春秋平等之微言;妻之言齐,礼经应有之义例。而乃曲附抑阴扶阳之说,只为冶容好色之求,以充服役,则视之如犬马;以供玩好,则饰之如花鸟。既不学以愚其心,更残刑以断其性。遂使遇强暴则膝行而前,嗟实命则抱足而泣,锁闭在室,呼吁无门,战战在心,拳拳缩足,人权丧矣,何义之有。一曰害家事,不利走趋,不任负载,不能植立,不便提携。或箕踞以见家公,或跛倚而襄宾祭,或长跪而司浣濯,或偕行而待扶持。乃至馈饷之事,代役于余夫,井臼之操,盛称为奇行。六极兼受其恶弱,毕生强付于尸居,四万万人,半成无用之物,二十一省,各增内顾之忧,害于而家,凶于而国矣。一曰损生命,既缚束之,又腠削之,既禁锢之,又幽闭之,其痛楚酸心尪削致疾者无论矣。其或变故猝至,仓卒走逃,或嘻嘻出出之火灾,或浩浩荡荡之水患,又或生当乱离,俘作因房,受絷则鞭杖交加,偶仆则人马践踏,爷娘弟妹,欲救而不能,缢溺则自颈,求死而不得,至于张献忠之酷,削趾以像天山;洪秀全之惨,骈足以作人烛。此更耳不忍闻,口不忍述者矣。生命之损,非此阶之厉乎。一曰败风俗,夫戕贼杞柳,以为杯棬,道家犹讥其伤物;豢养鱼鸟,施之笼网,君子犹议其不仁。今以人类等物类,借杀人以媚人,肢体何物,以供戏玩,骨肉至亲,使之海淫,是何异乎刘龑嗜杀,涎蛟而下酒,郁林取乐,聚蝎以蜇人。乃彼则全无心肝,众所笑骂,而此则举世相习而不察,千年沿袭而不改。谁为作俑,岂啻无后,世有地狱,正为斯人,风俗之败,无以逾于此矣。一曰戕种族,五代以后,至今千年,生明之冑,(转下页注)

分子观念,在科考试场,所有考生进场器物,俱标贴"不缠足会"字样,用以促醒湘省人士①。当然湘省创立不缠足会,实承黄氏倡导而组合,并且与学政徐仁铸同列名为全会总董。

湖南创设南学会,黄氏为经画人及赞助人之一,并在开会首日,主讲"论政体公私人必自任其事"论题,分两次讲完。内中主旨,颇表达地方自治色彩。足以见出黄氏教导湘士以现代政治常识②。

在上领导者,自以巡抚陈宝箴主持于上影响最大,而学政江标及徐仁铸以职责所及,得以启导湖南知识分子,影响遍于全省。按察使黄遵宪,在影响范围稍逊于诸人,但其识见阅历以及热心推动新知,决不在诸人之下。由于四位领袖先后提倡,同时期次级的客籍人士,也发生了重大影响。而影响范围则多限于湖南省首脑省会地区。湖南

(接上页注)层递衰弱。岂人材之不古若欤,抑他族之独为天骄耶。非也,盖人生得半于母气,今在母先损其胎元,禀赋已薄,则躯干不伟,屡弱多疾,则志气日颓,本实先拨,无怪枝叶之凋,鱼肉自戕,若待刀砧之供。辽宋以来,此风盛行,华夏之旧,积世逾弱,彼汉唐极盛,曾有天可汗之称,欧美大邦,绝无人为奴之事。反是以观,种族之戕,又奚堪设想乎。凡斯利害昭然目前,苟有天良,能无心痛。本署司早岁随槎,环游四国,先往东海,后至西方,或作文身,或束细腰,虽属异形,尚无大害。若非洲之压首使扁,印度之雕题饰观,虽有耳闻,并未目睹。惟华人缠足,则万国同讥,星轺贵人,聚观而取笑。画图新报,描摹以形容,博物之院,陈列弓鞋,说法之场,指为蛮俗。欲辩不能,深以为辱。既闻寓居西人,联合大会,名为天足,意在劝惩,在彼以普渡众生为名,使我增独为君子之耻。适新会梁君,即今之时务学堂教长,商立此会,首列贱名,而南皮张公今湖广总督部堂,遂手书一叙,普告于众,近而沪苏,远而闽广,以小生巨,异步同趋。行之未及一年,入会已逾万众。今本署司从宦湘中,忝居民上,若畏避讪谤,置为后图,非特无以慰我黎庶,亦复何颜对我友朋,此本署司平生之志,不敢不为士民告者也。"

① 《知新报》第38册,光绪二十三年十一月一日:"又闻黄廉访遵宪公度,新任湖南臬司,下车伊始,倡禁民间缠足,风举雷动。以至秋闱诸生,所有进场器物,俱标贴不缠足会字样,风气之盛,极于一时。"

② 《湘报类纂》乙集卷上,第5—7页。

省会长沙,为湘省人才荟萃之地,各府州县绅民,亦惟马首是瞻,是以省会之种种活动,均足以起领导作用,为各地效法。

　　湖南长沙校经书院,因学政江标的擘画,有新课目之开辟,有湘学新报之发行,已成为推动新知识中心。但毕竟仍是旧有书院。随后由巡抚陈宝箴及地方绅士共同策画,又在湖南创办时务学堂,而使时务学堂更具有新教育新知识规模。实际主持人,则为中学总教习梁启超和西学总教习李维格。湖南既议定创办时务学堂,由于黄遵宪的建议,总教习即聘任梁李二人①。启超字卓如,广东新会人,举人出身,光绪二十三年十月任湖南时务学堂中学总教习。梁氏教导时务学堂学生,本之于他所拟的"时务学堂学约十章",当年刊载于光绪二十三年十二月一日第四十九册时务报。充分显示梁氏教学重点与方法。梁氏首教士子觉悟自身对国家民族之责任,故先教以立志云:

　　　　一曰立志。记曰:凡学士先志。孟子曰:士何事,曰尚志。朱子曰:书不熟,熟读可记;义不精,细思可精;惟志不立,天下无可为之事。又曰:学者志不立,则一齐放倒了。今二三子,俨然服儒者之服,诵先王之言,当思国何以瘰,种何以弱,教何以微,谁之咎欤。四万万人,莫或自任,是以及此,我徒责人之不任,我则盍任之矣。已欲立而立人,已欲达而达人,天下有道,邱不与易,孔子之志也。思天下之民,匹夫匹妇,不被其泽,若已推而纳之沟中,伊尹之志也。如欲平治天下,当今之世,舍我其谁,孟子之志也。做秀才时,便以天下为己任,范文正之志也。天下兴亡,匹夫之贱,与有责焉,顾亭林之志也。学者苟无此志,则虽束身寡过,不

---

① 张朋园《黄遵宪的政治思想及其对梁启超的影响》,台北中研院近代史研究所集刊第一期,第217—237页。

过乡鄙自好之小儒,虽读书万卷,只成碎义逃难之华士,此必非良
有司与乡先生之所望于二三子也。"①

梁氏授课以经学、子学、史学与西学四者同时并进,每日一种,颇不同
于传统书院。而西学者,即当时西方学问总称,包罗格致、天文、声、
光、化、电、农、工、商、矿以及西方法律等之学问,一概灌输。自使时务
学堂表现新的尝试,并注重推理,发明新义②。

梁氏任教时务学堂,所影响者不过一百二十生徒。其于湖南尚有
更大影响者,则在于致力南学会的成立,南学会创始诸人,即请梁氏为
之作叙,关系自然密切。同时南学会发行"湘报",梁氏为著文刊布,至
少二篇,一为"论中国宜讲求法律之学一,一为"论湖南应办之事"。
均在启迪湘人新知。当知其影响决不限于时务学堂③。

---

① 《时务报》第 49 册。
② 同前书,"湖南时务学堂学约十章:"今与诸君子共发大愿,将取中国应读之
   书,第其诵课之先后,或读全书,或书择其篇焉;或读全篇,或篇择其句焉。专
   求其有关于圣教,有切于时局者,而杂引外事,旁搜新义以发明之。量中材所
   能肄习者,定为课分. 每日一课,经学、子学、史学,与译出西书,四者间日为
   课焉。度数年之力,中国要籍,一切大义。皆可了达,而旁证远引于西方诸
   学,亦可以知崖略矣。夫如是,则读书者无望洋之叹,无歧路之迷,而中学或
   可以不绝。今与二三子从事焉。"又,同前书:"西人一切格致制造之学,衣被
   五州。震辢万国。及推原其起点,大率由目前至粗极浅之理,偶然触悟。遂
   出新机,神州人士之聪明,非弱于彼也,而未闻有所创获者,用与不用之异也。
   朱子言大学始教,必使学者即凡天下之物,莫不因其已知之理,而益穷之,以
   求至乎其极。近世汉学家笑之,谓初学之人,岂能穷凡物之理,不知智慧日浚
   则日出,脑筋日运则日灵,此正始教所当有事也。特惜宋儒之所谓理者,去实
   用尚隔一层耳。今格致之书,略有译本。我辈所已知之理,视前人盖有加焉,
   因而益穷之,大之极恒星诸天之国土。小之及微尘血轮之世界。深之若精气
   游魂之物变。浅之若日用饮食之习睹。随时触悟,见浅见深,用之既熟,他日
   创新法。制新器。辟新学,皆基于是。高材者勉之。"
③ 王尔敏《晚清政治思想史论》第 102—132 页。又,《湘报类纂》甲集卷中及卷
   下,分载梁氏文二篇。

　　时务学堂除分教习唐才常一人外,总教习及分教习,多为客籍人士。梁氏以外,西学总教习李维格字绎琴,江苏吴县人,候选州判。南学会成立,曾在会中讲演"论译书宜除四病"。地位虽与梁启超相等,影响自远不能及①。李氏以外又有分教习杨自超,字葵园,安徽石埭人,候选知县,曾在南学会讲演"论地球星绕日"②。杨氏以外,又有分教习韩文举,字树生,广东番禺人,韩氏批学生答问,主张平权平等,可以见出其施教情况,事后为湖南守旧绅揭出,颇加以攻击。韩氏影响自不出时务学堂范围③。韩氏以外又有分教习欧榘甲,字云樵,广东归善人,曾在时务报著文,鼓吹变法与民权。在湖南影响并不显著。欧氏以外又有分教习叶觉迈,字仲远,广东东莞人。在湖南影响,亦不甚著。至韩、欧、叶三氏皆因梁启超引介而任教,其思想观念,俱出康有为一系。并皆康氏门人④。诸氏之外,佐办湘学新报之客籍人士有湘学报校理冯应龙,字榛苓,江苏武进人。商学主笔鄢廷辉,字祐楣,江西丰城人,附贡生,肆业长沙校经书院⑤。佐办湘报者,则有王铭忠,字莘田,湖北汉阳人⑥。诸氏影响虽无显著纪录可藉,但既身在局中,多少亦有尽心之处,当可推知一二,略予论及。

　　湖南新政活动,湘人自然为主体,其经客籍人士启牖,而使湖南人士思想观念转变之实质,当据领导者所影响于湘人,并反应在湘人自身表现之成果。江标课士,来考者踊跃,长沙一府,多至五千余卷,衡

①　小野川秀美撰,李永炽译《戊戌变法与湖南省》,《大陆杂志》三十九卷九期,第18—34页。

②　皮名振《皮鹿门年谱》,第55页。

③　叶德辉《觉迷要录》卷4,第29—31页,收有韩氏课批及答问。

④　小野川秀美撰,李永炽译《戊戌变法与湖南省》,《大陆杂志》,三十九卷九期,第18—34页。

⑤　《湘学新报》,首页"题名"。

⑥　皮名振《皮鹿门年谱》,第55页。

州、常德、宝庆各州府,各不下三四千卷,可知承受影响者众多。嗣后湘学报、湘报之流布全省各地,各地南学分会、不缠足会以及各不同名目之学会活动,参加人员,亦不在少。此均反应湘人思想醒觉与活动之热烈,盖足见出湘人转变之直接成果。

就现有资料,查考戊戌湘人言论及其种种活动,可得凭以研判者,共有三百二十人。开列附表,以备参证。其中除四人未明籍贯者外,余皆确知为湘人。以身分而论,除两位翰林,一位道台,五位举人外,以各类贡生居多,占一百四十一位。向知时务学堂生徒共一百二十人,今能查得名氏者仅十三人而已。又有未详身分者一百四十五位,占相当大分量,此一百四十五人中,或即多为无科名之知识分子。由此略以见出承受新思潮灌输之主体,乃至具转变观念动向之人士,多为年轻后辈,下层知识分子。此批湘士言论,包罗实为广泛,一般趋势,则在于求新求变,认清当前危机,力求适应之方。当然若西方之自由、平等、民权、议院、政党均一一有所探讨。就发抒意见数量而言,自可见出湘士中领导中坚分子。唐才常一人言论达四十八篇,皮锡瑞一人二十篇,谭嗣同一人十八篇,曾广铨一人在时务报发表翻译一百零九篇。足可推见湘士中人才,当以谭、唐、皮为最。皮氏为经学家,向任书院山长,只在学理上立言,醇朴书生而已。不似谭唐二人之具革命志节,实政治领袖之质禀。故谭唐之为湖南新思潮前驱,于质于量以至后日表现,均为无可怀疑。至于湘士活动,以学会最为发达,参与者众。据日人平山周当时报告,参与学会者有一千二百人之多。数字未必正确,但亦反映一时盛况①。

由是以观,自陈宝箴等客籍人士在上之领导,而使湖南一时焕然奋发,新政活动如火如荼,成效之速,普及之远,俱显示重大意义。比

---

① 王尔敏《晚清政治思想史论》,第108页。

较并时各省现象,湖南特见出色,特别受世人重视者,正可由其突出表现而知之。陈氏等人之启牖,自亦有其相等价值与意义。

1977 年 2 月 16 日写

附 注

戊戌湖南维新分子名表

姓 名	籍 贯	身 分	言论论题	参与活动	备 考
章兆华	善 化			不缠足会会友	字寅谷
张称达	永 绥	贡生(甲辰科进士、吏部主事)	汉唐兵制史志不详说。		
张季传	善 化			南学会会友	
张缉光	长沙府	秀才	子曰以不教民战(两章)。 康诰曰作新民诗曰周虽旧邦其命维新。 邮。		
张继大	郴 州	秀才	周髀家言地方如碁局论。		
张丰祐	善 化	秀才	九章算术盈不足章蒲莞并生两鼠穿垣二题原术答数均不合今欲求其密数将以何法驭之。 设有炮试得平地最远界二千七百丈地力三十二尺今欲击中远千丈高十丈之物问炮轴须昂若干度及铅子当历若干秒。		
张翼云	善 化		论湖南风气尚未进于文明。 书唐才常时文流毒中国论后。	南学会会友	
章瑞麒	善 化			南学会会友	
张广柯	湖 南			南学会会友	
张广乐	善 化			南学会会友	
张铭彝	湖 南			不缠足会董事	

姓　名	籍　贯	身　分	言论论题	参与活动	备　考
张伯良	祁　阳	秀才	文信国史阁部合论。		
张伯良	芷　江	秀才	孙子无约请和广证。		
张述先	辰　溪	秀才	明也。		
张树森	永　顺	秀才	疏九河。		
张次宗	善　化			南学会会友	
张通诰	湘　乡	秀才	拟设赛工艺会条例。		
张通典	湘　乡			矿务总局任提调	字伯纯
赵而霖	衡　山	秀才	开议院论。 重译说。 有铁路始可广言开垦说。		
赵　璧	湘　潭			不缠足会会友	字实涵
陈正舒	长　沙			南学会会友	
陈其殷	善　化			南学会会友	
陈畴谨	湖　南			南学会会友	
陈今柱	新　化			在新化创办学堂	
陈忠园	湖　南			南学会会友	
陈凤光	新　化	秀才	守旧不如图新论。		
陈希曾	湖　南			南学会会友	
陈　璜	新　化	秀才	守旧不如图新论。		
陈　易	祁　阳	秀才	点线面体递相为界说。		
陈光孚	长　沙			南学会会友	
陈　猛	浏　阳			不缠足会会友	字旷仙
陈　棠	溆　浦	廪生		湘学新报算学主笔	字苇舟
陈道亨	湘　乡	秀才	广万氏史表略例。		
陈增坤	湖　南			法律学会创始人	
陈宗器	新　化			在新化创办学堂	
陈为璜	湖　南	学生		时务学堂学生	

姓　名	籍　贯	身　分	言论论题	参与活动	备　考
陈为镒	郴　州	优贡	能尽其性。 拟西学通考凡例。 西人开拓土地即防守国本证。 英人有公保二党中国将来是否有此气象说。 欧洲诸国不许俄船出黑海论。 古今和战之误皆害于使臣说。	湘学新报商学主笔	字璞臣
陈　戊	巴　陵	秀才	毋必。		
陈应轸	龙　阳	优廪生		南学会会友	字晓源（小沅）
郑成宪	衡　山			不缠足会会友	字德修
郑　荣	长　沙		湖南宜开医院说。 读新会梁氏论幼学书后。	倡立小学堂 南学会会友 倡立医院	
郑　藻	善　化	秀才	三载考绩三岁大计合解。		
姜炳坤	巴　陵		筹保湘省私议。	南学会会友	
蒋文翰	祁　阳	秀才	设有实心方阵一座不知兵数但知若变成空心方阵两座均与原阵等自外至内每方三层尚余二十八人以为奇兵问原阵兵数若干。		
蒋德钧	湘　乡	道台	拟请改上海造局为公司。 请将制造局移设湖南。	办湘报馆 时务学堂赞助人	字少穆
金鼎春	湖　南			法律学会倡始人	
秦鼎彝	长　沙	学生		时务学堂学生 南学会会友	字号:力山、邮、立山、俊杰、巩黄
邱惠传	湘　潭			南学会会友	
周传梓	长　沙	附生		湘学新报交涉主笔	字廉伯
周传榑	长　沙	童生		湘学新报舆地主笔	字虚白
周传德	澧　州	秀才	必得其位必得其禄必得其名必得其寿。 子曰民可使由之不可使知之。 适齐。 治交涉宜讲求春秋朝聘会同之义论。		

姓　名	籍　贯	身　分	言论论题	参与活动	备　考
周辛铄	新　化			在新化创办学堂	
周宏业	湖　南	学生		时务学堂学生	字伯勋
周会昌	长　沙		拟改文昌阁为学会议。	南学会会友	
周　南	长　沙	优廪生		时务学堂学生 学战会会友	字燮父
周宝廉	湖　南			法律学会创始人	
周　焘	湖　南			法律学会创始人	
周赞易	湘　阴			不缠足会会友	字光仙
周维翰	湘　潭	举人		不缠足会会友	字漱薖
周运元	长　沙			南学会会友	
屈百钧	长　沙			不缠足会会友	字叔麒
屈立超	长　沙			不缠足会会友	字文樵
樊　锥	邵　阳	拔贡	劝湘工。 发锢篇。 上陈中丞书。 开诚篇(第一、第二、第三)	创南学会分会 会长 倡办工厂 整顿桑、茶、农业	字一蒲
范源廉	湘　阴	学生		时务学堂学生	字号:濂、 静生、静 川
丰文达	湖　南			法律学会创始人	
傅鸾翔	岳　州	秀才	地舆之学须通天文说。 唐设算学博士论。		
韩秉毅	湘　潭			不缠足会会友	字越湘
何隽藻	长　沙			南学会会友	
何方清	桂　阳	秀才	辨高深。		
何　焜	湖　南			南学会会友	
何来保	武　陵	贡生	湘水校经堂宜改师范学校议。 悲孔(上、下)。 说私。	南学会会友	
何绍休	桃　源	秀才	拟设立游历公会章程。		

续表

姓　名	籍　贯	身　分	言论论题	参与活动	备　考
何盛林	郴　州	秀才	辨高深。 分寒暑。 周髀家言地方如棋局论。 释争。 英人有公保二党中国将来是否有此气象说。 能尽其性。		
何增文	桂阳州	秀才	论语之左右捁为聘礼之传辞说。		
何岳立	桂阳州	秀才	问治经考订字义与引伸大义孰为难易。 汉初挨孟喜改师法论。 书尚书大传后。		
向学耿	辰　州	秀才	问近日俄兵入朝鲜幽国王杀大臣重改国政中日两国将来有何损益。		
向道埏	永顺府	秀才	清讼当先严治讼师说。		
向味秋 （字）	沅州府	秀水书院 山长	论孔教以仁为体以恕为用。		字味秋
萧鲤祥	衡　州	秀才	班书艺文志郑渔仲明焦弱侯皆有訾议近人会稽章氏又驳郑焦之说得失若何。		
萧　弟	长　沙			南学会会友	
萧文昭	善　化			保国会会友	
谢序荃	新　化	秀才	读后汉书党锢传。		
谢鸿儒	耒　阳	秀才	公羊传不以父命辞王命以王父命辞父命说。 春秋黄池之会发微。 戒之之斗。		
谢功肃	湘　乡	秀才	拟游历例言。		
熊　稽	湖　南			南学会会友	
熊崇煦	南　州		中国自救莫如大开通商口岸说。 四民合力生财说。 论实力（上、下）。	不缠足会会友 倡立学堂 南学会会友	字知白

姓　名	籍　贯	身　分	言论论题	参与活动	备　考
熊希龄	凤凰厅	翰林		南学会创始人 延年会创始人 (印行)湘报主持人 湘学新报主编 时务学堂总提调	字秉三
熊　焜	岳　州	秀才	论国债。		
徐祉善	湖　南			不缠足会董事	
徐中鹄	湖　南			不缠足会董事	
许崇勋	善　化		论湖南茶务急宜整顿。	南学会会友	
徐崇立	长　沙	禀生	考泰西各国铁路源流建置。 市。 拟设赛工艺会条例。 后汉祭肜威詟北方声行海 表论。	湘学新报舆地 主笔	字剑石
徐幻鲲	长　沙			南学会会友	
许丙炎	祁　阳	秀才	荀卿毛公兼传穀梁春秋证。		
徐雨泉	桃　源	秀才	兴算学以广实用说。		
许玉衡	善　化			南学会会友	
徐润芝	善　化			南学会会友	
胡兆鸾	长　沙	禀生		湘学新报时务 (掌故)主笔	字律孙
胡传樟	衡　州	秀才	班书艺文志郑渔仲明焦弱侯皆 有訾议近人会稽章氏又驳郑焦 之说得失若何。		
胡秉直	零　陵	秀才	汉书颜注引诸家注考。 溱水非即濡水说。		
胡赞勋	湘　潭			不缠足会会友	字云塎
胡元倓	湘　潭	秀才	素衣朱绣鲁诗绣字作绡以为绮 属试申其义。 释鲨鮍。		
黄　昌	善　化			不缠足会会友	字晓波
黄　治	湖　南			南学会会友	
黄京东	湖　南			南学会会友	

续表

姓　名	籍　贯	身　分	言论论题	参与活动	备　考
黄仲璜	湖　南			南学会会友	
黄　骏	清　泉	秀才	医。		
黄熙敬	长　沙		洞庭新洲宜讲求农学论。 论湖南宜兴蚕桑之利。 废胥吏用士人论。	南学会会友	
黄日华	长　沙			南学会会友	
黄　鉴	湖　南		上陈右铭大中丞书。 论律例宜设专利之条。	南学会会友	
黄　巘	善　化		学战会叙。	学战会创始人 南学会会友	号茶蓼子
黄　山	长　沙	秀才	申先郑赞牛耳谊。 说卦为羊郑虞以为女使说。		
黄圣清	湖　南		请禁幼女缠足。		
洪　润	湖　南			法律学会创始人	
易　鼐	湘　潭	廪生	中国宜以弱为强说。 渔。 康诰曰作新民诗曰周虽旧邦其命维新。 论西政西学治乱兴衰俱与西教无涉。 五洲风俗异同考。	南学会创始人 不缠足会董事 湘学新报史学主笔	字垤无 号醖醳子
易抱一	长　沙	秀才	说西南洋之华民。	南学会会友	
易顺豫	常　德	秀才	日省月试既廪称事所以劝百工也。 尔雅冬为上天广证。	南学会会友	
饶　霈	长　沙			南学会会友	
饶鼎荣	长　沙			南学会会友	
任元德	长沙府	秀才	山海经为地理书说。		
葛裕杰	湖　南			不缠足会董事	
谷满言	桑　植	秀才	文翁化蜀论。		
辜天祐	湖　南			南学会会友 时务学堂外课生	

姓 名	籍 贯	身 分	言论论题	参与活动	备 考
龚佩泉	善 化			南学会会友	
龚声燿	善 化			不缠足会会友	字鉴真
孔 凤	湖 南			南学会会友	
郭立山	长沙府	秀才	广顾亭林言考前代史书中国不如外国义。 广万氏史表略例。		
郭鹏谨	巴 陵			南学会会友	
郭 彬	湘 潭	秀才	申先郑赞牛耳谊。		
郭耀南	善 化			不缠足会会友	字映秋
雷 森	嘉 禾	秀才	春秋为尊者讳为亲者讳为贤者讳说。		
李 昶	湖 南			法律学会创始人	
黎承福	湖 南			不缠足会董事	
李致桢	龙 阳	秀才	诗云周虽旧邦其命维新。 问国朝史学家以何人为最精。		
李镜源	湖 南			南学会会友	
李耀勋	湘 阴			不缠足会会友	字荣轩
李钟奇	武 冈	秀才	仪礼郑注并存古文今文为后来校书之法证。 孤貉之厚以居。		
李钧蒲	沅 江	禀生	土。 论今日学问之难。	湘学新报时务（掌故）主笔湘学新报商学主笔	字重甫
李 群	湖 南	学生		时务学堂学生	字彬四
李海寰	湖 南			法律学会创始人	
李瀚基	宁 乡	秀才	晋楚之富。		
李固松	新 化	丁酉拔贡	九数次第说。 说党。	湘学新报算学主笔	字吕伯
李孟麒	长沙府	秀才	郑参天象王释人事合释。		
李炳寰	慈 利	学生		时务学堂学生法律学会创始人	字号：虎村、虎土、虎生

续表

姓　名	籍　贯	身　分	言论论题	参与活动	备　考
黎少谷(字)	浏　阳	知县		群萌学会创始人	字少谷
李绶裳	长　沙			南学会会友	
李寿廷	新　化	附贡	禀请新化县开办实学。		
李定勋	岳　州	秀才	申毛传熠耀谊。		
李廷铺	湖　南			法律学会创始人	
黎泽纶	湘　潭			不缠足会会友	字绎廷
李延豫	湖　南			法律学会创始人	
李永瀚	芷　江	秀才	臭恶不食。 沅州设立南学分会公启。	沅州南学分会创始人	
李玉如	沅　陵	秀才	论自来改政之不易。 问近日俄兵入朝鲜幽国王杀大臣重改政中日两国将来有何损益。		
梁肇荣	湖　南		创立水利公司禀。	创立水利公司	
梁镜寰	安　化	秀才	粟米之征。		
梁焕均	湘　潭			不缠足会会友	字和士
梁赓陶	长　沙	秀才	市。		
廖钧焘	长　沙	附生	欲造整数句股形令句股较恒为一其法若何。	湘学新报算学主笔	字伯焜
廖国垣	湘　阴	秀才	梓匠。		
廖昜文	清　泉	秀才	仪礼十七篇不详述革车介胄仪度说。 未见颜色而言谓之瞽。		
林　圭	湘　阴	学生		时务学堂学生 不缠足会董事	字号:锡圭、杰、述康、述唐、悟厂、西河圭介
林仕达	湘　潭			不缠足会会友	字梅丞
凌丙燿	善　化			不缠足会会友	字寿丞
刘肇隅	湘　潭	秀才	说文读若释例叙。	不缠足会会友	字廉生

姓　名	籍　贯	身　分	言论论题	参与活动	备　考
刘　岂	湖　南			不缠足会董事	
刘莨勋	湖　南		请禁幼女缠足。		
刘　嵩	善　化			不缠足会会友	字石尊
刘焕辰	衡　州	秀才	言未及之而言谓之躁。		
刘善涵	浏　阳	秀才	理财之道不重节流而重开源说。 知创不如巧述论。 论情法。 学新法须有次第不可太骤说。 尊新。		字淞芙
刘颂虞	长　沙	监生	拟改教官章程私议。 公悬示禁幼女缠足禀。	南学会会友	
刘佐楫	醴　陵	廪生		湘学新报算学主笔 法律学会创始人	字巨丞
刘泽榘	善　化		劝游。 请禁幼女缠足。	南学会会友 不缠足会董事	字燹生
刘泽熙	湖　南		请禁幼女缠足。	不缠足会会友	
刘曾鉴	长　沙		论女学塾及不缠足会未得遍行之故。	湖南不缠足会创始人 南学会会友	
刘　燿	善　化			不缠足会会友	字叔纯
罗公祖	湖　南	会同县县令		三江学会创始人	字子荫
罗　棠	浏　阳		论湘郇创办小轮公司之益。 论拘禁周汉事。	南学会会友	
罗为章	湖　南			南学会会友	
罗远官	长　沙			南学会会友	
罗远造	长　沙			南学会会友	
陆孝达	武　冈			改革书院课程	
路心谦	沅　州	秀才	御览九引史记曰蚩尤氏能征风召雨与黄帝争强帝灭之于冀今本史记无此文说。		
龙铨甲	巴　陵	秀才	毋必。 目之于色也。		

姓 名	籍 贯	身 分	言论论题	参与活动	备 考
龙昇巽	浏 阳			南学会会友	
龙定弼	祁 阳	秀才	宋张浚吕祉合论。 元分封诸王论。		
吕先焞	沅 陵			南学会会友	
马仲林	湖 南		请速办保卫局。		
毛绪泰	沅 陵	秀才	险要不足恃论。		
聂仁德	凤凰厅	秀才	书国朝先正事略后。 贾似道重文轻武论。		
欧阳中鹄	浏 阳	举人	论辨义利始自有耻。	刊行兴学算议	字节吾, 号瓣蕳。
欧阳均	善 化			南学会会友 不缠足会会友	字觐光
欧阳坤	湖 南		请禁幼女缠足。		
欧阳耘	浏 阳			群萌学会创始人	字笠耕
柏 秀	祁 阳	秀才	书史记滑稽传后。		
柏益炳	湖 南			南学会会友	
潘学海	湖 南	会同县教谕	拟兴三江学会招来学者讲求实用启。	三江学会创始人 南学会会友	
裴 健	武 陵	秀才	拟设立测绘公会章程。		
彭兆潢	湘 阴	秀才	胡母生以公羊经传传授董氏广证。		
彭焯南	新 化			创办学堂（在新化）	
彭名寿	湘 乡		中外通商利害论。	南学会会友	
彭延炽	新 化	廪生		在新化创办学堂	
毕永年	善 化	拔贡	子曰君子和而不同。 康诰曰作新民诗曰周虽旧邦其命维新。 存华篇。	南学会创始人 公法学会创始人	字松甫
皮嘉祐	善 化	秀才	平等说。 醒世歌。 吕刑皇帝解。 郑注禹贡引地理志不尽本班志说。	南学会会友	

姓　名	籍　贯	身　分	言论论题	参与活动	备　考
皮锡瑞	善　化	举人	论立学会讲学宗旨。 续论讲学。 论朱陆异同归于分别义利。 论学者不可诮病道学。 论交涉公理。 论保种教均必先开民智。 论圣门四科之学。 论孔子创教有改制事。 论不变者道必变者法。 论胜朝昭代之兴亡原因。 论变法为天地之气运使然。 论洋人来华通商传教当暗求抵 抗之法。 论教育名义。 兵制篇。 田制篇。 学校篇。 置相篇。 原君篇。 同心会序。 代友人拟呈商部条陈商务管见 十则。	南学会学长	号鹿门
申开科	靖　州	秀才	修邑志繁简孰长论。		
沈明章	湘　潭			不缠足会会友	字纑清
沈明贲	善　化			不缠足会会友	字伯巽
沈明煦	湖　南			不缠足会董事	
沈嗣衡	湖　南			法律学会创始人	
盛　炎	湖　南		请禁幼女缠足。		
石秉钧	宝　庆	秀才	新民局公启。 定。		
石陶钧	邵　阳	秀才	日本尊王攘彝论。		
施文森	湖　南			法律学会创始人	
施文焱	湖　南			法律学会创始人	
首凤标	郴　州			南学会会友	
舒　润	晃州厅	秀才	读魏默深先生海国图志。 五月渡泸今地证。		
苏　煦	湖　南			法律学会创始人	

姓　名	籍贯	身　分	言论论题	参与活动	备　考
苏　舆	岳　州 （平江）	秀才	国朝小学家平议。 口之于味也。		字厚庵
孙家模	湖　南			南学会会友	
宋增馨	湘　潭			南学会会友	
粟金铿	邵　阳	秀才	宋儒言读史易令人心粗说。		
戴鸿晋	长　沙			不缠足会会友	字监二
戴丹诚	武　陵	秀才	洞庭湖淤塞于常德有何损益说。 中国以银钱购枪炮船只与兴铁路矿务学校耕农之事孰有益论。 论今日交涉之难。		
戴德诚	武　陵	教职	变学刍议。 湖南宜善于守旧说。	倡立学堂 南学会创始人	
谭锡璨	茶　陵	秀才	郊社之礼。		
谭子荣	清　泉	秀才	子夏曰博学而笃志（一章）。		
谭嗣同	浏　阳	知府	仁学（自叙，卷上、卷下）。 治言。 报章文体说。 记官绅集议保卫局事。 改并浏阳城乡各书院为致用学堂公启。 延年会叙（附延年会章程）。 群萌学会叙（附群萌学会章程）。 湖南不缠足会嫁娶章程。 试行印花税条说。 以太说。 壮飞楼治事十篇（释名、辨实、学会、通情、平权、仕学、法律、财用、群学、湘粤）。 论湘粤铁路之益。 论电灯之益。 论全体学。 论学者不当骄人。 论今日西学与中国古学。 论中国情形危急。 湘报后叙（上、下）。	南学会创始人 群萌学会创始人 延年会创始人 测量学会创始人 湖南不缠足会创始人 戒缠足会创始人 在南学会主讲天文 刊行兴学算议 成立浏阳算学社 发行湘报 任时务学堂组织联系工作 创设算学格致馆 建致用学堂 擘画内河小轮事业 筹画商办矿务 筹画办湘粤铁路 翻印黄宗羲的明夷待访录，加上案语，秘密散布。 翻印王秀楚的扬州十日记，加上案语，秘密散布 结纳两湖会党	字复生 号壮飞

姓 名	籍 贯	身 分	言论论题	参与活动	备 考
谭延闿	长沙府	秀才	子曰以不教民战（两章）。		
唐家丰	衡 阳	秀才	子夏曰日知其所亡。 言及之而不言谓之隐。		
汤家鹄	善 化	附生		湘学新报舆地主笔	字叔昆
唐支厦	湘 乡			南学会会友	
唐祚梓	零 陵	秀才	俗传算术多近古微。		
唐光晋	宁 乡	秀才	尊专。 知创不如巧述论。		
汤 道	益 阳	秀才	拟自造各种机器遏洋货利权议。		
唐才常	浏 阳	拔贡、两湖书院学生	尊专。 尊新。 治新学先读古子书说。 学新法须有次第不可太骤说。 拟设赛工艺会条例。 拟游历例言。 拟开中西条例馆条例。 论公私。 论情法。 拟自造各种机器遏洋货利权议。 孟子言三宝为当今治国要务说。 子曰古之学者为己（两章）。 湘报序。 论中国宜与英日联盟。 论保卫局之益。 书洪文治戒缠足说后。 论热力（上、下）。 辨惑。 时文流毒中国论。 论兴亚义会。 浏阳兴算记。 朱子语类已有西人格致之理条证。 公法学会叙。	刊行兴学算议 湘学新报主编 湘学新报时务（掌故）主笔 湘学新报交涉主笔 湘学新报史学主笔 南学会创始人 公法学会创始人 群萌学会创始人 湖南不缠足会创始人 发行湘报 校经书院创议者 湖南保卫局创议者	字号：黻丞、佛尘、佛丞、田野民治、洴澼子

续表

姓 名	籍 贯	身 分	言论论题	参与活动	备 考
			恭拟密筹大计吁恳代奏折。 湖南设保卫局议。 日本宽永以来大事述。 各国种类考。 各国猜忌实情论证。 论中日通商条约。 论高丽与各国交涉情形。 使学要言。 公法通义。 各国交涉源流考。 通塞塞通论。 外交论。 交涉甄微。 兵学徐谭。 最古各国政学兴衰考。 各国政教公理论。 史学论略。 格致浅理。 质点配成万物说。 师统说。 各教考原。 春秋三传宗派异同考叙例。 强种说。 抡使新法。 命使根原。		
唐才质	浏 阳	学生		时务学堂学生	字法尘
唐才中	浏 阳	附生、学生		时务学堂学生	字号:次尘、次丞、田野民卓
陶炳麟	衡 阳	秀才	鸳新知新辨。		
陶思曾	安 化	秀才	曾子说城郭不必中规矩道路不必中准绳是否合于今日泰西新法试详证之。		
邓丙燿	湖 南		请禁幼女缠足。		
田梓材	芷 江	秀才	各国皆辟新地中国何以不能说。 读魏默深先生海国图志。		
田 畴	保 靖	秀才	子曰善人教民七年(两章)。		

姓 名	籍 贯	身 分	言论论题	参与活动	备 考
田邦璿	慈 利	学生		时务学堂学生	字均一
丁奎联	衡 州	秀才	言未及之而言谓之躁。		
蔡传奎	湘 潭			不缠足会会友	字斗南
蔡钟潜	武 陵	秀才	洞庭湖淤塞于常德有何损益说。		
蔡钟濬	武 陵	候选训导	各国君主民主君民共主表。	湘学新报总理 湘学新报史学主笔 不缠足会董事	字劢谞
蔡钟浩	武 陵	学生		南学会会友 时务学堂学生	字号:玉林、树珊、松阴次郎
蔡绂绶	湘 潭			不缠足会会友	字纶苍
蔡趣	长 沙			不缠足会会友	字篆香
蔡艮寅 (蔡锷)	宝 庆 (邵 阳)	学生		时务学堂学生	
蔡秉钧	武 陵		变法篇。	南学会会友	
蔡毓蘅	湖 南			不缠足会董事	
曹典球	长 沙	秀才	生之谓性。 博学而详说之。		
曹典益	湘 潭			南学会会友	
曾朝祐	衡 阳	秀才	楚地今名考。		
曾广铨	湘 乡	贡生	在时务报发表翻译西方当时论说新闻一〇九篇。	蒙学会创办者	字敬贻
曾广钧	湘 乡	癸酉科特赏举人、翰林院编修	论开矿当不惜工本。		字重伯
左全孝	清 泉	秀才	楚地今名考。 测地球周径里数法述。		
左雏麟	清 泉	举人		湘学新报舆地主笔	
邹兆庆	湖 南		请禁幼女缠足。		
邹闳济	长 沙			不缠足会会友	字敬之
邹士桢	辰 州	秀才	枢机广证。		

续表

姓 名	籍 贯	身 分	言论论题	参与活动	备 考
邹寿熙	长沙府	秀才	子曰以不教民战（两章）。		
邹代钧	新 化	候选知县	论舆地经纬度之理。	湘学新报舆地主笔 郴州学会（舆算学会）主持人 刊行强学报 上海强学会创始人 地图公会创始人 南学会创始人 湘报馆主持人 舆地学会创始人	字沅帆
邹代藩	新 化	秀才	说党。		
邹永江	新 化	秀才	说党。		
端木勋	湖 南			法律学会创始人	
涂儒翯	浏 阳	秀才	商务平论。 知创不如巧述论 尊新。 尊专。 论公私。	设商务学堂 开商务学会 南学会会友	
王正枢	浏 阳	秀才	古今仪器考。 设有炮试得平地最远界二千七百丈地力三十二尺今欲击中远千丈高十丈之物问炮轴须昂若干度及铅子当历若干秒。		
王镜涵	平 江	秀才	耳之于声也。		
汪恩玉	善 化		时务书后。	南学会会友	
汪先弼	安 福	秀才	诸史作外夷传语多失实证。		
王修文	辰 州	秀才	博也。		
王克家	衡 阳	秀才	易垂衣裳书十二章通释。		
王良桂	湖 南	候补巡检		南学会会友	
王 绶	湘 阴			南学会会友	
王代舆	湘 潭	秀才	权也。		
王天保	城 步	秀才	周公摄政之事广证。		

姓　名	籍　贯	身　分	言论论题	参与活动	备　考
王在湘	衡　山	秀才	孔子删诗附鲁颂商颂于周颂后释谊。		
王宗杰	湘　潭			不缠足会会友	字少棠
汪都良	善　化	秀才	夏之时。 书薛叔耘先生出使四国日记后。 书曾惠敏公金轺筹笔后。		
王蔚槐	湖　南		请速办保卫局禀。		
王元燮	湘　潭			不缠足会会友	字经舫
魏仁荣	邵　阳	秀才	静。		
魏诗铨	衡　阳	秀才	重译说。		
吴焕卿	湖　南			南学会会友	
吴立诚	湘　潭			不缠足会会友	字松五
吴德懋	桑　植	秀才	排淮泗。		
吴宗让	湘　阴	秀才	尔雅兔子嬔说文释文作娩说。 夏书蟾珠许书系于批篆说。		
吴文培	湖　南			法律学会创始人	
吴友炎	武　陵	秀才	兴算学以广实用说。 中国以银钱购枪炮船只与兴铁路矿务学校耕农之事孰为有益论。		
伍元渠	浏　阳		改时文为古文论。	南学会会友	
杨昌济	长　沙			南学会会友	
杨昭楷	湘　潭	秀才	国朝经师得失论。		
杨承震	长　沙			不缠足会会友	字鼎传
杨宪章	长　沙			不缠足会会友	字邵卿
杨先达	湖　南		请速办保卫局。		
杨仁俊	岳　州	秀才	洞庭湖创设浅水商轮有益无损说 地舆之学须通天文说。		

姓　名	籍　贯	身　分	言论论题	参与活动	备　考
杨　概	清　泉	廪生	论阅报之有益。 拟仿朱氏经义考例纂史籍考试举其例。 西辽纪年考。	湘学新报交涉主笔 南学会会友	字叔玫
杨　澧	沅　州	秀才	郑注礼记在注周官后考。		
杨　鳌	长　沙			南学会会友	
杨世俊	湖　南			南学会会友	
杨子玉	芷　江		息争说。 湖南宜讲求虚心考校之学。 格致问答。	南学会会友	
杨尊瀛	新　化			在新化创办学堂	
杨毓麟	长　沙	举人	续龚定盦史钩沉论。 子曰有德者必有言(两章)。 述长芦盐法。 述山东盐法。 述两淮盐法。 述浙江盐法。 述福建盐法。	湘学新报时务(掌故)主笔	字笃生
姚锡鑫	长　沙			不缠足会会友	字斐成
姚联奎	邵　阳	秀才	释讼。		
姚丙奎	邵　阳	拔贡	魏氏海国图志近日应改应增条例。 拟教初学者通舆地之学条例浅说。	湘学新报舆地主笔	字平吾
晏孝儒	宝　庆	秀才	九数次第说。		
晏世澍	龙　山	秀才	太史公本纪取式吕览辩。 季布论。		
严毓清	湖　南			法律学会创始人	
叶劲青	平　江	秀才	毋固。		
俞成铣	湖　南			法律学会创始人	
喻万青	平　江	秀才	读史不宜轻下论断说。		
袁翰溪	长　沙			南学会会友	

续表

姓 名	籍 贯	身 分	言论论题	参与活动	备 考
黄伯英	不 详			湘学新报算学主笔	
邹金湛	不 详		五岭形势考。	湘学新报舆地主笔	
杨兆鳣	不 详		大金沙江上游考。	湘学新报舆地主笔	
晏忠悦	不 详			湘学新报舆地主笔	

《湘军记》平议

一、缘 起

此时要写一种史书平议。在同类论著中自是末流后学,为学界常有之事,自然可以安心提供公众参阅。最近期,1983 年湖南史家张舜徽(1911—1992)刊布其所著《史学三书平议》可作先导。其书中华书局出版,全 222 页,评论刘知几《史通》、郑樵《通志》及章学诚《文史通义》三书,可作本文之先范,而更有相当关联者,自是承绪晚清光绪前期有郭嵩焘、郭崑焘二人批评《湘军志》,崑焘之孙郭振镛乃在民国四年(1915)二月,辑录两先祖之评语,成为《湘军志平议》一书问世,撰序以明其用心。同时寄呈满清遗老尚健在之冯煦及王先谦参阅。二人皆有复书,亦俱表平议一书中肯正大,足以厘正王《志》之偏颇。惟在王先谦复书透露,昔年在湘曾经受郭嵩焘委托改作湘军之史。其时应在王定安作《湘军记》之前,必在光绪初年有此情事,先谦以世变时移,非亲见当年情事,恐以书生之笔,难以周顾全局之史,因是未克从命。王氏乃清末民初渊懿鸿儒,清之《续东华录》出其手,更以《汉书补注》蜚声士林,在湖南长期以拥岳麓书院山长,其才其学,应在王定安之上。然定安乃亲与其事之人,撰著湘军之史,自较合宜,先谦自是谦退,非无史学史才之人也。但此复信可贵,道出昔年郭嵩焘之委命,亦以补史林之遗闻。

读徐一士民国二十五年(1936)在《逸经》十四、十五两期所刊大文,《王闿运与〈湘军志〉》,多引《湘军志平议》之郭振镛序。其中除引各家论评之外,最重要透露当代大文豪吴敏树(南屏)曾致书郭嵩焘,有意作一种楚军纪事本末之书,须能并时文家而通观其事前后始末之手而为之。盖只是文家,尚不能胜任,势须亲与其事之文家,方足以当之。由是可知,除王闿运之外,王定安最能胜任其职,盖为在曾氏兄弟幕府二十余年,其阅历即足以当此重任。此一王氏《湘军记》之所由作也。

曾国藩幕府人才济济,若邵懿辰早死于杭州之陷,若李鸿章、许振祎、李瀚章,俱早晋升大吏,且自咸丰八年冬王闿运到建昌大营相见,曾氏并不久留,留不到七日即离大营赴京师。王闿运本最熟知湘军始末,乃能撰著《湘军志》。徐一士写《王闿运与〈湘军志〉》,详论其撰著经过。多处直引王氏文集日记,引述王氏之史家自信。自认足以追摹太史公笔法,特书明其《湘军志》之史学成就足以轶承祚(即《三国志》作者陈寿),睨蔚宗(《后汉书》作者范晔)。王闿运作史自信可知。其自记亦明言其志可以比拟《史记》,徐一士再三引据王氏自抒作志之满意。初版刊于四川,携至湖南,竟以《湘军志》招致乡人众愤,不得已而自请毁版。然其书由四川再刊印,终于流传于后世,今实易见,而文界称誉者多,徐一士有中肯评介,而梁启超著《中国近三百年学术史》以纪事本末体之史书,推重魏源之《圣武记》及王闿运之《湘军志》,然梁氏评其内容,则明指不如王定安之《湘军记》。

今世王闿运之《湘军志》,既有郭振镛之《湘军志平议》,又有徐一士之长文熟议，其书传世当无可疑。王氏亦既高才又加长寿，不惟《湘军志》著名，其《湘绮楼文集》、《湘绮楼日记》亦并为世所重。原自光绪四年为四川总督丁宝桢礼聘为成都尊经书院山长，若杨锐、廖平、宋育仁俱为门下弟子。四川重要人才亦多出其门。王氏固为一代国学大师，入于民国与沈曾植、缪荃孙、王先谦、柯劭忞、王树枬、夏孙桐等人，俱为国学大师。其同代后学自梁启超以下俱远不能及。能著书如《湘军志》者，自更无其人。即徐一士三十年代之书评，后世亦无人企及其学术之表达也。

　　看来《湘军志》终是晚清一部史学名著，王闿运自信其足以追绍太史公书，可勿置论，但凡清人若陈宝箴亦加称赞，三十年代文家徐一士细加研判，于其大文开首即谓："王闿运《湘军志》，虽物论有异同，要为近代杰作。"①其文笔高卓，后世难于企及。梁启超亦明言，王定安之《湘军记》，虽翔实而不及王闿运史笔之峻拔，故见后世学者未尝敢轻议《湘军志》，迄今自更无其人矣。吾惟仅能读其书习其简赅史笔。即如《湘绮楼笺启》，将中法战争马江之败告其友人，其言曰："幼樵跣逋，杨公蹇至。"殊足形容当年闽官之张皇。幼樵即海防大臣张佩纶，打着赤脚逃匿，被清廷褫职问罪。继来新任闽浙总督杨昌濬匆匆赶来继当职局。杨氏早起湘军出罗泽南部下，有百战功勋，当可面对大敌。世人向不知杨氏跛足，亦并无记载！而经王氏点出，吾方知杨氏乃是瘸腿。王氏以四字表状其跛脚何来，大见戏谑。自见王氏于张、杨两大臣极致嘲讽，用字不多，而文义透纸，真难追摹其妙者也。

　　至于同类之书，王定安著《湘军记》世少人读，亦无人评议。史家无有定评，学者不免薄视。鄙人经读其全书，心下颇为其冷寂为憾。

① 徐一士《王闿运与〈湘军志〉》，载 1936 年《逸经》第十四、十五、十六等期，近时湖南岳麓书社引作《湘军志》附录，1983 年 11 月印。

史界既无人垂顾,乃计为之作一评介,但止据实举示其特点,抑表个人识断,奉之学界,以供比勘藻鉴,稍能暴表王定安之史德文才。吾久沉系晚清军事,已著有《淮军志》,亦熟读湘军史乘,可见之于《清季军事史论集》(台北联经出版公司印),盼学界治军事史者教正,唯吾久熟湘军、淮军掌故,自分有责进而一评王定安之《湘军记》,谨望史学界识家恕我冒昧妄为。

二、著作体制与史料依据

以著作体制而言,王定安之《湘军记》不免是因袭王闿运《湘军志》格局,只能说有所改进,而不应是一家创格。王闿运《湘军志》全书辟为十六篇,实即十六项史事,分别地区重点,分别以纪事本末体逐年纪事。惟于最后两篇,一论营制,一论军饷,在谈一段掌故,而不同于演述史事。至于王定安著《湘军记》,实仍仿《湘军志》体制,补其偏失不全,而分目二十篇,一依用兵地区分以逐年纪事。分量大于《湘军志》,史事尤倍增于《湘军志》。其中十九篇叙史实,最后一篇谈营制,各篇自亦必不与《湘军志》雷同,乃著作也,非抄袭也。

王定安并非立意草撰《湘军记》,实因湘人不满意王闿运之《湘军志》,特别是曾国荃、郭嵩焘、崑焘等视为谤书,乃因曾国荃属命,请王定安撰一新书,足以矫王志之失,补苴其所阙载。

王定安字鼎丞,湖北东湖人,因先后佐曾国藩、国荃兄弟戎幕达二十余年,受曾氏兄弟推信礼重。及王闿运《湘军志》问世,湘中故老,湘军宿将,多不满其偏颇疏漏,郭嵩焘曾属意王先谦改作湘军之史,未果。而曾国荃则求之于王定安执其改作之业。定安受命,遂于光绪十三年(1887)三月命笔,于十五年(1889)九月草成全书,中经郭嵩焘考校,又经曾国荃为之撰序。(成于同年十月)遂成《湘军记》一书。曾氏为序,申明肇因所昉,成书经纬,当可备见梗概,兹即引举,可资比观。序曰：

> 今海内乂安，湘中宿将存者什二三，惧其战迹之轶也，议为一书，与《方略》相表里，而执笔者传闻异辞，乃匄东湖王鼎丞观察定安更为之。鼎丞久从愚兄弟游，谙湘军战事，其所述者，非其所目睹，则其所习闻。书既成，复与湘阴郭筠仙侍郎嵩焘暨下走商订得失。漏者补之，疑者阙之。不为苟同，亦不立异。盖其慎也。①

王定安命笔著书，自颇用心湘军大阵仗全局史事之掌握与叙议之层次，其章节之安排自较《湘军志》完备而妥善，全书分二十篇演述，实见用心。兹为一一列举，以见其布局：

> 粤湘战守篇第一 湖南防御篇第二 规复湖北篇第三 援守江西上篇第四 援守江西下篇第五 规复安徽篇第六 绥辑淮甸篇第七 围攻金陵上篇第八 围攻金陵下篇第九 谋苏篇第十 谋浙篇第十一 援广闽篇第十二 援川陕篇第十三 平黔篇第十四 平滇篇第十五 平捻篇第十六 平回上篇第十七 平回下篇第十八 戡定西域篇第十九 水陆营制篇第二十

王定安提示其书之二十篇章目，在其自叙中一一用典雅文句加以宣述，点出每篇内容特色，其工整典丽，简洁晓畅，当今史家莫能追摹。②

鄙人擅权比较《湘军记》与《湘军志》之章目部次，私信《湘军记》为优长，愿同道识者亦作比较。

至于二十卷之《湘军记》之全部史实内容，王定安何所恃何所据而执此操觚之役。王书自叙以诘难方式回答以告读其书者，简述其所本各类史籍依据。

---

① 曾国荃《〈湘军记〉序》，载王定安《湘军记》，长沙：岳麓书社，1983年版。
② 王定安《湘军记》，自叙。

及壮,佐湘乡曾文正公戎幕,从今官太保威毅伯(曾国荃)游者二十余年。湘中魁人巨公,什识八九,其它偏裨建勋伐者,不可胜数。东南兵事,饫闻而熟睹之久矣。其后宦游天津,稍习淮军将帅。而湘阴左文襄公(宗棠)暨今陕甘总督茶陵谭公(钟麟)、新疆巡抚湘乡刘公(锦棠)抄录西北战事累百数十卷,先后邮书见畀。最后从云贵总督新宁、湘乡两刘公(即刘坤一、刘岳昭)家,得其章奏遗稿,于是又稍知滇黔越南轶事。自咸、同以来,圣主之忧勤,生灵之涂炭,将帅之功罪,庙谟之深远,上稽《方略》,下采疆臣奏疏,粲然备具。而故老之流传,将裨幕僚之麈谈,苟得其实必录焉。①

如此以观,当知王定安于史料之涉猎,官私文书之搜求,自比王闿运为多,可运用之资材甚是丰足,其书述论史事,实更宽广繁多。鄙人阅读全书,实备见其叙事详瞻。

看来王定安久游曾国藩、国荃戎幕,湘军将帅,军幕同僚,自东南用兵,北省剿捻,以至西南滇、黔、川地,西北陕、甘、新疆,凡湘淮军车骑所涉,干羽所历,几无不热见熟闻,前后三十八年(道光三十年至光绪十三年)乃王定安《湘军记》所含括史迹,乃在光绪十三年受命撰著湘军全局之史,正是适当其时,早则见闻不足,晚则阅历不及。湘军之史正待天时、地利、人和,遭际真不易也。

细考王定安在曾氏兄弟幕府之中,原自咸丰三年起已征聘积学策士,向称人才济济,而曾国荃之属意于王定安久历戎幕之外,尚有另具有著作条件。盖早在光绪二年(1876)王定安已刊印其所著《求阙斋弟子记》,三十二卷,其所记则纯为曾国藩一人生平道艺、学问、思辨、志节及言行之纪录。对于国藩一人,已为后世辑存可据之文献,且早出

_____

① 王定安《湘军记》,自叙。

于王闿运著《湘军志》者至少有二年。（王氏撰《湘军志》始于光绪四年）则充分可证王定安有草撰湘军史之才与学。于此可知事有固然，时适其会，非偶然也。

三、《湘军记》一书之史家笔载

王闿运著《湘军志》，明言其史笔是"轶承祚，睨蔚宗"，并于日记时言能追摹《史记》，盖其志在与正史名著颉颃比翼之间，其自信自负，识者共见共闻。然王定安在于当时岂不知王闿运之有声于当世。文笔骄人？定安虽不明言自许，实当亦隐然力争上游，亦非等闲之辈。阅读《湘军记》王氏自叙，将其二十篇之作，一一提出，各加简明提要，正是刻意仿太史公自序，其自叙之精要处正定于此，可见出于深心细酌，以表现其史笔。若读《湘军志》，便知王闿运未尝作叙。愈可见定安乃有意一仿太史公，心欲争较，不明言也。

再检视王闿运之《湘军志》，其十六篇正文，俱加篇后评论，一仿太史公曰。而王定安之《湘军记》二十篇，每篇最后，均附有"王定安曰"之评语，此亦效行《史记》体制。莫不承袭历代正史、通鉴之成法。虽不必能超越《湘军志》，其用心亦当推知何所而为。

甲、当然，定安文笔或尚不及王闿运之简洁峻拔，更不能奇巧跌宕，然定安叙事多，不免使人有散乱之诮。但亦不能删削致有遗漏。鄙人细读，时见一两行中并述数事，人物有异，军属各别，不偏重于湘军战阵，亦必不漏地方军及他支防军等战将。自亦不可割舍。同一两行，而叙事庞杂，不加细察，必感零乱。或可定为《湘军记》之瑕疵，似可谓其一项显著弱点。

乙、记叙湘军亦不漏他军之参战。此节不在叙事，而将陈举湘军之外之防军、地方军之同在战阵。

最显著者，围攻金陵，王定安特专辟一篇，载述向荣、张国樑、张玉良、邓绍良、刘廷汉、傅振邦、余万清、虎嵩林、吴全美(水师)、吉尔杭阿、福珠洪阿、福兴、虎坤元、和春、德兴阿、鞠殿华、李德麟(水师)、温绍原、冯子材、郑魁士、李若珠、马德昭、曾秉忠(水师)等战功战绩颇详。特于向荣、张国樑二人有重要生平之评语及揄扬。盖王氏虽著《湘军记》,惟围攻金陵上篇,完全述论江南大营、江北大营,自使一代史实,无所偏倚。

通观王定安之书,其他各篇,亦莫不于论一方战史,亦必不漏载湘淮两军以外之绿营防军水陆战将。如其《谋苏篇》,不尽陈叙淮军成绩,同时必述及防军之李恒嵩、曾秉忠(水师)。洋将并详叙常胜军战将,包括华尔(Frederick Townsend Ward)、白齐文(Henry Andrea Burgevine)、戈登(Charles George Gordon)等洋人。如其载述《谋浙篇》之文,湘军诸名将之外,亦叙及防军之饶廷选、李定太、周天受、缪梓、段光清、刘季三、刘芳贵、赵景贤、林文察(台湾籍总兵)、梁兴朝、张玉良、张景渠(宁绍台道,招定海民团,光复镇海,又会合法国兵将常安军,克复宁波)等,俱非湘军同系。此外,无论援闽广、援川陕、西北平回、戡定新疆等篇,亦莫不于文中夹叙绿营防军、八旗骑兵,不具引举。

王定安史笔,有其独到处,虽广叙名将,亦在夹叙之间,略用数语,点出重要将帅之身世战绩,盖必于作战阵亡,随以数评其身世,颇资参考。大者如向荣、张国樑、胡林翼、李续宾、左宗棠、刘松山等人,即令名不甚著,亦往往惋惜其不遇。书中叙丁未进士李孟群(李鸿章同年),出道甚早,先带水师,与成名标、褚汝航、夏銮同时,与杨载福、彭玉麟同起,然回皖北带淮勇作战,屡立战功,为北省著名战将,终以阵亡,大将声誉,终以沉埋。然王氏于各次战役,俱加称引。又如最可惋惜者,为湖北帅远峰,乃丁未翰林,曾国藩一早识赏与陈鼐、郭嵩焘、李鸿章命为丁未四君子。但当其在咸丰八年募勇出山,适逢曾国藩丁忧,乃随湘将周凤山作战,一战即军败阵亡。王定安亦在书中载述,他书多不能见之。正见王氏论事周备,不遗巨细。

丙、王定安所载述之湘军各枝系。王定安承曾国荃重托撰写湘军战史,以补正王闿运之偏颇,定安受命,未尝专重曾国荃之一枝,虽只任曾氏兄弟幕府,其书亦未刻意揄扬国藩及国荃,也未减他枝之记叙。

湘军原起湖南之兴办团练,发迹甚微,又出于文士带乡农,一切尝试而为,即练成军,大抵一二千人为度,然以各地防军不能应战,终以乡勇而渐受重用,曾国藩始刻意练万人交江忠源统带以担当大任。此乃上策也。未及成军而江忠源乃以巡抚殒职庐州。曾国藩自不得不统军东征,湘军局面日渐扩大,而大枝军旅虽俱不足万人,但亦来路不同,治湘军史,势须各就分枝各系,一一叙其缘起来路,以至部曲将校,知其来历。

从《湘军记》各篇所见,所记湘军各枝当化约分别于下,但以将帅人物作为区别:

1. 新宁江刘两大枝楚军。先是同光之际郭崑焘曾与友人罗汝怀、曹耀湘、吴敏树计议同撰《楚军纪事本末》之书,而未果行。原计自道光三十年以大学士赛尚阿为钦差赴广西督兵平寇为起始。由此而有令江忠源带勇助战,则湘军之起,此为先河。

江忠源带楚勇,刘长佑即早追随,使新宁一县而渐成两枝楚勇。江氏一枝,忠源一家尚有江忠淑、江忠济、江忠浚等将领。刘氏一枝则长佑及刘坤一、江忠义、李辅朝、李明惠、邹汉章、鄢世堂、邹在富、李承立、陈周典、王一枝、黄承纲、翟国彦、漆盛年、崔大光、徐志近、李士恩、李笃胜、席宝田、戴盛宽、陈飞熊、杨安臣、余星元、杨恒升、刘培一、朱品文、唐显烈、李承立、刘长景、洪曧、何文凤、郑长纯等将校。

2. 湘乡曾国藩咸丰初年墨绖治兵,住长沙巡抚署练兵,几乎为防兵绿营乱兵所戕。下级军官惟塔齐布谨守军令,国藩愤而移营衡州、练水师支援江忠源之用。看来实以练水师起家,故后日曾氏用兵除塔齐布领陆军,而要以重水师之为出入江南各地战阵之师。湘军各帅无不受其调遣,而非所练之军。

曾国藩以练水师著名,初在衡仿造战船,启用长沙守备粤人成名标仿造快蟹、三板船、用同知褚汝航自广西桂林来,仿造长龙船式,试之有用。乃仿造长龙四十艘、快蟹四十艘、三板八十艘。至于仿练水师,则调总兵陈辉龙带防营水师四百人来会,又调知府李孟群自广西率水勇千人来会,旗下将领有陈辉龙、沙镇邦、褚汝航、夏銮、诸殿元诸人俱先后战死。此外一时水师将领则以李孟群、彭玉麟领水师而克复武昌。湘军水师,嗣即转战江西水域,长期立于不败之地。军中莫不以曾国藩创建湘军水师之功,其下名将辈出。

3. 王鑫以诸生练勇,其军号称老湘营,老湘营之称,止为王鑫一军专用,其它湘楚各军俱不能用。王鑫殁后,即如曾国藩用以平捻、左宗棠用以平回,实仍保持老湘营之名,当时后世,俱必以此列入史乘,二王志记,自亦各加标示。

王鑫文武兼资,军中规定上马杀贼,下马读书,以此著名。不幸王鑫于咸丰七年病卒,惟其部曲则长守其规。部下名将有张运兰(后统其军)、王开化(后统其军)、王开琳、王开泗、谢邦翰、易良干、朱南桂、朱惟堂、黄万有、成兆侯、文炜、刘岳昭、杨虎臣、陈品南、洪定升、刘松山、刘锦棠。王鑫官至道员而逝。其军以张运兰长期转战江西,官至按察使,而刘岳昭平苗立大功、平回有战绩,故位至云贵总督。惟刘松山以提督受封二等男爵,刘锦棠以戡定新疆以巡抚而封二等男爵,在湘楚军系之中,要以老湘营为最持久。

4. 罗泽南以经师出山治军。罗氏中年率门生练湘乡勇,不过千人,分为三营,自统中营,刘蓉统左营,李续宾统右营。原三百六十人为一营,后改为五百人为一营。屡战有功,扩至四千人,继入援武昌有兵六千人,实是小枝军伍,而军律严整,能战而多出名将。罗氏门下王鑫、王勋别自成军,独立其外。而门人出旗下者有李续宾、李续宜、李续焘、刘典、杨昌濬、蒋益澧、钟近衡、朱宗程、康景晖、翁笴登等。后日多因战助成大名。罗氏早因攻复武昌,于咸丰六年亡于阵前。部众遂由李续宾接统。

李续宾带湘勇部众,战功迭增,部众达八千人,又屡遣将领兵外援,如刘腾鸿、萧启江之援江西,即各自统兵作战。而续宾则不断自湖南增招乡勇,补足八千余众。续宾亦分将入他军带兵。如以萧孚泗拨交曾国荃,以朱品隆、唐义训拨交曾国藩皆其例也。

除上举诸人外,续宾旗下战将尚有谢琇、谢嗣湘、彭忠信、曾广星、李杏春(续宾同族人)、李登墀、刘连捷、李存汉、雷凤云、彭志德、刘祎山、张文焕、杨得武、赵友材、周福高、萧意文、李集贤、萧庆高、黄开榜、高连升、彭友胜、郭鹏程、周达武、孙守信、蒋凝学、金国琛、周宽世、胡中和、胡裕发、何绍彩、成大吉、丁义方、萧庆衍、梁作楫、毛有铭、李兑燎(续宾族人)、李光腾、周福友、胡孚武、赵克彰、彭炳武、王载驷、萧兴四、邹保杰、李登辟、李登梗、李季昌、刘祥发、刘祥胜、刘锡文、周玉堂、沈俊德、李发一、李续焘、朱品文、黄泽达、成得升等。

上举诸人之外,而后拨出随萧启江之将尚有梁开国、田兴恕、杨恒升、刘培文、刘岳昭、杨虎臣等。嗣后平苗、平回、戡定新疆,俱为左宗棠出力,应为湘军之功。

5. 胡林翼之湘军别枝。胡林翼翰林出身,以州县起家,初带贵州勇援湖南,渐改为湘勇起初即数百人,而随援湖北,渐受重用,任湖北巡抚,选将重用,将将而不将兵,所擢拔之将,俱成大器。旗下陶铸名将有多隆阿,虽为旗人,而所统以湘勇为主,终成大将,官至西安将军。用兵有谋略,每战克敌。又有鲍超出于防军,林翼拔于都守下位,初只数营,然勇略过人,屡当大敌,增兵营三十余,转战江西、皖南,以提督封一等子爵。又有唐训方,随林翼带数营,战力不及多、鲍两将,亦能当大敌。林翼故后,听曾国藩调遣,保卫江北,又进淮北,擢升至安徽巡抚。又有雷正绾,初只偏裨末将,维持最久,林翼初擢拔带兵,并不足重。林翼故后,随左宗棠陕甘平回,与陶茂林同为猛将,所战克捷,二人俱因饷匮兵哗,而陶茂林兵散,雷正绾则能整复成军,亦并进军新疆,戡平安集延之割据。林翼旗下部曲,尚有来自他军者,早期者有何绍彩、丁锐义(随攻武昌),有周得魁(原塔齐布部下)、曾国华、王国才、石清吉、蒋凝学、孔广顺、张寅恭、杨再佑等将。林翼卒后,改从其他湘将,仍为湘军効力。

6. 曾国荃之招练湘勇。曾国荃之招募湘勇,稍晚在咸丰六年,创议江西吉安知府黄冕(字南坡),实因防卫吉安地方。黄冕约同曾国荃招勇成军,故曾氏之军称吉字营。原只三千人小枝,而日渐扩充。及至围攻安庆,其军已达于逾万人。安庆克复后,率军沿长江东下,终于同治元年兵抵金陵近地,为攻金陵外围,扩军至二万人,再图围攻金陵,至同治三年达于五万人以上。然仍不及于昔年江南大营之拥兵七万。主要助曾国荃攻战外地附近者尚有鲍超霆军一万余人,又有湘军水师、内江之彭玉麟、外江之杨岳斌(杨载福改名岳斌)。俱不属国荃所统之数。国荃旗下围攻金陵之队能指挥进战者尚有友军刘连捷、陈湜等大枝,参与攻打金陵。

略计曾国荃统率围攻金陵之将,则有曾贞干(国荃之弟)独立领军,自成一枝。刘连捷、陈湜,又有湘军水师李成谋。

至于国荃亲军部将则有李臣典、彭毓橘、萧孚泗、朱南桂、朱洪章、王可升、罗逢元、毛有铭、赵清河、晏礼周、何玉菊、萧庆衍、易良虎、丁泗滨(水师)、喻俊明、彭楚汉(水师)、张锦芳(水师)、罗俊大(水师)、成发翔、张诗日、任维寿、宋吉玉、熊登武、李祥和、武明良、赵三元、沈鸿宾、武文山、罗雨村、黄润昌、谭国泰、李金洲、王远和、梁美材、袁大升、张定魁等将校。曾国荃自是独领大军,为湘军大枝。

7. 左宗棠一系湘军晚出。湖南创立湘楚各军,要以左宗棠起家最晚,咸丰十年闰三月江南大营兵溃之后,曾国藩时带湘军驻安徽宿松,先后有胡林翼、李续宜、李元度、左宗棠来国藩大营相议天下变局,林翼推知朝廷将付国藩重任,并预言必得督符(总督)、军符(钦差大臣),建议湘军早作准备。当即相嘱李元度、曾国荃、左宗棠回湖南增募兵勇,加强战力。自此左宗棠始被计虑直接参与战阵,另一因素则在于左氏已不再担任湘抚幕僚,正可乘此出山。接着曾国藩于四月受任两江总督钦差大臣,并节制四省军务,湘军兵力单薄,如何担当庞大局面,势必大加扩军。不久朝命即命左宗棠以四品京卿衔,帮办曾国藩军务,宗棠遂于咸丰十一年带兵进入景德,遂为参入战阵之始。

左宗棠成立湘军,多用他系旧日之将,要以王鑫之师属最原先追随,宗棠出山用兵克敌有功,浙抚王有龄乃奏请左宗棠援浙,为左氏援浙之张本。同时曾国藩亦将浙事由左氏专任其责。宗棠遂一意取道江西以入援浙江。

左宗棠起兵于由江西援浙,自西向东进兵,曾国藩特与左氏奏调原罗泽南门人旧部蒋益澧在两粤作战有名,特遣入浙作战,是以同为出于湖南,而有左、蒋两支大军谋浙。在此先列左宗棠旗下部将:刘典、黄少春、余萃隆、刘璈、朱明亮、杨昌濬(罗泽南门弟子)、王德榜(已带兵任道员)、李耀南、刘荣、马德顺、刘培元、徐文秀、刘明灯、张志公、王开琳、王宗元、王文瑞、魏喻义、余佩玉、蔡盛恩、古捷芳、唐学发、何培章、杨道洽、朱贤尊、刘光明、刘明珍等将,其王姓若王开琳即王鑫族人也。

自初始规复浙江,不同于李鸿章规复江苏,盖李鸿章独领淮军配合太湖水师,及淮阳水师,得以肃清全省,而左宗棠自始奏调蒋益澧带军入浙。蒋自独为一军配合左氏,非其属下也。故须在此开列蒋益澧之湘军部曲，其下将校有：名将熊建益、高连升二人，尚有刘清亮、王月亮、刘树元、李邦达、王联芳、周廷瑞、贺国辉、王东林、席得元、刘连升（水师）、罗启勇（水师）等将领。此后蒋益澧主攻杭州，使省城克复，左宗棠只得太子少保衔，蒋益澧只得云骑尉世职。清廷之升赏殊为悭吝。及后全浙肃清，左宗棠得授一等恪靖伯爵位，蒋益澧则只封为骑都尉世职，对蒋又是薄待。明明江西全境肃清，巡抚沈葆桢授一等轻车都尉世职，蒋益澧亦位至巡抚，却是低一级。盖蒋氏以战功肃清全省，而沈葆桢则未尝亲战阵。蒋氏至少应封一等男爵。其功远高于沈葆桢。后蒋氏任地方官不再带兵，其将多归左宗棠，名将高连升即是一例。

8. 其他小枝湘军。论次湘军全局，大枝固重要而尚有若干小枝未尝并入各大枝，显著者有李元度之平江勇，成军甚早，以援浙有名。

其次尚有陈士杰之桂勇，亦是转战各地，多能应敌，未及李元度之名气，后亦位至山东巡抚。

鄙人固陋，尚有一枝萧翰庆湘军，不知来路出于何枝，惟其早带湘勇六千人转战江西各地兼顾皖南，但因咸丰末年援浙而战死，曾国藩颇惜其不幸。

另一小枝有能战之将毕金科所部三千人，金科忠勇精悍能战，有似塔齐布。多受金创不惧，终以兵少而力战死于江西。然出自何枝，则不能考知，实真歉然。

湘军局面庞大，头路不同，陆师水师俱出名将，不胜枚举。但凡研治湘军之史，基本须理清其各大枝之不同组合。而无论《湘军志》以至《湘军记》，均只以各战局地区分述，而未交代各家头路，其责任即归之于后来研究者所当厘清。本文乃略小试，其分别论叙如此而已。

四、《湘军记》独具之篇章

王闿运《湘军志》共分十六篇,王定安《湘军记》共分二十篇。同叙湘军之史,彼此大抵多有雷同,只是以史笔各见高下。世之阅读两书者,自能分别指证重轻、识略与剪裁。名学者早有梁启超之衡度评骘。徐一士则专评《湘军志》,颇见一家识断。而《湘军记》则并无可凭之前徽,鄙人不揣冒昧,要作平议。其各篇对读,王志、王记俱有彼此相同笔载,惟王记较多叙非湘系之各军,不止绿营及旗兵,用笔自详备,读之颇感杂乱,盖同一时间,正叙湘军战争,随之又叙防军在别处之战绩,若不细心,全易混淆。《王记》此短,乃显而易见者也。

鄙人见两书之完全不同处,乃在王记之平定陕甘回乱者二篇及戡定新疆收复伊犁之一篇,再勉强将《围攻金陵》上篇完全不纪湘军故事。在详略言可谓不同于《王志》。此篇于此当不具论。其明确可判别者,在本节当将以敉平陕甘回乱及戡定新疆此三篇,当可视为王记一书独具之篇章,实包括自同治元年(1862)以至光绪五年(1879)之十余年之记载,颇值提供参阅①。

(一)敉平陕甘回乱

陕西回民之倡乱在同治元年始达于严重,其时清廷方以全力应付

---

① 略举常见之晚清军事史之书计为:陈澹然著《江表忠略》、欧阳利见著《金鸡谈荟》、唐景崧著《请缨日记》、陈继聪著《忠义纪闻录》、周世澄著《湘军志》、《湘军记》、《淮军平捻记》、秦缃业著《克复谅山大略》、《平浙纪略》、杜文澜著《平定粤寇纪略》、谭嘘云著《守虞日记》、陈昌著《霆军纪略》、程希孟著《从征隙驹集》、聂士成著《东征日记》、倪在田著《东南纪略》、《扬州御寇录》、尹耕云著《豫军纪略》、夏燮著《粤氛纪事》等书,可供比观一代军事史。

江南太平军,各地战防激烈。同时规吴谋浙亦刚启步,西北回乱,终须调兵救回,不得已抽江南战场宿将多隆阿带马步劲旅,驰赴陕西。初授钦差大臣,统一陕省各军。多隆阿与鲍超同起而著名,两人均统兵万人,而多氏尤勇略过人,与鲍超俱承胡林翼所擢拔,用于平回,力有余裕。到陕之后,所战克捷。在同治元年调赴陕西平回者尚有湘军雷正绾一枝亦出胡林翼所擢拔,又有陶茂林一枝。雷、陶各领有八千余勇,入陕颇立战功。另有绿营防军曹克忠同时入陕。初到为多隆阿所指挥者即此四枝。其后多隆阿授为西安将军,位在督抚之上。多氏臀部生疮不能骑马,必乘肩舆在阵前指挥,所战必克。惟后患病愈深,终不能支,乃至大将殒殁。时在同治三年四月。

当多隆阿在陕用兵之际,朝廷加派湘军刘蓉自四川入陕,在多隆阿病时,曾经探视,多氏侧卧内向,不与交谈,显见其对于湘系将帅不屑一见。

刘蓉到陕后,即授为陕西巡抚,自当承平回之任。其在多隆阿病逝之后不久,江南金陵在同治三年六月克复,湘军水师卸下重担,由曾国藩奏请创设长江水师,命彭玉麟巡阅长江,而名将杨岳斌即升授为陕甘总督,改统陆师平回,亦率若干部将同赴陕甘为规复西北陕、甘、宁三省之乱局。由是时,即增调湘军陆师入陕甘。如湘将蒋凝学身任安肃道,必须亲来甘肃任职,兼掌兵事。

自同治三年多隆阿逝世后,朝廷命将则重用杨岳斌为陕甘总督,总统甘肃陕西宁夏兵事,仍当作为平回前期。平回重点仍在陕西,各路兵将有刘蓉所部,其将有江忠淑、萧庆高、刘厚基、唐友胜、邱时成、刘玉兴、洪殿元、易得胜、鄢太愚等将,俱属刘蓉部将。有:薛伦保、常兴阿、温德勒克西、富森保等俱属多隆阿部之骑兵。陕甘总督杨岳斌所带部将多更出水师,有彭楚汉、李助发、刘祥胜、罗宏裕、罗廷贤、王金楷、李玉安、陈德隆、张在山、杜连升、张德胜、杨明海等人,俱出杨岳斌部曲。此外,则有周达武之湘军,由川督骆秉章遣之赴陕作战,却战死于陕西。至于原先已有之大枝独立应战之将有曹克忠及其部将傅先宗,有雷正绾及其部将佘万明、沈懋贵、刘正高、谭玉龙、李致高、周显承、刘效忠、胡大贵等人,俱属雷正绾部。此外原来之陶茂林部有刘玉兴、萧德扬等,陶茂林能战克捷,可惜当其丁忧回籍,其部十七营哗变,雷正绾军亦因乏饷,而饥军哗溃。后仍能收其旧属成军,终立大功,得朝廷赐给黄马褂。

凡以上所举,俱属同治五年(1866)以前之陕西军容,此年之后,方有左宗棠继任陕甘总督,特自有一枝湘军入陕。

王氏《湘军记》,将平回史事分上、下篇,虽未明言,但其书分篇编年叙事,自然可见有前期后期段落,应是同治元年至同治七年秋后为前期,而同治七年至十二年九月完全肃清陕甘两省回乱,则完成大功,朝旨嘉奖。可见出前期之史有七年,后期之史有五年(同治七年至十二年九月)。

惟前期至同治五年八月总督杨岳斌之请休致养病,朝命闽浙总督左宗棠改任陕甘总督。左氏行至武昌,受命为钦差大臣,作平回统帅,然其时陕情有变,即西捻窜入陕境,左宗棠须先追剿西捻。直至西捻于同治七年夏秋敉平,左氏入京召对,始对太后皇帝表明五年之内平定回乱,是以平回后期,当自同治七年算起。

左宗棠带兵入陕,号称一百余营,应有五六万人。主力为老湘营刘松山统一万余人,另又配合大将高连升统带数千人。其时曹克忠已乞休离陕,尚留部下名将傅先宗留陕统兵。而旧有大枝军旅陶茂林、雷正绾仍带兵应战各地。左宗棠受命为钦差大臣,奏以刘典为参赞,重用其将黄鼎、徐文秀、徐占彪、李祥和、邓全忠、刘厚基、刘效忠、彭楚汉、周绍濂、王得胜、刘端冕、李辉武、魏光焘、章合才、萧章开、桂锡桢、丁贤发、汤聘珍、刘锦棠、周兰亭、简敬临、杨世俊、张显扬、周开锡、谭拔萃、易致中、黄万友、彭清和、甘大有、张万英、刘明灯、陈湜（按察使）、王德榜、陶生林、戴宏胜等人，大抵为湘军部将。

除湘军各大枝之外，而旗人重要将帅有穆图善、金顺、都兴阿、成禄、喜昌、温德勒克西等马队，诸人之中，要以穆图善、金顺为最重要，多亲战阵。另有绿营防军及地方军者则有曹克忠告养后留大将傅先宗，又有郭宝昌、金运昌（即郭运昌）。地方军则张曜及其部将孙金彪。豫军又有宋庆一军。豫军两枝，多在宁夏作战。于此具见平定陕、甘、宁所投入之兵力。

左宗棠率各路兵马进规陕甘，原在同治七年夏秋平定西捻之后，奉召入京陛见，朝廷责以进兵陕甘平回，询其何时可以奏功。左氏慨然复命，预陈五年之期可以平定陕甘。计自同治八年以至十二年先后肃清陕甘宁夏三省回变，用兵恰有五年。重大战役以金积堡围攻为最惨烈，大将刘松山即阵亡于此役。其后进规甘肃，以刘锦棠、徐占彪为主将，而攻克河州、肃州两役为最惨烈。总之，陕甘之规复，伤殒大将不少，若徐文秀、简敬临、高连升、马顺得、谭玉龙、刘厚基、杨世俊、傅先宗，以至刘松山等，其外，阵亡之提督总兵不少，无从具引。五年而规复两省，乃将士兵勇捐躯得来。捷闻即达于朝廷，而清帝之升奖殊薄，左宗棠只授以协办大学士，外加一等轻车都尉，徐占彪仅赏给云骑尉。乃经左氏复奏为刘松山追战首功，愿以个人之一等轻车都尉转封刘松山，清廷省悟，始加封刘松山二等男爵，加赏一等轻车都尉，由其嗣子承袭。

鄙人论清廷封赏太吝，非任意讥弹。盖见前者之剿平太平军。若除却攻克金陵大功不作对比。则李鸿章肃清江苏一省、左宗棠肃清浙江一省，俱受封一等伯。沈葆桢规复江西一省，得受封一等轻骑都尉。以此对比，此次肃清陕甘两省，左宗棠已是一等伯而规复两省功在一等伯之上，当晋封侯爵，则加给一等轻车都尉，比之沈葆桢其难易多寡有天渊之别。何其清廷升奖若此悭吝耶?①

(二)戡定新疆

王定安《湘军记》一书多篇与《湘军志》内容相同,申叙详略不同。惟削平陕甘回乱二篇,及戡定新疆一篇,俱出《湘军志》以外,独出心裁,成一家之言,足供后世参阅考索。亦足取证定安之史才史识,盖前无因袭,须恃自加史料之汇集与史实之组合部勒工夫。故定安之书,要以此三篇为最重要。本节已先述论左宗棠平定陕西回乱,辟为前段,此处得以戡定新疆辟为后段。

王定安此篇"戡定西域篇"(原书题名),可说是简明扼要,要言不烦,尤其多引左宗棠奏折原文,所选择俱为不朽文献,无逊于百代贤豪。甚愿借拙文为之引举暴表。

定安论述湘军史,及于戡定新疆,因与内地各省不同,乃采于古今地理概况,略加提示,分北道、南道两区,简列领域,兹举原文,可省叙说:

> 逾嘉峪关西行千五百里曰哈密为古伊州,回部亲王食其地。其北百二十里有天山,天山者,祁连也。旁有蒲类海,邻蒙古喀尔喀部。天山以北,自巴里坤西北行千三百里而强,曰乌鲁木齐,为古车师后庭,今都统、提督分治之,属城十有六。其地沙碛、沃土相间,皆《汉书》所谓北道也。乾隆间分设道、府、州、县治之。②

---

① 按王闿运于光绪四年始撰《湘军志》,其时左宗棠、刘锦棠刚在光绪三年冬戡定新疆,一时不暇征集资料,将西北用兵写入王志。而王定安之起草王记,则在光绪十三年,而左宗棠已在光绪十一年逝世,乃得从容征集资料,写出西北用兵三篇,盖足以补足湘军全史,自见其有利于后世参考,亦正可得之以独具之特色。

② 王定安《湘军记》,长沙:岳麓书社,1983 年,第 314 页。

于此略见北道概况。再又举其书言：

> 自哈密迤西而北，避白龙堆，行七百里至吐鲁番，为车师前庭。其东柳中，汉戊己校尉居之。由此以达天山南道，其居城八。自吐鲁番西南行千里而多，曰喀剌沙尔，为古焉耆国。又西南行三百四十里至车尔楚台（即汉乌垒），为汉都护所治。又西三百六十里为汉"轮台"。又西南三百二十里（凡千里而强）曰库车，为古龟兹国，唐安西都护治焉。自库车西行千里而强，曰阿克苏，为古温宿国。又西北行二百四十里，曰乌什，为古尉头国。此所谓东四城也。自阿克苏西南行千四百里而强，曰叶尔羌，为古莎车国。又迤西北而北三百六十里曰英吉沙尔，为古伊耐国。又北二百里而强，曰喀什噶尔，为古疏勒国。皆汉唐建庭之所。自叶尔羌南行八百里而强，曰和阗，为古于阗国。此所谓西四城也。其俗皆城郭土著，耕织商贾，依堡而居。堡以千百数，皆《汉书》所谓南道。今则回疆也。①

此则略见天山南道领域大概。天山南北两道，南北三千里，东西七千里，合成新疆广人领土，清廷设伊犁将军统治全境，分设参赞大臣驻喀什噶尔统治南道，而北道下设都统、提督，俱受命于伊犁将军。南北两道并亦各设道、府、州、县统治属民。此自乾隆以来统治之大概也。

自同治三年陕甘回乱滋大，官方大军渐次攻复，而狡强回首如妥明者即奔赴新疆，原北道乌鲁木齐都统，颟顸贪腐，以地方亩捐勒逼回民，亦自同治三年起，因亩捐引致民怨。北道武官参将索焕章（提督索文之子）叛起杀乌鲁木齐提督、都统，拥妥明而倡乱，连陷北道各城。

是时，俄国在中亚已攻灭浩罕，其地与天山南道邻接，近喀什噶

---

① 王定安《湘军记》，第314页。

尔,浩罕既亡于俄,而其酋长帕夏(即阿古柏)收余军保安集延一地,自立为王,然与中国邻,不免又进侵南疆,当地回民各城连续叛附,南道遂至沦陷。

同治十年(1871)五月,俄军数百人进占伊犁,且又图攻乌鲁木齐,乃使乱局益见复杂。

原左宗棠陛见明言五年可削平陕甘回乱,乃自同治八年计起,而至同治十二年九月得以克奏全功。乃指陕甘之乱而言。而同其时期,新疆南北两道俱早已糜烂不堪,极待大军平乱,尤以俄人野心勃勃,有吞并北道之心。而左宗棠、穆图善实俱在陕甘用兵,不能远顾境外。但清廷问计于左宗棠,左氏尚在河州,即有回奏熟论中国北疆防务政略。极具国史参考价值,王定安直引其谋国忠言,应予举证于次:

> 俄罗斯与我素无衅端,其取伊犁,名为收复,词近顺而心则狡。关外回部向本愚弱,不似内地诸回之狡悍,而富庶过之。所云收复伊犁,揆诸弱肉强食之常,乘间抵隙之事,亦毋足怪。惟尚欲收复乌垣,则舐糠及米,渐近中边,于理不协,于势尤不可。臣现规河湟,未能兴师远举,然当此强邻觊觎,未敢拘执。已咨商刘铭传酌定进兵道路,飞饬徐占彪驰赴肃州,以使成禄拔队出关。①

左氏此奏在近代史乘足以垂教千古,真乃谋国远识,知彼知己。当时载述之所谓"出关"以至关外,俱准嘉峪关而言,读者须默识之。其时左氏檄调大将徐占彪速进兵肃州,盖甘回尚未敉平,将来若果规复新疆,则计以肃州为进军老营,将来用以接粮械作前敌,用为指挥总部,关系甚大。故左氏在陕甘用兵之际,其为收复伊犁,早已成算在胸,用兵方略已具。实不愧其向以诸葛亮自拟,而勇略莫不逾于孔明也。盖

---

① 王定安《湘军记》,第318页。

在同治十年五月俄据伊犁之后,左氏已在同年思考收复失地之策,真可谓社稷之臣也。

同治十二年九月肃州克复,陕甘平定。同治十三年秋张曜出屯哈密,兴水利开荒田二万余亩。以金顺进屯巴里坤,俱作规复北道准备。出关进兵,当启于此时。

光绪元年三月朝廷命左宗棠为钦差大臣督办新疆军务,宗棠奏调刘典为全军参赞大臣(三品卿衔)左氏简汰所部裁四十营(二万人)而所余尚存一百四十一营(七万人),金顺精简所部马队为四十营。另有穆图善马队以雷正绾骑步各营,计出关大军(包括旧日习所别枝)有十余万。以陕西巡抚谭钟麟主持西征粮台,年需饷银逾千万两,由各省陆续协济,并亦息借洋债。

左宗棠用兵战略,用刘典驻兰州,调协各军,保护饷路,左氏以大营驻肃州,支援关外前敌各军,由湘军主力刘锦棠节度前敌各军前进巴里坤以规复天山北道。光绪二年受命进军新疆,张曜嵩武军屯哈密顾后路,时金顺已任乌鲁木齐都统,乃与刘锦棠协同互援。

光绪二年二月左宗棠留刘典驻兰州殿后方大局,自率大军祭旗出征,进驻肃州,撤刘锦棠率湘军主力,并增拨兵力,为北道前敌主帅。锦棠所统重要将领有:谭上达、谭拔萃、余虎恩、桂锡祯、黄万鹏等,分三路过戈壁以进取乌鲁木齐。左宗棠命徐占彪进驻巴里坤为之后援。光绪二年中期,刘锦棠克复乌鲁木齐,进而收复各城,乃平定北道。刘锦棠以战功封车骑都尉世职。谭上达、谭拔萃、余虎恩俱封云骑尉世职。

北道既收复,都统金顺乃接防乌鲁木齐,使刘锦棠大军可以进取南道,光绪二年七月起,左宗棠增派方友升、桂锡祯、章洪胜三支兵力交刘锦棠统带,加上原部将谭上达、谭拔萃、余虎恩、黄万鹏、陶生林、谭和义、罗长佑等支部将,与嵩武军张曜,蜀军徐占彪,分三路进取天山南道,左宗棠更添派防军金运昌随各军分路规取南道各城。主要进攻安集延酋王帕夏(阿古柏)所侵占之南道八城。

初在同治十三年,左宗棠削平陕甘回乱之次年,而有日军渡海侵台,入据台湾南端,自是而有沈葆桢率淮军渡海援台之举,用英国公使调停,乃得付日五十万两军费而归于和解,故自同治十三年夏至光绪元年(1875)发生朝廷中枢与南北洋各省疆吏,会议中国之海防大事。(同治十三年中至光绪元年四月)虽是专论海防,却被左宗棠起议重视新疆陆上外敌,认为不能顾彼失此。左氏奏折极具远识,乃使朝廷于光绪元年三月命左氏为钦差大臣,规复新疆失土。有近代史家称为"海防塞防之争议",立此段朝野之奏议,定为研究专题。海防之论不下十件,而陆防论则以左宗棠一人之奏当之,值得引述,叙于《湘军记》,兹加引举如次:

> 外间议论(指规复新疆),或以为事可缓图,或以为功可速就,或主撤兵节饷,或言难得易失,其命意皆因神益洋务起见,岂真由衷之言哉?臣一介书生,高位显爵,为平生梦想所不到,岂思立功边城,觊望恩施?况年已六十有五,日暮途长,乃不自忖量,妄引边荒艰巨为己任,虽至愚极陋,亦不出此。而事固有万不容己者。乌鲁木齐各城不克,无总要之地以安兵。今伊犁为俄人所踞,喀什噶尔为安集延所踞,若此时置之不问,后患环生,必有日蹙百里之势。此区区愚忱不敢不尽者也。①

左氏此奏,不但充分表现立身之纯诚笃实,谋国之精忠深挚。而于古今经世文献,亦为上乘之作。论及世局国势,更见切中要害,不惜拼此余生,尽心恢复疆土。王定安选引入书,良有以也。

---

① 王定安《湘军记》,第321页。

天山南道,汉唐历加经营,清初收入版图,设官掌理军政,名城有八,俱有长期历史。近代境外邻邦浩罕亡于俄国,其余孽帕夏(阿古柏)保余地安集延称王据一方。清同治间,因中国陕甘回乱,不及远顾,遂渐侵入南道,终于席卷南道八城,以维持其安集延政权。帕夏自然反俄亲英,有大批印度人,及英人前来相助,代购新式枪炮火药,方便其入侵南道,合成一新政权。

及今光绪三年(1877)湘军进规南疆,实与帕夏之兵交战。其实中国初派大臣郭嵩焘出使英国,中英交际日趋和好,而英国驻华公使威妥玛(Thomas Francis Wade)向总理衙门求请中国勿进兵南道,为之保存安集延政权,是即在外交上阻止中国用兵。朝廷下问左宗棠意见,宗棠复奏颇具重大意义,王定安直引入书,今举示之:

> 俄人扩境日广,由西而东万余里,与我北境相连,仅中段有蒙部为之遮阂。徙薪宜远,曲突宜先。尤不可不豫为绸缪也。方今北路已复乌鲁木齐全境,只伊犁尚未收回。南路已复吐鲁番全境,只白彦虎率其余党偷息开都河。喀什噶尔尚有叛弁逃军,终烦兵力。此外各城,则方去虎口而投慈母之怀,自无抗拒颜行者。新秋采运足供,余粮栖亩,鼓行而西,宣布朝廷恩德,且剿且抚,无难挈旧有之疆宇还载职方。此外如安集延、布鲁特诸部,则等诸丘索之外,听其翔泳可矣。英人为安集延说者,虑俄之蚕食其地,于英有所不利。俄方争土耳其与英相持。我收复旧疆,兵以义动,彼将何以难之? 设有意外争辨,枝节横生,有我仗义执言,亦决无所挠屈。新疆南路,以吐鲁番为腴区。其八城,以喀刺沙尔所属地多碛脊。余唯广远不及北路,而饶沃或过之。全境收复,经画得人,军食可就地采运,饷需可就近取资。不至如前此之拮拘忧烦,张皇靡措也。区区愚忱,实因地不可弃,兵不可停,而饷

事匮绝,计非速复腴区,无从着手。局势所迫,未敢玩愒相将。至省费节劳,为新疆画久安长治之策,则设行省,改郡县,事有不容已者。①

王定安书续引左氏所奏,可见左宗棠外交立场与见识,颇值外交家参考。今举示如次:

> 自浩罕为俄人所并,安集延谄附英吉利。英人亦明庇之。兹复以护持安集延为辞,保护立国为义,其隐则恐安集延为俄人所有。夫安集延非无立足之处,何待英人别为立国? 即欲别为立国,则割英地与之,或即割印度与之可也。何乃索我腴地以市恩? 且喀什噶尔为古疏勒国,汉代已隶中国,固我旧土也。而英人直以为帕夏固有之地,其意何居? 从前恃其船炮横行海上,犹谓只索埠头,不取土地。今则并索及疆土矣。彼阴图为印度增一屏障,公然强我于回疆撤一屏障,此何可许? 我愈示弱,彼愈逞强,势将伊于胡底?②

左氏熟察当前世局,洞见西方帝国主义者之贪欲逐逐,一语道破其恃强灭理之惯技,坚持保守疆圉立场,理直气壮,以折英人狡谋,其言实可垂式千古,为国人自尊自信开通眼界识断。

左宗棠传檄刘锦棠,调配张曜、金运昌诸军,于光绪三年春进规南道,激战一年,终于光绪三年十一月克复南八城,帕夏(阿古柏)自杀分由其次子长子继立而被驱出中国疆土。左宗棠完成戡定新疆大功,晋封二等侯,刘锦棠晋封二等男爵。

王定安之记,亦述及收回伊犁,但俱为中俄外交折冲,有崇厚签约

---

① 王定安《湘军记》,第326—327页。
② 王定安《湘军记》,第327页。

辱国之案,曾纪泽奉命交涉之案,终使失土完璧归赵。史在外交,无与于湘军战伐,全书至此已具湘军全史要略。其最后一篇记叙湘军营制,可与《湘军志》营制篇并观,不须于本文再重述也。

五、结　语

王闿运《湘军志》、王定安《湘军记》前者成书于光绪四五年间,后者成书于光绪十三四年间。为期相距不出十年。同类著作尚有杜文澜(字小舫)之《平定粤寇纪略》十八卷,成书于光绪元年。三者相距年期甚近,可谓以当世人治当世之史,足资取信实于后世。此一重要特色,历代各史未必能及,吾辈后学包括一切名学硕彦,岂可轻估,能不景仰效习?

此三书卷帙不同,而叙述虽无因袭,但史事除详略外,应不可有歧异。盖各家所用史料,俱必取资官书《剿平粤匪方略》及《剿平捻匪方略》。是以可信其彼此无所分歧。然则三书实各具统一体系,自作布局,乃见重点不同,详略有别,各维持其独特风格,独运笔触。吾辈后学不能不察识之。

然而,今代学者前徽,一般俱看重《湘军志》,而亦未尝轻视《湘军记》。若名家梁启超、徐一士,均对《湘军志》有所称许崇重。其后之论者,自不免有重轻之别,或只阅读《湘军志》,多未经眼《湘军记》及《平定粤寇纪略》,盖因彼此多相同之载述也。

本文开首已略述王闿运之书已有郭振镛之平议,又有徐一士之评介,且亦列入梁启超之《清代学术概论》,既非纪传体之正史,梁氏赋予清代之纪事本末专史,则其学术价值已被承认,正见其世有定评,可为传世不朽。

惟王定安之《湘军记》究属何样之书? 有何价值? 自成书以来,无人论及。鄙人亦曾阅读此书,当退休多年之后,得以就近代史问题温习湘淮各军史著,乃顺便细索《湘军记》之所叙内容,偶获一二粗浅之见,遂得草成一篇平议之作,愿出而就教于同道高明。主要相信凡治清史及近代史,湘淮成军及其各大枝将帅,在清代晚期五六十年,实居关系国家安危地位。自咸丰初年以至清末,关系清祚存亡至钜,不可不读相关史乘,乃敢不揣固陋,写此《湘军记》平议。

鄙人所写平议,已粗陈于前列四节,设有一得之见,不敢坚僻自是,特望文史同道多予教正。既已展论于前,不再重述,惟综览湘淮两军系之史乘,尚能稍抒个人私获之见。若王闿运、王定安两书生在同代之人,难见后世影响,此亦后学得占便宜之点。吾若不言,未免失职,既要评介,势须暴白天下。所见两点,愿提出以付公论,兹即陈叙如次:

第一点要说,湘军楚勇创始,因地方应急而生,兵少力薄,实是小枝偏师,绝无担当大任之机,亦无澄清区夏之志。朝廷命将出师,自有满蒙将帅,绿营提镇统兵出战。七万大兵,俱集江南以攻打金陵(清朝正名向称江宁),此为主战场,岂容湘军过问?然于咸丰六年江南大营第一次败溃,钦差大臣向荣重病忧死,则使绿营兵首被皇帝疑虑,乃命满人提督和泰为钦差大臣,再重整江南大营,自咸丰六年以至十年达四年之久,仍不能克敌致果,竟于咸丰十年闰三月二度兵溃,和春退至苏州城外吐血而死。随之太平军席卷江、浙膏腴之区,清廷无所倚恃,不得不重用偏师曾国藩。湘军真正之发展晚至此际,才是承担规复区夏之重任。但亦是一路损折大将名帅(如罗泽南、王鑫、李续宾、刘腾鸿、曾国华等)之血战牺牲而积功铺成。十年苦撑有何用,须待时势造英雄。

同治三年六月,湘军方始攻克金陵,建立大功,太平军余众尚未清扫完毕,而在同治四年四月二十四日,清廷倚为长城之满蒙骑兵统帅僧格林沁被大股捻众包围于曹州而战死,遂使京畿大震。使朝廷又不得不再任命曾国藩为钦差大臣,总制各军作剿捻之统帅。继由李鸿章接任钦差大臣,于同治六七两年追剿捻匪,合恭亲王、左宗棠三个钦差大臣,各路兵将于湖北、河南、山东、直隶、山西、江苏数省奔逐,方始平定北方乱局。如此以来,清朝政权所能维系政权安定,使天下不发生暴乱,亦只能借重湘军淮军安定大局。

自同治元年起(1862)坐镇畿辅之直隶总督先后有刘长佑(湘军名将)、官文(原湖广总督为削平太平军满人功臣)、曾国藩、李鸿章等担任镇守京畿之大员,直至光绪二十年(1895)。而南省重镇两江总督自咸丰十年(1860)由曾国藩、李鸿章担任,西捻平后,同治七八年改任文人马新贻接任,未久同治九年马氏被刺身亡,清廷方知南方伏莽难靖,再调曾国藩回任两江总督。同治十一年曾氏病故,又有淮军名将张树声署任,继有沈葆桢继任至光绪五年病故。继由湘军名将刘坤一、彭玉麟署任,至光绪七年至十年由左宗棠接任,左氏因病开缺,次年病故,则自光绪十年由曾国荃继任,直至十六年病故。继由刘坤一自光绪十六年任至二十八年(1902)病故。至此湘军宿将已凋谢至尽。接着又有湖南人魏光焘自光绪二十八年任至三十年调任闽浙总督,莫小看魏光焘,世人多不知魏氏亦湘军后期将领。左宗棠平陕甘回乱,魏氏以道员职带兵冲锋陷阵,每能克敌,乃西征名将。魏氏他调之后,又由湖南人李兴锐署任两江总督,其后张之洞自光绪十六年任湖广总督,但凡江南刘坤一有事暂离而多由张之洞署任,张氏每思实任,俱被湖南人截走。曾愤慨说两江总督似长期卖给湖南人坐。张氏直等到宣统间内调京职以大学士管学部,始终未能真除江督,盖南方长江沿海实需要勋威重臣坐镇,张之洞文臣,觊觎而不能得。

晚清自咸丰起,国力积弱不振,内忧外患频起。绿营自不可靠,满蒙长城亦被毛贼鼠窃之捻众所杀。乃使京畿震动,官民惊惶,清廷只好倚重汉官,则不能不重用湘淮将领维护政权之稳定。但尚恐大权旁落,令其只做地方官,不能掌握全国性军政大权。李鸿章号称坐镇北洋,隐执朝政,乃是过誉,李氏永远不过是地方官,朝廷固自倚信,国事多能预闻,但只有建议资格,不能执政出令。此仍在于大臣、皇帝及军机王大臣。两江总督,亦复如是。自是晚清政局实象,治史者当须察知。

第二点之论旨,乃在读史实为知人论世。既读湘军之史,当明鉴此军系包括别枝如淮军、霆军之领袖人才。拙文中早有各枝之军系人物之不同将校人名,未能多举,亦自感遗憾。战死者尤慨叹其身殉名佚,无从追记。揆其大者,后世可参论者,则应该评估其重要领袖,尤必当先事一谈关系清廷政权安定,国祚延续之人物。

鄙人读湘淮军史,妄加举证其有社稷之臣为曾国藩、胡林翼、李鸿章、左宗棠等四人,其中要以曾国藩为最重要。

吾谓曾国藩为社稷之臣,非妄造,早有辜鸿铭提示一项看法,愿引为根据,列举如次:

> 或问余曰:张文襄(之洞)比曾文正(国藩)何如? 余曰:张文襄儒臣也。曾文正大臣也,非儒臣也。三公论道,此儒臣事也。计天下之安危、论行政之得失,此大臣事也。国无大臣则无政,国无儒臣则无教。政之有无关国家之兴亡,教之有无关人类之存灭。且无教之政终必至无政也。①

吾非全宗辜氏之说,盖信曾国藩自是大臣,亦是儒臣,私见如此,不及详解。

曾氏生平建言举措,俱有助于清室国祚之安定,当其受命总制两江,节制四省军务,两年之后,即同治元年推举李鸿章为江苏巡抚,沈

---

① 辜鸿铭《张文襄幕府纪闻》,收载《辜鸿铭文集》,"清流党",第7页。

葆桢为江西巡抚，左宗棠为浙江巡抚，敉平大乱，尚是可见者。而曾荐举人才，在其死后，俱为当国重臣，左、李、沈各有重大表现。左氏西北用兵收复广远国土，俱在国藩身后。李鸿章自同治九年任直督，即面对列强，因应外力入侵。沈葆桢以钦差大臣出海巡台湾以对抗日军入侵，亦在曾氏身后。沈氏死于光绪五年，左氏死于光绪十一年，李氏死于光绪二十七年，无不秉忠为国，系国家安危，正可见曾国藩之荐举人才，维持国祚于久远。自足称之为社稷之臣。惟胡林翼任湖北巡抚一力支持湘军，虽以五十岁之年死于咸丰十一年，而其提拔将校，陶铸人才，若鲍超、多隆阿、唐训方、雷正绾等，皆以下级微员为其识拔，多能各领军万人，成一时名将。唐训方位至安徽巡抚，雷正绾则领湘军随左宗棠削平陕甘回乱，成名最晚，亦是大将人才，此皆胡氏一手陶铸而成。晚清当世之论督抚大吏，俱推称胡氏为中兴第一名臣，则亦无愧为一代社稷之臣。

至于李鸿章、左宗棠二人生平功业，决不逊于曾胡，清廷倚重，以维系政权稳定。左、李自亦配称为社稷之臣。

晚清积弱，内忧外患频仍，幸得曾、胡、左、李当国自咸丰初年直迄宣统退位。六十年间艰难维持，湘淮将帅消逝完尽，清祚亦随之告终。读湘淮军史，自不免获此觉识。

2012 年 8 月 11 日

写于多伦多之柳谷草堂

附　录

　　昔年出版拙著《中国近代思想史论》,在书末附列有二十多个议论题目,建议同道进而从事研究。本之阅历,出于至诚。后来我教门人王文发选择《近代之墨学复兴》做了硕士论文,而我自己则选择《商战观念与重商思想》做一篇长文。证明我真心命题,决非夸诞欺世。学界有同道朋友相告我能提一些论题,使人可借以联想推衍不少相关之思考,大有助于后生学子。持此见者有贺照田先生和孔祥吉先生。拙著后承社会科学文献出版社印出,复承其社杨群先生来信续予出版思想史之书,是又复得出版《中国近代思想史论续集》一书,为此两书要向杨群先生表示感谢。同时在此一续集书末附列“中国近代思想史研究论题献议”列出九题,供学界同道参考选择。

　　兹当拙著《近代论域探索》承中华书局出版,内容庞杂宽泛,领域俱在近代,仍祈同道多加指教。惟向时所钟意之重大问题,已无力勉强从事研究,甚盼学界高明之家能采择而研治之,谨将所思论题五题开列书后,尚祈识家不吝指教。如能用于论著,尤所钦感。

1. 第二次鸦片战争史识之重建

余在香港中文大学开讲中国近代史有十二年,所教学生共有1,066人(教师每年需向校方呈递教学年报,须附学生人数,故能统计),累积经验,深知做师长须向门人灌输正确可信知识。据教研心得,打算将重大问题加以综合演论,汇成可靠史识,但非撰写近代史书。

吾于退休之后,即着手复习近代史上重大问题。首先草撰《鸦片战争史识之重建》,收载拙书《弱国的外交》,2008 年广西师范大学出版社出版。本当续写第二次鸦片战争史识之重建,然仍有其他工作所累,终于未能履行,如今已是 2012 年,高龄暮年,仍有文债未了,自是无暇兼顾,力不能及。但盼学界高明,后起贤豪,出而承接鄙愿。

吾之不能再写第二次鸦片战争之作,亦因其内容复杂,阅涉多头,学力才力不能胜任之故。

近世西方英美等国帝国主义学者(Imperial Scholar)充斥学界,将鸦片战争作各种曲解改称。我自在前一文中据《江宁条约》明文,其中赔款三项明定烟价六百万圆,兵费一千二百万圆,真想不通若非为讨烟价而打仗,哪里会用上军费?六百万两烟价即是林则徐在虎门所烧之鸦片,洋人虽长三尺之喙,亦不能蒙混曲解。

至于第二次鸦片战争之史,西方帝国主义教授(Imperial Professor)曲解蒙蔽更甚,炮制一个"亚罗战争"史目(The Arrow War)并写出一本书来。真是荒谬绝伦。又有一个说法称做"修约战争",计在掩饰英国之阴谋卑鄙动机。此次之要修约,乃是英政府首相巴麦尊(Henry John Temple Palmerston)处心积虑,长期筹谋之一种侵略计划,行动起始于 1854 年(咸丰四年),利用最惠国条款,借资美国与中国《望厦条约》所规定,如双方(非一方)视约中条款有所不便,可以在十二年后加以修订。英方重要目的想使鸦片贸易合法化,但中方视为违禁之毒品,很难达成目的。借资《望厦条约》可以到1856年达十二年,借此要求修约。而其野心勃勃,竟照稍作修订条文而大肆提出八项条款要中方修订,于1854年即着手进行,拉美国协同要求,其八条项目中即含有鸦片合法化成为商品之一条,其他多是陪衬。为推行此项阴谋,不惜再与中国开战。史家认清原委,自能见出是为鸦片合法化之一个战争。

第二次鸦片战争,内情复杂得多,乃是英法联军再加美俄外交协同,至此中国遭遇一个黑暗时代。全局皆输,英国侵损中国主权者有割九龙半岛,有条约规定十年修约之协定关税权,有长江开三口岸侵略中国之内河航行权,更加野蛮之强盗行径是火焚圆明园。凡此诸大问题,俱须一一考索澄清,鄙人手边资料不足,海外小书房藏书不多,而尤须查证英国国家档案,只有香港中文大学以至台北近代史研究所购有全部 F. O. 档案,不用此类直接史料,西方学者不会服气。一定要有深厚学养通熟英国档案之人方能驾驭。甚盼后起贤哲出而担当之。吾有厚望焉。

2. 天津教案之曲折种因

我今推荐此题,有点背景交代。1959年7月至1961年6月(民国四十八年七月至五十年六月)我与近代史同仁吕实强、李恩涵两位学长,承命编辑《教务教案档》,用两年时间编成《教务教案档》第一、第二两辑各三册。资料据总理衙门清档原件,按年次编排并撰写教案年表附后。此两辑所包括年代自咸丰十一年以至同治九年末。当然记载此期间俱因西洋教士在华传教而引发之反教教案、官方文牍及法国英国以至其他国家公使照会、信函及教士申陈等文献。问题复杂烦琐,来往文书密集,自是教务教案史专门史料渊薮。我等三人大开眼界,并亦获致专门知识。吕实强学长得以著书,成就为反教问题专门名家。李恩涵学长亦于反教问题撰著一些论文。惟吾一人志不在此,虽有一些看法经验,未尝撰写任何专文,直迄今时。

昔时我等三人承命编纂《教务教案档》,工作分配,我是担当全国性之通行教务以及北方、东北、西北各省教务教案,直隶省由我担负。竟至得以看到同治九年五月二十三日所发生之天津教案,真有特缘,更早时我于同仁贺凌虚、吕实强、李国祁四人合编《三朝筹办夷务始末索引》,我即已分到承担《同治朝筹办夷务始末》之后半,自同治九年正月看起,自是早已熟读天津教案史料。因是颇能由此获得深刻印象,而未尝深入追索研治。未料吕、李二学长亦始终未尝致力研究天津教案,颇感可惜。

今时我已年届八旬以上,回眸近代史学术成果,却未能见到有关天津教案之重要著作。在我普遍思考近代史重大问题,无论直接研究教务教案史以及相关于外交交涉之问题,甚至偏到论曾国藩个人,论李鸿章个人,而天津教案俱须有一个正确而清晰之了解。我曾在别文(指拙文《李鸿章政术凭借之机缘网络》)说明李鸿章晋身高位任直隶总督,乃是天缘际遇,因天津教案而启步于担当晚清朝廷倚恃之重要疆吏。在曾国藩个人方面,曾氏自同治七年七月任直隶总督,同治九年即碰上天津教案,因其主张缉凶、惩凶、赔款,向法国道歉。以修好受害国法、俄等公使,违背朝中清议之寄望强硬对外,京中责言沸腾,斥其怯懦。曾氏拼掉声名,而坚持中正,遂为此舆情挞伐。故自谓"外惭清议,内疚神明",又直言:"名已裂矣,身焉能不败。"虽然,清廷除谕沿海沿江督抚备战,终调派李鸿章带兵京畿,接任直隶总督。

表面事实,同治九年五月二十三日天津民众殴毙法国驻天津领事丰大业(Henry Victor Fontanier),又攻毁天主教堂、杀死英、法、比、意各国教士修女及俄国商人。事态闹大,朝廷立派曾国藩赴津查办,法使罗淑亚（Louis Jules Emilien de Rochechouart）一面调水师提督带兵船来天津，亦自赶到天津。其时曾国藩已将天津知府张光藻、天津知县刘杰撤职议处，而法使罗淑亚照会曾国藩，要求以天津知府、知县及提督陈国瑞抵命，否则法国水师提督将以兵船便宜行事。继又照会须将此等官员正法，否则用兵。此时朝廷亦派出三口大臣崇厚任公使赴法京谢罪。曾国藩当焦头烂额之际，踌躇面对法国兴起侵华大战，六、七两月最为紧张，未料江南两江总督马新贻被人刺死，南省须有勋威重臣坐镇，遂调曾国藩回任两江总督。李鸿章接任直隶总督，更调江苏巡抚丁日昌来天津与法使议和，天缘凑巧，西方大局发生震动世界之普法战争，法国首当其冲，无法调兵东来，中国可免兵劫，终以外交手段由李鸿章、丁日昌合力达成对法和议。此一大案，表面处理不难考察，而内中隐情，未有史家用心思索。一个重要线索是法使之惩凶要求正法天津知府、知县，以及提督陈国瑞，关键确在此三人，三人之背后京中更有高层支持，鄙人大胆说此位高人就是醇郡王奕譞。乃由其主使而造成仇杀教士大祸。曾国藩之外惭清议是对京中压力而言。而强捕贫苦小民顶罪受诛，使他内疚神明。鄙人只是提议，而非真正研究，不能承担学术责任。后之贤哲请一展大才为幸。注意，陈国瑞是一关键人物，在当年应是多人尽知，只有官方不着痕迹，公私文献不能见到。

3. 戊戌变法史应以光绪帝为全局重心

戊戌变法史因梁启超之大力倡率，启步最早，他现身说法又像记事又像政论，导出一个后世遵循的方向，就是以思想为主流的研治申论方向，后学一一继承，参与之学者群趋，论著洋洋大观。康有为、梁启超被当作康梁变法中心论题，直到今时，尚有位老学者的"戊戌变法"著作，篇篇都讲康有为。梁启超之影响大矣哉。由于作者甚多，论著丛积，无法在此小文引举，以免挂一漏万。

60年代近代史研究所同仁王树槐先生刊布其大著《外人与戊戌变法》一书，在研究形式格局上开辟一条新方向，颇得同道肯定。在同所同仁中自是尊重王先生专业特具领域，其他同仁不再研治此一领域问题。

大陆方面研治戊戌变法史者要以孔祥吉先生用心最深，用力最勤，出书数种。在资料上有诸多发现，如《杰士上书》即是，在论域言不尽循思想史之路，我自佩服，曾有缘相见于台北中研院，惟他已移民美国，并放弃作近代史研究，殊为可惜。

大陆方面尚有上海一位汤志钧，著有《戊戌变法人物传稿》，可供学者参考。

台湾地区在王树槐《外人与戊戌变法》一书问世之后若干年，突有同院历史语言研究所研究员黄彰健先生，已是校勘《明实录》而以明史专家名世，却放下明史来研究近代史，专门探讨康有为、谭嗣同，走考证辨伪之路，有康有为《戊戌奏稿》辨伪、谭嗣同书简系年等大作，尚亦讨论"保中国不保大清"，全然是捕风捉影。收辑成书《戊戌变法研究》，并因之拿到"教育部"学术奖金，自是成就为戊戌变法史新代表一派。

现在回头来看反一方面之反变法者在当年言论活动，早在30年代已有陈鋆先生所著之《戊戌政变时反变法人物之政治思想》刊载于《燕京学报》第25期。陈氏思考敏捷，眼光独到，谈此问题者只此一家，亦可谓独领风骚。

大陆出版戊戌变法史料集两种，便于学人使用，余为受益者之一，表示可敬可佩。只因不是做研究，在此当不敢拉来一起讨论，只能提示备考。

前述研治名家，自是世所共见，皆可复按。学者自酌取舍，一切由便。若自辟蹊径,研治刊布最是史学上一种贡献,可勿迟疑。

鄙人并不专门研究戊戌变法史,对于前述各家论说决不表达评议,只是在大学教十多年近代史,课程必将戊戌变法列为专章,须向学生讲解,不免有个人看法说词,不能自作研究,亦盼他人以至后学有所研究。并时名家岂不参考? 实自亦酝酿一家看法,自不研究,总望有后来者能有所见。今故略作暴表,以就正于方家,但因不是严肃研治,当不负学术责任,而只担负知识见解责任,俾供世人参考。

第一,拙见以为戊戌变法之种因,不是发生于思想之启发,而是激起于外力之打击。

第二,戊戌变法即是光绪帝之变法,此为主轴,亦是根源。戊戌年代后人所加,单谈变法当自创发于光绪帝之觉识与决心。外力压迫之严重启于甲午之战败,续后因德占胶澳、俄占旅大、英占威海卫、法占广州湾而具瓜分中国之势,不似甲午战争单纯。(其实看当年外交上情势,比史实所见更险恶,史实只是妥协之结果,此点我愿负学术责任)当年李鸿章已失势,不被咨询外交大事,而皇帝身边之翁同龢对于外力压迫束手无策,一筹莫展。事情推到总理衙门由张荫桓对付各国,光绪帝眼见国事如此危殆,政权十分无助,有亡国失政危机,他不肯做亡国之君,尤其思考挽救满清政权,变法是必循之路,亦是挽救政权上策。故余以为光绪皇帝提出变法,真是有眼光、有识力、有决心、有大志之君主。能下国是诏,即是大有作为,是以研治戊戌变法史而忽略光绪帝之志节用心与决断,乃是史家所失,不敢揣其失职,亦不敢讥其无识。但望后起贤者取而担当之可也。

第三,对于反变法之研究,陈夔大著之后,成为绝响,不再出现研究著作。最必要研究己亥建储,乃是对光绪帝赶尽杀绝。

其实戊戌变法之史,其在国家在清室皆是最严重问题。鄙人大胆有说,其一,在于两宫相仇加深而隐伏下害死光绪帝之种因,其二,摧毁变法政令,骈诛放逐维新官吏甚易,实在埋下清祚速亡种因。其三,像"己亥建储"那样重大史事无人研究,是不知反变法遗毒之严重。

以上三点是鄙人教近代史积年心得,全与光绪帝有关。我曾郑重告诉学生戊戌变法史重要。此乃光绪帝以至清廷挽救其政权之倾覆,已是最后最关键之时会,的确很重要。

关于戊戌变法论题,个人仍觉须再申说明白,以免大家再走圈子。

第一,光绪帝召见康梁问话,是先有变法启念而后问其所知,并非先受康梁鼓吹影响而才决定变法。第二,文题应改用《光绪帝变法》,亦如往昔之"商鞅变法"、"王安石变法",名义确定易晓。

再要更加说明,变法是承受列强压力而出以保大清命运之严肃问题,此是动因根本。当时情势险恶,已是公开喊出"瓜分中国"之呼声,尤其英国嗜欲甚大,已向中国要求代为保护长江流域各省,但经中国交涉方改作租借威海卫及扩张香港租借新界地区。保护长江即是走向瓜分的实践。当年李鸿章已经失势,不过问外交,总理衙门只有小官张荫枢应付外交,包括两年间德、俄、法、英之要求让利割地,一切俱到皇帝手中处理,可想光绪是如何心境,是如何反思。

其时只有盛宣怀最明白情势险恶,但只是管电报来往,较早知情,留下一些文献,被我编成书中之一大项。书名《清季外交因应函电资料》,载于303—327页,标题是《列强争占租借地》。但可作为线索,亦可明见列强压力之大。学者必须直接参考英国档案,今已开放易得,势必要直引其专文方能有意义,甚盼识家一试。

4. 庚子拳变官员利用民粹排外招来亡国横祸

研究本国史,不但要能看出中国之永恒优点,亦当能发现中国之长期弱点。拿晚清庚子拳变成专题研究讲解,那时本可避免一场劫难,想不到偏偏遇到一些庸劣颟顸官员,一意要用民制夷,而不幸导出八国联军侵华之浩劫。读史至此,弥觉扼腕浩叹。

我多年研治中国近代史,渐次发觉中国自身有一个长期弱点,乃是有知识才能之官员在用心治事上酝酿出利用人民博取政绩,解决难题之政术。从鸦片战争起始,形成一个"用民制夷"、"用商制夷"之思想,认定"民气"可用。自道光二十六年(1846)起,中国允许西洋教士在口岸及近郊可以传教,其时官员已习惯利用"民气"反对洋人。后来自咸丰末年之《天津条约》明定教士在华传教自由。随之,自那时起,即不断发生贫苦人民反教之案,层出不穷。表面上看不出由官员鼓动,惹起事来造成交涉,多由总理衙门以外交手法解决,多年让步赔款抚恤受害教民洋人了事。我作《教务教案档》认识到问题症结,记大事表,未尝曲护肇事之官民。本文上举天津教案亦是利用民气一例。而从此编纂经验看出来官员利用民粹之重大弱点。更不幸者,利用民粹在中国长久延续,可以自 19 世纪穿越另一个 20 世纪。在美国受教育会说英文的政客,也会利用民粹。台湾大学心理学教授黄光国,三十年来深心研究民粹问题,可以代表此中专家,应向他多请教。他对台湾政客操弄民粹十分痛恶。但同世代尚有更甚于此者,世人熟知之。

我既做编纂教案档工作,又因教书必须讲解庚子拳变,所历见利用民气对付洋人教士,是每发必召侮,每讼必败输,惹出诸多麻烦,造成庞大损失,而玩弄政术者,总以操纵愚民对付洋人为能事。终于至召来八国联军入侵,北京再受浩劫。

庚子拳变,八国联军入京,太后皇帝逃赴西安,中途下罪己诏,岂是光绪本心肇此巨祸。外国要求惩凶,清廷要避免太后也列入名单,则惹事者之皇族端亲王载漪加以圈禁,庄亲王载勋赐死,大学士刚毅本当赐死而其西逃中途病死,大学士徐桐及其子同被赐死,刑部尚书赵舒翘亦赐死。此不严重,但颇震慑朝野人心,严重者在于后日所订之《辛丑条约》,中国须赔款四万万两,天津沿海炮台一律拆毁,北京须驻洋兵,而中国亦不得在京设防。国虽未亡,已被奴化,岂有翻身之日? 中国自 1900 年起,已是完全丧失自信自尊,自此才真正死心踏地崇洋媚外,不是愚民,而是知时务之士大夫,有知识之文士学人。然而政客高官仍用为高明政术,大有施展。在此自作建议,请就拙题试一研究,见识一下中国之民粹运用。若读历史而得不到历史教训,历史家除暴表之外,只有暗自饮泣。历史一再重演,真是值得痛哭。

5. 抗日战争史

我们学界及国人必须清楚知道,日本侵略中国进兵八年,对中国全面伤害极其深重,人民死亡伤残累数千万计,而土地财物建筑道路之破坏,终难有确实数目可得,而文化、精神、教育、世风之破坏,更是无法估计,像慰安妇之强征妇女,直是奴视中国人民。我中华民族正是面对生死存亡与荣辱延命之大关键,乃我四千年来遭遇亡国灭种之大祸难。是以"七七"抗战,应永远存记,立为国耻纪念日,势须用心记注。

此处所举不似前者四种之专题研究,而是概括一个重大史实领域。有众多复杂论题,有各种不同方式之表达,有宏观微观之考察,有大小区域战场之纪实,有各枝军旅集团之述论,有将帅士卒个人之列传,以至个人日记、书信、禀呈、批牍、作战计划、进兵地图等等文献,不胜枚举。自须多人从事,集思广益。论题自须史家各作思考拟定,务求用心撰著,不怕被雷同,而多多益善。学术开放,岂怕重复,中外治史俱不怕被雷同,学术乃天下公器,自古以来,不避雷同。但望学者各展才学可也。治抗战史,尤须规格宏大。

鄙人虽在近代史领域,而于抗日战争史十分外行,本无发言资格,但向时见到近三十年来日本学界史家对于其二次世界大战期间,入侵中国及亚洲英、法、美殖民地远道用兵及至太平洋上与美军周旋,其退役将校军官,俱被史家访问留下纪录,以备将来一旦再起强大,即可展布征服亚洲、太平洋之历史,重拾强大帝国尊严。我国史家能不望而感愧?

近时(2012)七八两月报载数次,台湾学界与两岸史家以及美国资深教授马若孟(Ramon H. Myers)等相议要合众力写抗战史,真是重大消息,令人兴奋。台湾相熟学者出自近代史研究所、"国史馆"、军史馆以及各大学近代史学者俱在网罗之列,相期在一年之内写出抗战史,自当拭目以待。鄙人以为无论内容若何,写成出版最为重要,可以日后修订或再写,要以先完成为最重要。

我惭愧面对,要作一点自辨。世人多知,我在同道中原以军事史名家,其他同道尚有王家俭、刘凤翰、陈存恭等,殊不知我之专长在湘军、淮军之史,有两种著作问世。其他皆非我长。未尝花功夫到当今之抗日战史。依我所知长于北伐战史及抗日战史者为"国史馆"馆长吕芳上,长于现代军事包括上一代学界领袖而有陈志让教授,久居海外,而著有《军绅政权》一书问世,长于军阀时代者有齐锡生教授亦久居外国,亦有著作问世。近代史所同事有刘凤翰研究袁世凯之新建陆军及清末之武卫军,俱有专书,然于抗战军事史亦颇有用心,东北军、西北军亦十分熟悉。又有陈存恭先生长于研治山西阎锡山、徐永昌以及广西之桂系军人。同事中尚有赵中孚专治东北军史。譬如积薪,后来居上,学术严格分际,是不能任人冒滥也。

近日看到报载,军史学会亦在研究抗日战史之列,以阅历言,以史料言,由国防部所辟建之军史研究馆,自许历农将军之与学界结合,前后有不少将军对外与学术界加深交往,在今时报上所见之傅应川将军即是长久与中研院近代史研究所保持密切交流,早有刘凤翰、陈存恭多年任军史文献馆顾问,鄙人亦得傅应川将军垂青,延为顾问,心深感念,自惭尸位。然与各军中将军来往,亦感广为受益。傅应川将军英英竞爽,从容潇洒,文韬武略,蕴蓄胸臆。身为中将,行若儒生。谈吐温煦,论事服众。承其相邀至"国防部"讲演,方见军中威仪之严整,令我既感荣宠礼遇,亦领会细柳军容之盛。真是印象深刻。特志所省,以报告研治抗战史诸家。鄙人垂老暮年,遁迹九夷,不能追随群贤之后学作抗战史,弥觉愧对国家民族,有负于国人厚爱,实是内疚神明,不克告解。惟遥祝大著顺利完成,早日问世,是所馨祝!

2012 年 9 月 12 日写于

多伦多之柳谷草堂